Verblexikon

Deutsch
als Fremdsprache

mit Konjugationstabellen
und Beispielsätzen

Cornelsen

Verblexikon Deutsch als Fremdsprache

Teil 1 von Hermann Funk, Michael Koenig und Lutz Rohrmann

Lektorat: Denise Schmidt sowie Dieter Maenner

Illustrationen: Laurent Lalo

Umschlaggestaltung: Cornelsen Verlag Design

Umschlagfoto: JUNOPHOTO, Berlin

Layout und technische Umsetzung: Stephan Hilleckenbach, Berlin

www.cornelsen.de

1. Auflage, 1. Druck 2011

© 2011 Cornelsen Verlag, Berlin

Das Werk und seine Teile sind urheberrechtlich geschützt.
Jede Nutzung in anderen als den gesetzlich zugelassenen Fällen bedarf
der vorherigen schriftlichen Einwilligung des Verlages.
Hinweis zu den §§ 46, 52 a UrhG: Weder das Werk noch seine Teile dürfen ohne eine
solche Einwilligung eingescannt und in ein Netzwerk eingestellt oder sonst öffentlich
zugänglich gemacht werden.
Dies gilt auch für Intranets von Schulen und sonstigen Bildungseinrichtungen.

Druck: CS-Druck CornelsenStürtz, Berlin

ISBN 978-3-589-01928-1

 Inhalt gedruckt auf säurefreiem Papier aus nachhaltiger Forstwirtschaft.

Inhaltsverzeichnis

Seite

1 Kleine Grammatik der deutschen Verben — 5

1. Wozu braucht man Verben? 5
2. Infinitiv 6
3. Konjugation 6
4. Stamm und Endung 7
5. Person, Singular und Plural 7
6. Formelle Anrede 8
7. Regelmäßige Verben 9
8. Unregelmäßige Verben 10
9. Zeiten und Zeitformen 11
10. Die Zeitformen der regelmäßigen und unregelmäßigen Verben 12
11. Modus: Indikativ, Konjunktiv, Imperativ ... 23
12. Passiv 31
13. Infinitiv 33
14. Partizip I 36
15. Partizip II 38
16. Trennbare und untrennbare Verben 39
17. Reflexive Verben 43
18. Verben mit besonderen Funktionen 44

2 Verbtabellen — 52

3 Häufig gebrauchte Verben und Redewendungen — 388

4 Verblexikon — 401

1 Kleine Grammatik der deutschen Verben

1 Wozu braucht man Verben?

Die markierten Wörter im folgenden Text sind Verben.

Ich **heiße** Angela Merkel. Und das **ist** mein Mann, Joachim Sauter. Ich **bin** in Hamburg **geboren**, **bin** aber in Templin in der Uckermark groß **geworden**. Die Uckermark **liegt** im Bundesland Brandenburg. Mein Mann **ist** Chemieprofessor in Berlin. Am Wochenende **fahren** wir gern ins Grüne. Bei einem Spaziergang oder bei der Gartenarbeit **kann** ich mich am besten **erholen**.

Wir markieren Verben so: ⬭

Mit Verben kann man sagen,

was jemand/man tut:	Am Wochenende (fahren) wir gern ins Grüne.
was ist:	Ich (heiße) Angela Merkel.
	Die Uckermark (liegt) im Bundesland Brandenburg.

Verben geben z. B. Hinweise

auf die Person:	Ich heiß**e** Angela Merkel.
… und die Zeit (hier: Vergangenheit):	(Ich) **bin** aber in Templin in der Uckermark groß **geworden**.

2 Infinitiv

Im Wörterbuch finden Sie die Verben in der Infinitivform.
Fast alle Infinitive haben die Endung -en (▶ NR. 13).
Ausnahmen sind nur die Verben **sein, tun** und die Verben auf
-ern bzw. -eln.

> **kommen** 1 come* **Kommen Sie bitte her.** Come here, please. **Die Kinder kamen ins Zimmer gerannt.** The children came running into the room. **Woher kommen Sie?** Where do you come from?
> **2** (*erreichen*) **get*** to **Am ersten Tag sind wir bis Bath gekommen.** On the first day we got as far as Bath. **Wir sind bis zum letzten Kapitel gekommen.** We've got up to the last chapter.
> **3 jdn/etwas kommen lassen** send* for sb/sth **Ich ließ ein Taxi kommen.** I ordered a taxi.

3 Konjugation

Im Text von **1** finden Sie diese Verbformen:

	Infinitiv
Ich **heiße** ...	heißen
Das **ist** ...	sein
Ich **bin** ... **geworden**	werden
Die Uckermark **liegt** ...	liegen
... **fahren** wir ...	fahren
... **kann** ich ...	können

Verben sind veränderliche Wörter. Die Veränderung der Verben heißt Konjugation.

4 Stamm und Endung

Verben bestehen aus zwei Teilen, aus dem Stamm und der Endung.

Der Stamm zeigt Ihnen, was das Verb bedeutet:

Die Endung zeigt, wer etwas tut/ist:

Oft haben verschiedene Personen die gleichen Verbendungen:

er kommt – ihr kommt
wir kochen – sie kochen

Mit den Verbendungen allein weiß man also noch nicht sicher, wer etwas tut oder ist.
Man braucht noch andere Wörter dazu (ich, mein Mann, wir ...):
Nomen, Artikel, Pronomen oder Begleiter.

5 Person, Singular und Plural

Bei der Konjugation unterscheidet man drei Personen im Singular und drei im Plural.

1. Person: ich – wir
Mit der ersten Person meint man sich selbst (Singular) oder sich selbst und andere (Plural).

1. Person Singular

1. Person Plural

2. Person: du – ihr

Mit der zweiten Person meint man den/die Gesprächspartner/in (Singular) oder mehrere Gespächspartner/innen (Plural).

 (► Nr. 6)

2. Person Singular

2. Person Plural

3. Person: er/sie/es – sie

Mit der dritten Person (Singular und Plural) meint man Menschen oder Dinge, von denen man spricht.

3. Person Singular

3. Person Plural

6 Formelle Anrede

Wenn man den/die Gesprächspartner/in „siezt", gebraucht man die formelle Anrede.

Als formelle Anrede gebraucht man immer die 3. Person Plural.

Das Personalpronomen **Sie** schreibt man in der formellen Anrede immer groß.

7 Regelmäßige Verben

Bei den regelmäßigen Verben bleibt der Stamm in allen Verbformen (Personen und Zeiten) gleich.

Infinitiv: wohn|en

Stamm Endung

Präsens	Präteritum	Perfekt
ich wohne	ich wohnte	ich habe gewohnt
du wohnst	du wohntest	du hast gewohnt
er/sie/es wohnt	er/sie/es wohnte	er/sie/es hat gewohnt
wir wohnen	wir wohnten	wir haben gewohnt
ihr wohnt	ihr wohntet	ihr habt gewohnt
sie wohnen	sie wohnten	sie haben gewohnt

8 Unregelmäßige Verben

Bei den unregelmäßigen Verben ist der Stamm bei manchen Verbformen verschieden. Deshalb muss man bei diesen Verben immer die Stammformen lernen.

Präsens	Präteritum	Perfekt
ich spreche	ich sprach	ich habe gesprochen
du sprichst	du sprachst	du hast gesprochen
er/sie/es spricht	er/sie/es sprach	er/sie/es hat gesprochen
wir sprechen	wir sprachen	wir haben gesprochen
ihr sprecht	ihr spracht	ihr habt gesprochen
sie sprechen	sie sprachen	sie haben gesprochen

Eine Übersicht der wichtigsten unregelmäßigen Verben finden Sie ab Seite 52.

9 Zeiten und Zeitformen

Ich heiße Mehmet Güler. Ich komme aus der Türkei. Seit 1995 wohne ich mit meiner Familie in Stuttgart. Vorher haben wir in Kassel gelebt. Mein Vater war Bauer in Sorgun in der Türkei. Ich habe zwei Kinder, eine Tochter und einen Sohn. Melahat, so heißt unsere Tochter, studiert Kunst. Sie will Malerin werden. In ein paar Jahren wird sie bestimmt ihre Bilder in einer großen Galerie ausstellen!

Mehmet Güler spricht über

die Vergangenheit	Vorher haben wir in Kassel gelebt. Mein Vater war Bauer in Sorgun in der Türkei.
die Gegenwart	Seit 1995 wohne ich mit meiner Familie in Stuttgart.
und die Zukunft	Sie will Malerin werden. In ein paar Jahren wird sie bestimmt ihre Bilder ... ausstellen!

Er verwendet dabei vier Zeitformen:

Perfekt	haben ... gelebt
Präteritum	war
Präsens	wohne
Futur	will (Malerin) werden; wird ... ausstellen

Und als fünfte Zeitform das Plusquamperfekt:
Nachdem Mehmet Güler viele Jahre in Kassel **gelebt hatte**, ging er 1995 nach Stuttgart.

10 Die Zeitformen der regelmäßigen und unregelmäßigen Verben

1 Präsens

1. Mit dem Präsens können Sie sagen,

was jetzt im Moment aktuell ist oder passiert:	Ich wohne in Stuttgart. Fabiane liest gerade den Text vor.
was früher begann, aber bis jetzt dauert:	Ich lerne seit Januar Deutsch. Er liebt sie seit der Schulzeit.
was in der Zukunft passiert:	Ich fahre nächstes Jahr nach Brasilien.
was immer gilt:	Er heißt Mehmet. Er kommt aus der Türkei.

2. Präsensformen der regelmäßigen Verben

	Singular	*Plural*
1. Person	ich wohn **e**	wir wohn **en**
2. Person	du wohn **st**	ihr wohn **t**
3. Person	er/sie/es wohn **t**	sie wohn **en**
formelle Anrede	Sie wohn **en**	

(► Nr. 6)

⚠️ Wegen der Aussprache werden bei manchen Verbformen Buchstaben hinzugefügt oder weggelassen. Hier drei Beispiele:

	(+e)	(−s)	(−e)
ich	arbeite	heiße	sammle
du	arbeitest	heißt	sammelst
er/sie/es	arbeitet	heißt	sammelt
wir	arbeiten	heißen	sammeln
ihr	arbeitet	heißt	sammelt
sie/Sie	arbeiten	heißen	sammeln

3. Präsensformen der unregelmäßigen Verben

Viele unregelmäßige Verben (nicht alle) haben in der 2. und 3. Person Singular einen anderen Stamm als im Infinitiv. Deshalb müssen Sie die 3. Person Singular zum Infinitiv dazulernen (▶ NR. 8).

Infinitiv	Präsens	Präteritum	Perfekt
fahren	er fährt	er fuhr	er ist gefahren
nehmen	er nimmt	er nahm	er hat genommen
lesen	er liest	er las	er hat gele~~

Die Endungen sind wie bei den regelmäßigen Verben.

⚠️ Haben, sein, wissen und die Modalverben (dürfen, müssen, können, sollen, wollen) haben noch andere unregelmäßige Formen (▶ NR. 18).

2 Der Gebrauch der Zeitformen der Vergangenheit: Präteritum und Perfekt

Vergleichen Sie die Sätze.

> Berlin: Beim Karneval der Kulturen **feierten** über eine Million Besucher auf der Straße.

> Der Karneval der Kulturen **war** echt super! Ich **habe** das ganze Wochenende nur **gefeiert**.

Mit Präteritum und Perfekt kann man sagen, was vor dem Zeitpunkt des Sprechens war oder passiert ist.
Beide Zeitformen haben die gleiche Bedeutung.

In der gesprochenen Sprache, aber auch in persönlichen Briefen verwendet man häufig das Perfekt, in geschriebenen Texten (Zeitungsreportagen, Literatur usw.) eher das Präteritum.

> Es war einmal ein Mädchen.
> Das hieß Rotkäppchen.
> Eines Tages sagte seine Mutter …

Die Verben **haben, sein, wissen** und die Modalverben verwendet man fast immer im Präteritum.

Ich **war** gestern in der Stadt und **wollte** ein Geschenk kaufen. Ich habe auch etwas gefunden, aber dann **hatte** ich kein Geld dabei und **musste** ohne Geschenk wieder nach Hause fahren.

3 | Die Bildung des Präteritums: regelmäßige Verben

Das Präteritum der regelmäßigen Verben bildet man so: Stamm + Präteritumendung.

Infinitivstamm + Präteritumendung

ich	frag**te**	wir	frag**ten**
du	frag**test***	ihr	frag**tet***
er/sie/es	frag**te**	sie	frag**ten**

*Die zweite Person Singular und Plural wird fast nur bei den Modalverben und bei **sein** und **haben** gebraucht.

⚠ Wegen der Aussprache steht bei den Verben auf **-d** bzw. **-t** zwischen Stamm und Endung ein **e**: arbeit **e** te.

4 | Die Bildung des Präteritums: unregelmäßige Verben

Die unregelmäßigen Verben haben im Präteritum fast immer eine andere Stammform als im Infinitiv. Deshalb müssen Sie diese Stammform zum Infinitiv dazulernen (► Nr. 8).

Infinitiv	Präsens	Präteritum	Perfekt
sprechen	er spricht	er sprach	

Die unregelmäßigen Verben haben eigene Präteritumendungen.

Präteritumstamm (z. B. ging-) + *Endung*

ich	ging –	wir	ging en
du	ging st	ihr	ging t
er/sie/es	ging –	sie	ging en

Einige unregelmäßige Verben haben die gleichen Präteritumendungen wie die regelmäßigen Verben (► Nr. 10.3).
Zu dieser Gruppe gehören auch **haben, wissen** und die Modalverben (**dürfen, können, müssen** ...).

Infinitiv	Präsens	Präteritum	Perfekt
denken	er denkt	er dachte	er hat gedacht
kennen	er kennt	er kannte	er hat gekannt

Präteritumstamm (z. B. dach-) + *Präteritumendungen*

ich	dach te	wir	dach ten
du	dach test	ihr	dach tet
er/sie/es	dach te	sie	dach ten

5 Bildung des Perfekts

Das Perfekt bildet man so: Präsens von **haben** oder **sein** + Partizip II eines Verbs.

haben + *Partizip II:* lernen

Ich **habe** gestern eine Stunde **gelernt**,

sein + *Partizip II:* gehen

dann **bin** ich in den Kurs **gegangen**.

(Zur Bildung des Partizip II ► Nr. 15)
(Zum Gebrauch des Perfekts ► Nr. 10.2)

1. Perfekt mit haben

Die meisten Verben bilden das Perfekt mit **haben**.

Ich **habe gefragt**.	Wir **haben vorgelesen**.
Du **hast geantwortet**.	Ihr **habt diskutiert**.
Sie **hat abgeschrieben**.	Sie **haben gehandelt**.

2. Perfekt mit sein

Einige Verben bilden das Perfekt mit **sein**.

1. Die Verben

bleiben	Ich **bin** gestern zu Hause **geblieben**.
sein	Theo **ist** allein in der Firma **gewesen**.
werden	Er **ist** fast verrückt **geworden**.

2. Einige unpersönliche Verben wie:

passieren	**Ist** ihm etwas **passiert**?
geschehen	Nein, es **ist** ihm nichts **geschehen**.

3. Verben, die eine Zustandsveränderung oder Fortbewegung ausdrücken.

Er **ist** mit dem Auto **gefahren**.   Er **ist eingeschlafen**.

⚠ Er **hat** sein Auto **kaputtgefahren**.

3. Perfekt der Modalverben

Das Perfekt der Modalverben bildet man auf zwei Arten:

1. Wenn das Verb vor dem Modalverb im Infinitiv steht, dann steht auch das Modalverb im Infinitiv.

   Ich **habe** dich gestern nicht **besuchen können**.

2. Wenn man Modalverben ohne ein zweites Verb verwendet, dann bildet man das Perfekt mit dem Partizip II des Modalverbs.

   Das **habe** ich nicht **gewollt**.

6 Der Gebrauch und die Bildung des Plusquamperfekts

Als Tom in die Küche kam, fraß Bello gerade das Hähnchen.

Als Tom in die Küche kam, **hatte** Bello das Hähnchen **gefressen**.

Das Plusquamperfekt verwendet man in Verbindung mit dem Präteritum, oft im gleichen Satz. Es drückt aus, dass die Handlung im Plusquamperfekt der Handlung im Präteritum vorausgegangen ist.

Nachdem Tom etwas Brot gegessen hatte, fuhr er schnell zum Bahnhof.

Das Plusquamperfekt kann aber auch alleine im Satz stehen:

Der Hund hatte das ganze Hähnchen gefressen.

Das Plusquamperfekt bildet man so: Präteritum von **haben/sein** + Partizip II eines Verbs.
(Zur Bildung des Partizip II ▶ Nr. 15)

Haben oder **sein**? Es gelten dieselben Regeln wie beim Perfekt (▶ Nr. 10.5).

Als Tom auf dem Bahnhof ankam, **war** der Zug schon **abgefahren**.

Plusquamperfekt und Modalverben? Es gelten dieselben Regeln wie beim Perfekt (▶ NR. 10.5).

7 Die Zukunft: Futur und Präsens

Mit dem Futur kann man sagen, was in der Zukunft passieren wird. Man verwendet es meistens, wenn man Prognosen macht (z. B. übers Wetter) oder über Pläne, gute Vorsätze und Versprechungen für die Zukunft spricht.

Guter Vorsatz	Ab morgen **werde** ich weniger **arbeiten** und mehr Sport **machen**.
Prognose	Im Jahr 2525 **werden** die Menschen nur noch montags **arbeiten**.
Versprechung	Nächstes Jahr **werden** wir dich ganz bestimmt öfter **besuchen**.

Meistens verwendet man aber das Präsens mit einer Zeitangabe, wenn man über die Zukunft spricht.

>Ich fahre morgen nach Berlin.

>Ab Oktober arbeite ich nur noch 35 Stunden.

>Ich besuche dich morgen.

Mit dem Futur kann man auch Vermutungen und Aufforderungen formulieren.

Vermutung	Er wird wohl jetzt zu Hause sein.
Aufforderung	Du wirst mir jetzt sofort mein Geld zurückgeben!

So bildet man das Futur: Präsensform von **werden** + Infinitiv eines Verbs.

Die Konjugation von **werden**:

ich werde	wir werden
du wirst	ihr werdet
er/sie/es wird	sie werden

Es gibt im Deutschen noch eine weitere Zeitform: das Futur II. Man kann damit sagen, was in der Zukunft Vergangenheit sein wird. Diese Zeitform kommt aber selten vor.
Hier zwei Beispielsätze, damit Sie wissen, wie die Form aussieht:

Prognose	Im Jahre 2525 **werden** die Menschen alle Krankheiten **besiegt haben**.
Vermutung	Er **wird** den Zug **verpasst haben**.

8 Übersicht: Zeiten und Zeitformen

Zeit	Zeitform	Beispiel
Vergangenheit	*Plusquamperfekt* (▶ Nr. 10.6)	Nachdem Eva Tom **angerufen hatte**, fuhr sie zu Paul. Nachdem sie **weggegangen war**, rief Tom noch einmal an.
	Präteritum (▶ Nr. 10.3, Nr. 10.4)	Sie **liebte** Tom, aber sie **hatte** auch Paul gern.
	Perfekt (▶ Nr. 10.5)	Tom: Ich **habe** dich gestern noch einmal **angerufen**. Eva: Ich **bin** nach unserem Gespräch gleich in die Stadt **gefahren**.
Gegenwart	*Präsens* (▶ Nr. 10.1)	Tom: Was **machst** du gerade? Eva: Ich **höre** die neue CD von Anett Loisan. Sie ist super!
Zukunft	*Präsens* (▶ Nr. 10.1, Nr. 10.7)	Tom: **Kommst** du **morgen**? Eva: **Morgen habe** ich keine Zeit.
	Futur (▶ Nr. 10.7)	Tom: Im neuen Jahr **werde** ich alles anders **machen**. (Vorsatz/Planung) Eva: Das **wirst** du wohl nicht **schaffen**. (Vermutung)

11 Modus: Indikativ, Konjunktiv, Imperativ

1 Indikativ

Mit dem Indikativ sagt man, was ist, passiert ist oder passieren wird.

> Ich **kann** mir auch nicht **erklären**, wie es **passiert ist**. Der Hund **hat** mich immer **provoziert** und plötzlich **habe** ich das Gefühl **gehabt**, dass ich ihm eine Lehre **erteilen muss**.

Briefträger beißt Hund: 200 Euro Geldstrafe

(Verbformen des Indikativs ► Nr. 2–10)

2 Konjunktiv I

1. Gebrauch

Mit dem Konjunktiv I kann man wiedergeben, was jemand gesagt hat. Der Konjunktiv I kommt fast nur in schriftlichen Texten (z. B. in Zeitungsberichten) vor.
Es genügt, wenn Sie die Formen in Texten erkennen und verstehen.

Die im folgenden Text markierten Verbformen stehen im Konjunktiv I.

Der Briefträger sagte vor Gericht aus, er könne sich auch nicht erklären, wie es zur Tat gekommen sei. Der Hund habe ihn seit Jahren provoziert und plötzlich habe er das Gefühl gehabt, er müsse dem Hund eine Lehre erteilen. Er habe den Hund spontan hinter dem Kopf gepackt und habe ihm ins Ohr gebissen.

2. Konjunktiv I Präsens

Man bildet den Konjunktiv I Präsens so:
Infinitivstamm + Konjunktivendungen.

	Infinitivstamm + Konjunktivendung			Ausnahme
	komm|en	könn|en	hab|en	sein
ich	komm e	könn e	hab e	sei –
du	komm est	könn est	hab est	sei (e)st
er/sie/es	komm e	könn e	hab e	sei –
wir	komm en	könn en	hab en	sei en
ihr	komm et	könn et	hab et	sei et
sie	komm en	könn en	hab en	sei en

Einige Verbformen des Konjunktiv I sind identisch mit dem Indikativ.
Man verwendet stattdessen die Verbformen des Konjunktiv II.

(Konjunktiv II ► Nr. 11.3)

3. Konjunktiv I Perfekt

Man bildet den Konjunktiv I Perfekt so:
Konjunktiv I von **haben/sein** + Partizip II eines Verbs.

> Der Briefträger betonte, er **habe** die Hundebesitzerin mehrfach **gewarnt**, aber sie **sei** immer sehr unfreundlich **gewesen**.

(haben oder sein?
► Nr. 10.5)
(Partizip II ► Nr. 15)

3 Der Gebrauch des Konjunktiv II

Mit dem Konjunktiv II kann man

- sagen, was nicht Realität ist / was man sich wünscht;
  Wenn ich Geld **hätte**, **würde** ich ein Jahr um die Welt **reisen**.

- sich höflich ausdrücken;
  Ich **hätte** gern ein Kilo Kartoffeln.

- wiedergeben, was jemand gesagt hat.
  Er sagte, die Leute **müssten** besser auf ihre Hunde aufpassen.

(Bildung des Konjunktiv II ▶ Nr. 11.4)

1. Etwas sagen, das nicht Realität ist

Wünsche

Ich wäre gern der Hund. Ich hätte gern einen Hund. Ich würde die Frau gern kennenlernen. Ich hätte als Kind auch gern einen Hund gehabt.

Bedingungen

> Wenn ich einen Hund hätte, wäre ich glücklich.
>
> Wenn das Wetter schön wäre, würde ich eine Fahrradtour machen.

Vergleiche

> Er tut so, als ob er von nichts wüsste.
>
> Sie arbeitet, als ob es nichts anderes auf der Welt gäbe.

2. Höflichkeit

Man kann mit dem Konjunktiv II Bitten und Ratschläge besonders höflich formulieren.

⚠ Beim Sprechen sind Intonation, Gestik und Mimik wichtiger, um höflich zu sein, als die grammatische Form.

Bitten	Würdest du mir dein Lernerhandbuch leihen?
	Könnten Sie diesen Brief bitte bis morgen schreiben?
	Dürfte ich Sie vielleicht morgen noch einmal anrufen?
	Hätten Sie etwas Salz und Pfeffer für mich?
Ratschläge	Du solltest nicht so viel arbeiten.
	Wenn du dich erholen willst, könntest du in Österreich wandern gehen.
	Wäre es nicht besser, wenn ihr mit der Bahn in Urlaub fahren würdet?

3. Indirekte Rede

Man verwendet den Konjunktiv II in der indirekten Rede, wenn die Formen des Konjunktiv I mit dem Indikativ identisch sind.

Indikativ = Konjunktiv I

Er sagte, die Leute müssen besser auf ihre Hunde aufpassen.

Er sagte, die Leute müssten besser auf ihre Hunde aufpassen.

Konjunktiv II

(► NR. 11.4)

4 | Die Bildung des Konjunktiv II

1. Konjunktiv II Präsens mit **würde** + Infinitiv

Die meisten Verben bilden den Konjunktiv II mit **würde** + Infinitiv.

Diese Form sollten Sie aktiv beherrschen, weil sie viel gebraucht wird und sehr nützlich ist.

Ich würde jetzt am liebsten vier Wochen ans Meer fahren.

Da würde ich gleich mitkommen.

2. Die Verbformen des Konjunktiv II

Sein, haben, werden, wissen und alle Modalverben verwendet man in der Konjunktiv-II-Form. Sie leiten sich vom Präteritum ab.

Diese Formen sollten Sie aktiv beherrschen:

Präteritum

er/sie/es	wusste	wurde	hatte	war	konnte

Konjunktiv II

ich	wüsste	würde	hätte	wäre	könnte
du	wüsstest	würdest	hättest	wärst	könntest
er/sie/es	wüsste	würde	hätte	wäre	könnte
wir	wüssten	würden	hätten	wären	könnten
ihr	wüsstet	würdet	hättet	wärt	könntet
sie	wüssten	würden	hätten	wären	könnten

Alle anderen Verben haben auch Konjunktiv-II-Formen. Man findet sie aber nur noch selten.

3. Konjunktiv II Perfekt

Den Konjunktiv II Perfekt bildet man so:

Konjunktiv II Präsens von **haben/sein** + Partizip II eines Verbs.

> Wenn du die Zeitung **gelesen hättest**, **hättest** du **gewusst**, dass das Konzert ausfällt.

> Ich **wäre** traurig **gewesen**, wenn du nicht **gekommen wärst**.

(**haben** oder **sein**? ▶ Nr. 10.5)
(Partizip II ▶ Nr. 15)

5 Imperativ

Mit dem Imperativ kann man

Bitten formulieren

Ratschläge geben

Anweisungen geben

Verbote aussprechen

1. Bildung des Imperativs

Beim Imperativ gibt es drei Formen:

2. Person Singular   (du) mach(st)   **Mach** bitte das Licht aus.
Wie 2. Person
Singular Präsens
ohne (st), ohne du.

3. Person Plural   Sie gehen   **Gehen** Sie nach Hause.
Wie 3. Person
Plural Präsens.
Sie steht nach
dem Verb.

2. Person Plural   (ihr) schaltet   **Schaltet** bitte alle Lichter aus.
Wie 2. Person Plural
Präsens ohne ihr.

2. Besonderheiten

	du	ihr	Sie
haben	**Hab** keine Angst.		
sein	**Sei** ruhig!	**Seid** höflich.	**Seien** Sie vorsichtig!
werden	**Werd(e)** gesund.		

Manche unregelmäßigen Verben mit Vokalwechsel behalten im Imperativ den Vokal des Infinitivs bei.

    laufen   **Lauf** schneller.
    fahren   **Fahr** vorsichtig.
    schlafen   **Schlaf** jetzt!

Verben auf -eln und -ern

    klingeln   **Klingle** zweimal.
    ändern   **Ändere** das Passwort!

(Imperativ bei trennbaren Verben ► Nr. 16.1)

12 Passiv

1. Gebrauch

Hochzeit von Motor und Karosserie

Die Arbeiter bauen den Motor in das Auto.

Der Motor **wird** in das Auto **eingebaut**.

Mit dem Passiv kann man sagen, was mit einer Person oder einer Sache gemacht wird. Man muss nicht sagen, wer etwas macht. Der Handelnde ist nicht so wichtig wie die Handlung selbst.

Man findet das Passiv häufig in Sachtexten (z. B. Gebrauchsanweisungen, Beschreibungen von Herstellungsprozessen oder Arbeitsprozessen, Zeitungsberichten …).

Wenn man in einem Passivsatz die handelnde Person/Institution erwähnen will, benutzt man **von** + Dativ:

> Früher wurde ein Auto **von** viel**en** Arbeiter**n** gebaut.
> Heute wird ein Auto fast komplett **von** ein**em** Roboter gebaut.

2. Bildung des Passivs

Mit **werden** (in verschiedenen Formen) + Partizip II kann man alle Passivformen bilden.

Indikativ	
Präsens	Das Auto **wird gebaut**.
Perfekt	Das Auto **ist gebaut worden**.
Präteritum	Das Auto **wurde gebaut**.
Plusquamperfekt	Das Auto **war gebaut worden**.
Futur	Das Auto **wird gebaut werden**.

Konjunktiv I	
Präsens	Er sagte, das Auto **werde gebaut**.
Perfekt	Er sagte, das Auto **sei gebaut worden**.

Konjunktiv II	
Präsens	Das Auto **würde gebaut**, wenn …
Perfekt	Das Auto **wäre gebaut worden**.

3. Passiv mit Modalverben

Das Passiv mit Modalverben wird so gebildet:

Modalverb (konjugiert) + *Partizip II eines Verbs* + werden

Die unregelmäßigen Verben **müssen** regelmäßig **wiederholt werden**.

Früher **mussten** Autos ganz von Hand **gebaut werden**.

In Zukunft **sollte** viel mehr mit dem Fahrrad **gefahren werden**.

4. Passiv im Nebensatz

Die ganze Verbgruppe steht am Satzende.

Man entwickelte Autos, nachdem der Motor **erfunden worden war**.

Uhren waren früher viel teurer, weil sie von Hand **gebaut wurden**.

Ich weiß, dass die unregelmäßigen Verben oft **wiederholt werden müssen**.

Ich frage mich, ob in 200 Jahren noch Autos **gebaut werden**.

13 Infinitiv

Der Infinitiv ist die Grundform des Verbs.
So stehen Verben im Wörterbuch:

Fast alle Verben bilden den Infinitiv mit -en.

Den Infinitiv auf -n bilden: sein, tun und die Verben auf -eln und -ern:

erinnern, lächeln, klingeln ...

spie·len; *spielte, hat gespielt;* [Vt/i] **1** *(etw.)* **s.** ein (bestimmtes) Spiel (1,2,3) machen ⟨Fangen, Verstecken, Räuber u. Gendarm s.; Mühle, Dame, Mikado, Karten, Skat, Schafkopf, Schach usw s.; beim Spielen schwindeln⟩: *mit Puppen s.; mit den Kindern im Garten Federball s.* **2** *(etw.)* **s.** etw. regelmäßig als Sport od. Hobby tun ⟨Fußball, (Tisch)Tennis, Volleyball, Minigolf s.⟩: *Der Stürmer ist verletzt u. kann heute nicht s.* **3** *(etw.)* **s.** Musik machen ⟨ein Instrument s.; Klavier, Geige, Flöte s.; ein Musikstück s.; e-e Sinfonie, ein Lied, e-n Marsch s.⟩ **4** *(etw.)* **s.** (beim Roulette, an Automaten usw) versuchen, Geld zu gewinnen ⟨Roulette, Lotto, Toto s.; mit hohen Einsätzen s.⟩ ‖ K-: **spiel-, -süchtig** **5** *(j-n / etw.)* **s.** (als Schauspieler) e-e Person / Rolle in e-m Film od. Theaterstück darstellen ⟨die Hauptrolle, e-e Nebenrolle s.⟩: *in Goethes „Faust" den Mephisto s.; Spielt er in diesem Film?;* [Vt] **6** ⟨e-e Theatergruppe o. ä.⟩ **spielt etw.** e-e Theatergruppe o. ä. zeigt e-e künstlerische Produktion dem Publikum, führt etw. auf ⟨ein Theaterstück, e-e Oper, ein Musical, e-n Film usw s.⟩: *Das Stadttheater spielt diesen Winter „Die Räuber" von Schiller* **7** *etw.* **s.** oft pej; so tun, als ob man etw. wäre, was ma[n] Wirklichkeit nicht ist ⟨d[ie] Starke, die [...]

1 Infinitiv ohne *zu*

Lesen Sie die folgenden Texte.

Spielen der Kinder auf dem Hof verboten

Apfelmus-Varianten

Apfelmus mit Mandeln und Nüssen.
Je 2 Essl. Mandeln und Haselnüsse in einer trockenen Bratpfanne hellgelb rösten. 1 Essl. Rosinen 1/2 Stunde in Rum oder Cognac einlegen. Vor dem Servieren alles über das Apfelmus verteilen. Mit 2 Essl. Zimtzucker bestreuen und mit kühlem, steifgeschlagenem Rahm servieren.

Und so wird's gemacht:

1. Wasserbehälter mit frischem Wasser füllen und einsetzen.
2. Betriebsschalter drücken.
3. Filtersieb einlegen und eine Portion Espresso einfüllen.

Den Infinitiv braucht man z. B.

in Aufforderungen / Anweisungen:	Bitte **anschnallen** und das Rauchen **einstellen**. Nicht **rauchen**. Nicht Ball **spielen**. Die Suppe leicht **kochen**. Kartoffeln **schälen**.
in den zusammengesetzten Zeiten: Futur	Morgen **wird** es kalt **werden**.
Konjunktiv II	Ich **würde** gern in den Süden **fahren**.
mit Modalverben:	Du **musst** morgen einen Mantel **anziehen**. Es **soll** sehr kalt **werden**.

bei folgenden Verben:	bleiben	Ich **bleibe** im Bett **liegen**.
	gehen	Ich **gehe** nicht **spazieren**.
	hören	Ich **höre** den Wind an den Bäumen **rütteln**.
	sehen	Ich **sehe** die Vögel nach Süden **fliegen**.
	lassen	Ich **lasse** mir die Haare **wachsen**.
	schicken	Ich **schicke** meinen Sohn **einkaufen**.

Bei allen anderen Verben steht der Infinitiv mit zu.

als Nomen:	Vor dem **Schlafen** trinke ich ein Glas Rotwein.

2   Infinitiv mit *zu*

Der Infinitiv mit zu steht oft mit Ausdrücken wie den folgenden:

Ich habe (keine) Lust,	Lernkärtchen **zu schreiben**.
Ich habe keine Zeit,	Vokabeln **zu lernen**.
Ich versuche,	mich im Unterricht **zu konzentrieren**.
Ich fange an,	eine Wortschatzkartei **zu führen**.
Hör auf,	dauernd **zu jammern**!
Ich hoffe,	bald in Österreich **zu wohnen**.
Es ist schön,	die Sprache der Leute **zu sprechen**.
Es ist interessant,	neue Menschen **kennenzulernen**.
Es ist nicht leicht,	aus der Heimat **wegzugehen**.

Der Infinitiv mit zu kann auch nach folgenden Wörtern stehen:

    um   Ich arbeite viel, **um** gut **zu leben**.

    anstatt   Er arbeitet zu viel, **anstatt** wirklich **zu leben**.

    ohne   Sie lebt zufrieden, **ohne** viel **zu arbeiten**.

Der Infinitiv mit zu kann auch nach haben und sein stehen:

    haben   Ich **habe** heute noch viel **zu tun**.
                  (= Ich muss heute noch viel tun.)

    sein   Herr Wetz **ist** ab 14 Uhr **zu sprechen**.
                  (= Man kann mit Herrn Wetz ab 14 Uhr sprechen.)

                 Es **ist** viel **zu tun**.
                 (= Wir müssen viel tun.)

3 | Infinitiv mit *zu* bei trennbaren Verben

Bei den trennbaren Verben steht zu zwischen dem Verbzusatz und dem Verb.

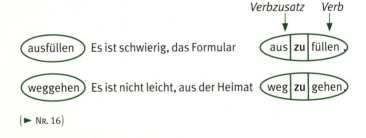

(► Nr. 16)

14 | Partizip I

Das Partizip I bildet man so: Infinitiv + d.   ein bellen**d**er Hund
Wenn man das Partizip I dekliniert oder steigert, ein schreien**d**es Kind
hängt man die jeweilige Endung an das d an.   eine miauen**d**e Katze
                                                     mit hängen**d**en Ohren

Die markierten Verben im folgenden Gedicht haben die Form des Partizip I.

Mond-Tag
Glitzerndes Licht im Wasser des Sees.
Ich höre **rauschende** Blätter im **schweigenden** Wald.
Leuchtende Würmchen fliegen vorbei.
Die **Liebenden** verstecken sich in Sonnenblumen.
Das **schreiende** Mondlicht stört die Nacht.

Mit dem Partizip I ordnet man eine Tätigkeit (**glitzern, lieben**) einem Nomen (**Licht**) oder einem Träger (**die Liebenden**) zu.

„Leuchtende Würmchen" sind Würmchen, die leuchten.

„Liebende" sind Menschen, die sich lieben.

„Rauschende Blätter" sind Blätter, die im Wind rauschen.

Die Partizipien I werden in diesen Sätzen wie Adjektive oder Nomen gebraucht.

Als Adjektiv vor dem Nomen und als Nomen hat das Partizip I die gleiche Endung wie ein Adjektiv.

Nach dem Nomen hat das Partizip (wie das Adjektiv) keine Endungen.

Adjektiv
nach dem Nomen   Die Hunde rennen **bellend** aus dem Haus.

vor dem Nomen   Ich habe Angst vor **bellenden** Hunden.

Nomen   Die **Reisenden** nach Kairo werden zum Flugsteig A 47 gebeten.
                 Als **Reisende/r** kann man auf Flughäfen einiges erleben.

15 Partizip II

Das Partizip II braucht man für die Bildung folgender Zeitformen:

Perfekt (► NR. 10.2, 10.5)	Er **hat** Suppe **gekocht**.
Plusquamperfekt (► NR. 10.6)	Als sie nach Hause kam, **hatte** er die Suppe schon **gekocht**.
Passiv (► NR. 12)	Die Pizza **wird gebracht**.

Das Partizip II als Adjektiv

- nach dem Verb — Die Pizza ist **verbrannt**.
- nach dem Nomen — Eine **Pizza belegt** mit Salami – wer hat sie bestellt?
- vor dem Nomen — **Verbrannte Pizza** schmeckt mir nicht.

Wenn das Partizip II direkt vor einem Nomen steht, wird es wie ein Adjektiv verändert.

Das Partizip II der regelmäßigen Verben bildet man so:

ge ... t	ge ... et	... t	... ge ... t	... ge ... et
gekauft	gearbeitet	studiert	eingekauft*	eingearbeitet*
gelernt	geheiratet	besucht**	abgeholt*	abgewartet*

Das Partizip II der unregelmäßigen Verben bildet man meistens so:

gehen — Er ist gegangen.

singen — Sie hat schön gesungen.

wegfahren	weg|ge|fahr|en*	Müllers sind weggefahren.
mitsingen	mit|ge|sung|en*	Alle haben mitgesungen.
verstehen	verstanden**	Ich habe alles verstanden.

*Bei den Verben mit abtrennbarem Verbzusatz steht **ge** zwischen Verbzusatz und Verb. (▶ Nr. 16.1)

Bei den Verben mit nicht abtrennbarem Verbzusatz bildet man das Partizip ohne **ge (▶ Nr. 16.2).

Das Partizip der unregelmäßigen Verben muss man wie die Präteritumformen auswendig lernen. (▶ Nr. 10.4)

singen
sang
gesungen

16 Trennbare und untrennbare Verben

1 Trennbare Verben

Viele Verben können im Deutschen verschiedene Verbzusätze haben.

schreiben	**auf**schreiben, **ab**schreiben, **mit**schreiben, **vor**schreiben …
kommen	**an**kommen, **ab**kommen, **mit**kommen, **unter**kommen …
lesen	**ab**lesen, **mit**lesen, **nach**lesen, **vor**lesen …

Die Verbzusätze geben dem Verb oft eine ganz neue Bedeutung.

Die meisten Verbzusätze (Präfixe) sind betont. Betonte Verbzusätze sind abtrennbar.
Bei konjugierten Formen (in Hauptsätzen) trennt man diese Verbzusätze immer ab und setzt sie an das Ende des Satzes.

Wenn das konjugierte Verb am Satzende steht (in Nebensätzen), trennt man den Verbzusatz nicht ab.

Hier ist eine Liste der wichtigsten abtrennbaren Verbzusätze:

Verbzusatz	*Infinitiv* **(Beispiel)**	**konjugierte Form**
ab-	abfahren	Wann **fährt** der Zug **ab**?
an-	anrufen	**Ruf** mich bitte **an**.
auf-	aufhören	**Hört** doch endlich **auf**!
aus-	ausgehen	**Gehst** du mit mir **aus**?
bei-	beilegen	**Legen** Sie bitte die Rechnung **bei**.
dar-	darstellen	Die Skulptur **stellt** einen Baum **dar**.
ein-	einladen	Ich **lade** dich zur Party **ein**.
fest-	feststellen	Ich **stelle fest**, dass ich kein Geld habe.
fort-	fortlaufen	**Lauf** bitte nicht **fort**!
her-	herkommen	**Komm** mal **her**!

Verb-zusatz	Infinitiv (Beispiel)	konjugierte Form
hin-	hinfallen	Mein Kind **fällt** jeden Tag einmal **hin**.
los-	losfahren	Wann **fahren** wir endlich **los**?
mit-	mitkommen	**Kommst** du **mit**?
nach-	nachdenken	Ich **denke** oft über die Menschen **nach**.
nieder-	niederschlagen	James Bond **schlägt** seine Feinde **nieder**.
vor-	vorschlagen	Ich **schlage vor**, dass wir ins Kino gehen.
weg-	wegfahren	Wann **fährst** du **weg**?
weiter-	weiterarbeiten	**Arbeiten** Sie ruhig **weiter**.
zu-	zuhören	**Hör** mal **zu**.
zurück-	zurückkommen	Wann **kommst** du **zurück**?

So finden Sie trennbare Verben im Wörterbuch:

Lesen) Sie bitte den Text (vor und schreiben) Sie die Regel (ab.

Vor·leistung *die*; *gew....*, e-e Leistung od. Arbeit, bevor *bes* ein Vertrag geschlossen wird: *Keiner der Verhandlungspartner war zu Vorleistungen bereit*
vor·le·sen (*hat*) [Vt/i] (*j-m*) (*etw.*) *v.* etw. laut lesen, damit andere es hören: *den Kindern Märchen v.* ‖ K-: **Vorlese-, -wettbewerb**

-mittel, -politik, -strategie, -waffe
ab·schrei·ben (*hat*) [Vt/i] **1** (*etw.*) (*von j-m*) *a.* den Text e-s anderen übernehmen, kopieren u. ihn als eigenes Werk ausgeben: *Er schrieb fast den ganzen Aufsatz vom Nachbarn ab*; [Vt] **2 etw.** (*von / aus etw.*) *a.* e-e handschriftliche Kopie von e-m Text

2 Untrennbare Verben

Sieben Verbzusätze betont man nie. Sie sind nicht abtrennbar.

be-	bes<u>u</u>chen, be<u>a</u>ntworten, begr<u>ei</u>fen …
ent-	entd<u>e</u>cken, entl<u>a</u>ssen, entw<u>e</u>rfen …
er-	erz<u>ä</u>hlen, erf<u>i</u>nden, ersch<u>a</u>ffen …
ge-	geh<u>ö</u>ren, gef<u>a</u>llen, gest<u>e</u>hen …
ver-	verl<u>ie</u>ben, verl<u>ie</u>ren, verg<u>e</u>ssen …
zer-	zerst<u>ö</u>ren, zerf<u>a</u>llen, zert<u>ei</u>len …
wider-	widerspr<u>e</u>chen, widerst<u>e</u>hen …

⚠ Der Verbzusatz **miss-** ist meistens betont, aber trotzdem nicht abtrennbar.

miss-	m<u>i</u>ssverstehen, m<u>i</u>sslingen …

Einige Verbzusätze sind in Verbindung mit bestimmten Verben betont und abtrennbar und mit anderen unbetont und nicht abtrennbar.

umf<u>a</u>hren   Er hat den Hund geschickt umf<u>a</u>hren.

<u>u</u>mfahren   Er hat den Hund <u>u</u>mgefahren.

17 Reflexive Verben

Er gefällt ihr.
Sie **hat sich** in ihn **verliebt**.

Er gefällt sich selbst.
Er **hat sich** in sich selbst **verliebt**.

Viele Verben kann man reflexiv gebrauchen. Je nach Verb stehen die nachfolgenden Pronomen oder Nomen im Akkusativ oder Dativ. Hier einige Beispiele:

	nicht reflexiv	reflexiv	Kasus
helfen	Er hilft **mir**.	Ich helfe **mir** selbst.	*Dativ*
kaufen	Ich kaufe **uns** ein Eis.	Ich kaufe **mir** ein Eis.	*Dativ*
ärgern	Ärgere **ihn** nicht!	Er ärgert **sich** doch selbst.	*Akkusativ*
lieben	Liebt er **sie**?	Der liebt doch nur **sich** selbst.	*Akkusativ*

Einige Verben müssen immer mit dem Reflexivpronomen gebraucht werden. Im Wörterbuch erkennt man diese Verben z. B. so:

> be'dächtig [bə'dɛçtɪç] (*vorsichtig*) prudente, cauteloso; (*langsam*) vagaroso
> be'danken (*sem* ge-, *h*) **sich bei j-m für etw** agradecer a/c a alg
> Be'darf [bə'darf] *m* (-*es*; 0) necessidade *f*;
> falta ...

sich bedanken	Er bedankt **sich** für die schönen Blumen.
sich entschließen	Ich habe **mich** entschlossen, nach Brasilien zu gehen.
sich verspäten	Ich werde **mich** etwas verspäten.
sich erholen	Unser Urlaub war super. Wir haben **uns** toll erholt.

Mit Verben mit Reflexivpronomen kann man auch gegenseitige Beziehungen ausdrücken:

sich lieben	Sie lieben **sich** wie Romeo und Julia. (= Sie lieben einander.)
sich hassen	Sie hassen **sich** bis aufs Blut. (= Sie hassen einander.)
sich verstehen	Wir verstehen **uns** sehr gut, fast ganz ohne Worte. (= Wir verstehen einander.)
sich helfen	Wenn es Probleme gibt, helfen sie **sich** gegenseitig. (= Sie helfen einander.)

18 Verben mit besonderen Funktionen

Einige Verben haben im Deutschen besondere Funktionen. Die wichtigsten dieser Verben sind:

die Hilfsverben	haben, sein
die Modalverben	dürfen, können, mögen, müssen, sollen, wollen
die Verben	brauchen, kennen, wissen, lassen, werden

1 Die Hilfsverben *haben* und *sein*

Haben und **sein** gebraucht man oft als „Hilfsverben", d. h. sie helfen, die zusammengesetzten Zeitformen Perfekt und Plusquamperfekt zu bilden. (▶ Nr. 10.5, Nr. 10.6)	Ich **habe** heute 12 Stunden **gearbeitet**. Ich **bin** nur 30 Minuten **spazieren gegangen**.
Haben und **sein** können auch als „normale" Verben gebraucht werden.	Ich **habe** ein Haus, ein großes Auto und viel Geld, aber ich **bin** nicht glücklich.

Haben und **sein** sind unregelmäßige Verben. Die Formen finden Sie in den Verbtabellen.

2 | Die Modalverben

Wozu braucht man Modalverben?
Schauen Sie sich die Bilder an und vergleichen Sie die Sätze.

Sie arbeitet nicht.

Sie **darf** nicht arbeiten.
(Sie hat keine Arbeitserlaubnis.)

Sie **kann** nicht arbeiten.
(Sie ist krank.)

Sie **mag** nicht arbeiten.
(Sie hat keine Lust.)

Sie **muss** nicht arbeiten.
(Sie hat Ferien.)

Sie **soll** nicht arbeiten.
(Der Arzt rät es ihr.)

Sie **will** nicht arbeiten.
(Sie ist faul.)

Die markierten Wörter heißen auf Deutsch Modalverben.

Es gibt sechs Modalverben:

    dürfen, können, mögen, müssen, sollen, wollen

Meistens kommt das Modalverb mit einem zweiten Verb zusammen vor. Das zweite Verb steht dann im Infinitiv.

Ich (muss) morgen (arbeiten).

Manchmal stehen Modalverben auch ohne ein zweites Verb. Die Verben in Klammern zeigen, was die sprechende Person bei diesen Äußerungen mitdenkt:

Sie **dürfen** jetzt nach Hause.	(gehen)
Er **kann** gut Deutsch.	(sprechen)
Ich **mag** jetzt keinen Tee.	(trinken)
Ich **muss** morgen nach Leipzig.	(fahren)
Ich **will** eine Gehaltserhöhung.	(haben)

Konjugation der Modalverben: Modalverben sind unregelmäßige Verben.

Sie finden die Formen in den Verbtabellen.

Was kann man mit Modalverben ausdrücken? Hier sind einige Beispiele:

Modalverb	**Beispiele**	**Bedeutung**
dürfen	Du **darfst** den Film sehen.	Erlaubnis
dürfen + Verneinung	Du **darfst** den Film **nicht** sehen. Sie **dürfen keinen** Alkohol trinken.	Verbot
dürfen im Konj. II	Er **dürfte** 23 Jahre alt sein.	Vermutung

Modalverb	Beispiele	Bedeutung
können	Du **kannst** hier viel lernen. Ich **kann** Gitarre spielen. Sie **können** nach Hause gehen.	Möglichkeit Fähigkeit Erlaubnis
können + Verneinung	Du **kannst** hier **nichts** lernen. Man **kann** hier **kein** Obst kaufen. Ich **kann nicht** Gitarre spielen. Ich sehe kein Licht. Er **kann** noch **nicht** zu Hause sein.	Unmöglichkeit Unfähigkeit Schlussfolgerung
können im Konj. II	Sie **könnte** im Kino sein.	Vermutung
mögen	Ich **mag** Jazzmusik.* Da **mögen** Sie Recht haben.	Gefallen* Möglichkeit
mögen + Verneinung	Ich **mag** Jazzmusik **nicht**.* Ich **mag nicht** darüber sprechen.	Ablehnung* Unlust
mögen im Konj. II	Ich **möchte** einen Ausflug machen. Ich **möchte** ein Kilo Bananen, bitte.	Wunsch

*Bei diesen Bedeutungen gebraucht man **mögen** ohne Infinitiv.

müssen	Du **musst** den Salat essen. Es ist schon acht, ich **muss** jetzt gehen. Ich sehe Licht. Er **muss** zu Hause sein.	Befehl Notwendigkeit Schlussfolgerung

Modalverb	Beispiele	Bedeutung
müssen + Verneinung	Du **musst keinen** Salat essen. Sie **müssen** diese Wörter **nicht** lernen. Es ist erst sechs, ich **muss** noch **nicht** gehen.	Freiwilligkeit keine Notwendigkeit
sollen	Du **sollst** jetzt still sein. Ich **soll** Ihnen diesen Brief geben. Das Beispiel **soll** Ihnen helfen. Er **soll** sehr reich sein.	Befehl Auftrag Zweck Gerücht
sollen + Verneinung	Du **sollst nicht** töten. Du **sollst keinen** Kaffee trinken.	Verbot
wollen	Ich **will** einen Ausflug machen. Er **will** gestern im Kino gewesen sein, aber das glaube ich nicht.	Wille/Wunsch Zweifel
wollen + Verneinung	Ich **will nicht** spazieren gehen.	Weigerung

⚠ Das Modalverb **wollen** kann unhöflich wirken. Es wird deshalb oft ersetzt.

> Ich will jetzt nach Hause gehen.
> (Kann unhöflich/unfreundlich wirken.)

> Ich möchte jetzt nach Hause gehen.
> (Wirkt höflicher/freundlicher.)

3 Die Verben *brauchen, kennen, wissen, lassen, werden*

1. Das Verb brauchen

Das Verb brauchen kann man wie ein Modalverb verwenden.

Verb Ich **brauche** einen Bleistift.
Brauchst du etwas aus der Stadt?

Modalverb In diesem Text **brauchen** Sie nicht jedes Wort **zu** verstehen.
Du **brauchst** mich nur anzurufen, ich helfe dir sofort.

Als Modalverb kommt **brauchen** immer in der Kombination mit den Wörtern nur oder nicht und dem Infinitiv mit zu vor.

2. Die Verben kennen und wissen

Mit **kennen** kann man über Erfahrungen sprechen, die man mit Personen oder Sachen hat.

> Ich **kenne** das Buch sehr gut.
>
> Wir **kennen** uns seit 20 Jahren.
>
> Er **kennt** das Problem.
>
> Ich **kenne** den Mann nicht, aber ich kenne seine Exfrau.

Mit **wissen** kann man über Fakten sprechen, über die man Informationen hat.

> Ich **weiß**, dass das Buch gut ist.
>
> Ich **weiß** alles über ihn.
>
> Ich **weiß** eine Lösung für das Problem.
>
> Er **weiß** nicht, ob der Termin heute oder morgen ist.
>
> **Wissen** Sie, wie man zum Bahnhof kommt?

Vergleichen Sie die folgenden Sätze:

>Ich weiß den Weg.   Ich kenne den Weg.

Die Bedeutung der beiden Sätze ist fast gleich: Im ersten Satz wird das (intellektuelle) Wissen betont, im zweiten Satz die persönliche Erfahrung.

Kennen kann nie in einem Satzgefüge mit Nebensatz stehen.

Die Verben **kennen** und **wissen** sind unregelmäßig.

3. Das Verb lassen

So kann man **lassen** gebrauchen:

nicht (mit)nehmen	Ich **lasse** das Auto zu Hause und fahre mit der Straßenbahn.
erlauben	Wir **lassen** unsere Kinder nachts nicht in die Stadt.
ein anderer tut es	Er **lässt** sich die Haare schneiden.
verbieten	**Lass** das!
nicht erlauben / nicht zulassen	**Lass** dich nicht ärgern.
nicht tun / aufhören	Ich glaube, ich **lasse** das heute und arbeite lieber morgen weiter.

Lassen ist unregelmäßig.

4. Das Verb werden

So kann man das Verb **werden** gebrauchen:

als Verb (Veränderung / Entwicklung)	Ich **werde** jetzt gleich **wütend**. Es **wird** Sommer.
	Peter **wird** Techniker. Das **wird** schon wieder. Es **wird** alles wieder gut.
als Hilfsverb (Passiv) (► Nr. 12)	Peter **wird** zum Techniker **ausgebildet**.
	Das Haus **ist** in nur drei Wochen **gebaut worden**.
als Hilfsverb (Futur) (► Nr. 10.7)	Ich **werde** dich nie **vergessen**. Wir **werden** ab morgen jeden Tag Sport **machen**.

Werden ist unregelmäßig.

2 Verbtabellen

Erläuterung

In den folgenden Konjugationstabellen finden Sie 166 Verben. Diese lassen sich in schwache und starke (unregelmäßige) Verben einteilen. Das erste Verb **arbeiten** ist ein Beispiel der schwachen Verben, nach dessen Konjugationsmuster viele andere regelmäßige Verben gebildet werden. Anschließend finden Sie die 164 gebräuchlichsten starken Verben.
Danach folgt ein Beispiel für reflexive Verben.

ÜBERSICHT

Schwache Verben

Seite	Nr.	Verb
56	1	arbeiten

Starke Verben

Seite	Nr.	Verb
58	2	haben
60	3	sein
62	4	backen
64	5	befehlen
66	6	beginnen
68	7	beißen
70	8	bergen
72	9	bewegen
74	10	biegen
76	11	bieten
78	12	binden
80	13	bitten
82	14	blasen
84	15	bleiben
86	16	braten
88	17	brechen
90	18	brennen
92	19	bringen
94	20	denken
96	21	dürfen
98	22	empfehlen
100	23	erbleichen
102	24	erlöschen
104	25	erschrecken
106	26	essen
108	27	fahren
110	28	fallen
112	29	fangen
114	30	fechten
116	31	finden
118	32	flechten
120	33	fliegen
122	34	fliehen
124	35	fließen
126	36	fressen
128	37	frieren
130	38	gebären
132	39	geben
134	40	gedeihen
136	41	gehen
138	42	gelingen
140	43	gelten
142	44	genesen
144	45	genießen
146	46	geschehen
148	47	gewinnen
150	48	gießen
152	49	gleichen
154	50	gleiten
156	51	graben
158	52	greifen
160	53	halten
162	54	hängen
164	55	hauen
166	56	heben
168	57	heißen
170	58	helfen
172	59	kennen
174	60	klimmen
176	61	klingen
178	62	kneifen
180	63	kommen
182	64	können
184	65	kriechen
186	66	laden
188	67	lassen
190	68	laufen
192	69	leiden
194	70	leihen
196	71	lesen
198	72	liegen
200	73	lügen
202	74	meiden
204	75	melken
206	76	messen
208	77	misslingen
210	78	mögen
212	79	müssen
214	80	nehmen
216	81	nennen
218	82	pfeifen
220	83	preisen
222	84	raten
224	85	reiben
226	86	reißen

ÜBERSICHT

Seite	Nr.	Verb	Seite	Nr.	Verb	Seite	Nr.	Verb
228	87	reiten	288	117	schwinden	348	147	verdrießen
230	88	rennen	290	118	schwingen	350	148	vergessen
232	89	riechen	292	119	schwören	352	149	verlieren
234	90	ringen	294	120	sehen	354	150	verzeihen
236	91	rufen	296	121	senden	356	151	wachsen
238	92	saufen	298	122	singen	358	152	waschen
240	93	saugen	300	123	sinken	360	153	weben
242	94	schaffen	302	124	sitzen	362	154	weichen
244	95	scheiden	304	125	speien	364	155	weisen
246	96	scheinen	306	126	spinnen	366	156	wenden
248	97	scheißen	308	127	sprechen	368	157	werben
250	98	scheren	310	128	sprießen	370	158	werden
252	99	schieben	312	129	springen	372	159	werfen
254	100	schießen	314	130	stechen	374	160	wiegen
256	101	schinden	316	131	stecken	376	161	winden
258	102	schlafen	318	132	stehen	378	162	wissen
260	103	schlagen	320	133	stehlen	380	163	wollen
262	104	schleichen	322	134	steigen	382	164	ziehen
264	105	schleifen	324	135	sterben	384	165	zwingen
266	106	schließen	326	136	stinken			
268	107	schlingen	328	137	stoßen			
270	108	schmeißen	330	138	streichen			
272	109	schmelzen	332	139	streiten			
274	110	schnauben	334	140	tragen			
276	111	schneiden	336	141	treffen			
278	112	schreiben	338	142	treiben			
280	113	schreien	340	143	treten			
282	114	schreiten	342	144	trinken			
284	115	schweigen	344	145	tun			
286	116	schwimmen	346	146	verderben			

Reflexive Verben

Seite	Nr.	Verb
386	166	sich bewegen

1 arbeiten

Indikativ

schwache Verben

Präsens
ich arbeite
du arbeitest
er/sie/es arbeitet
wir arbeiten
ihr arbeitet
sie arbeiten

Präteritum
ich arbeitete
du arbeitetest
er/sie/es arbeitete
wir arbeiteten
ihr arbeitetet
sie arbeiteten

Perfekt
ich habe ... gearbeitet
du hast ... gearbeitet
er/sie/es hat ... gearbeitet
wir haben ... gearbeitet
ihr habt ... gearbeitet
sie haben ... gearbeitet

Plusquamperfekt
ich hatte ... gearbeitet
du hattest ... gearbeitet
er/sie/es hatte ... gearbeitet
wir hatten ... gearbeitet
ihr hattet ... gearbeitet
sie hatten ... gearbeitet

Futur I
ich werde ... arbeiten
du wirst ... arbeiten
er/sie/es wird ... arbeiten
wir werden ... arbeiten
ihr werdet ... arbeiten
sie werden ... arbeiten

Futur II
ich werde ... gearbeitet haben
du wirst ... gearbeitet haben
er/sie/es wird ... gearbeitet haben
wir werden ... gearbeitet haben
ihr werdet ... gearbeitet haben
sie werden ... gearbeitet haben

Imperativ

Singular
arbeite!

Plural
arbeitet!

Partizip

Partizip I
arbeitend

Partizip II
gearbeitet

Konjunktiv I

Präsens
ich arbeite
du arbeitest
er/sie/es arbeite
wir arbeiten
ihr arbeitet
sie arbeiten

Perfekt
ich habe ... gearbeitet
du habest ... gearbeitet
er/sie/es habe ... gearbeitet
wir haben ... gearbeitet
ihr habet ... gearbeitet
sie haben ... gearbeitet

Futur I
ich werde ... arbeiten
du werdest ... arbeiten
er/sie/es werde ... arbeiten
wir werden ... arbeiten
ihr werdet ... arbeiten
sie werden ... arbeiten

Futur II
ich werde ... gearbeitet haben
du werdest ... gearbeitet haben
er/sie/es werde ... gearbeitet haben
wir werden ... gearbeitet haben
ihr werdet ... gearbeitet haben
sie werden ... gearbeitet haben

Konjunktiv II

Präsens
ich arbeitete
du arbeitetest
er/sie/es arbeitete
wir arbeiteten
ihr arbeitetet
sie arbeiteten

Perfekt
ich hätte ... gearbeitet
du hättest ... gearbeitet
er/sie/es hätte ... gearbeitet
wir hätten ... gearbeitet
ihr hättet ... gearbeitet
sie hätten ... gearbeitet

würde + *Infinitiv*
ich würde ... arbeiten
du würdest ... arbeiten
er/sie/es würde ... arbeiten
wir würden ... arbeiten
ihr würdet ... arbeiten
sie würden ... arbeiten

würde + *Infinitiv Perfekt*
ich würde ... gearbeitet haben
du würdest ... gearbeitet haben
er/sie/es würde ... gearbeitet haben
wir würden ... gearbeitet haben
ihr würdet ... gearbeitet haben
sie würden ... gearbeitet haben

2 haben

Indikativ

Präsens
ich habe
du hast
er/sie/es hat
wir haben
ihr habt
sie haben

Präteritum
ich hatte
du hattest
er/sie/es hatte
wir hatten
ihr hattet
sie hatten

Perfekt
ich habe ... gehabt
du hast ... gehabt
er/sie/es hat ... gehabt
wir haben ... gehabt
ihr habt ... gehabt
sie haben ... gehabt

Plusquamperfekt
ich hatte ... gehabt
du hattest ... gehabt
er/sie/es hatte ... gehabt
wir hatten ... gehabt
ihr hattet ... gehabt
sie hatten ... gehabt

Futur I
ich werde ... haben
du wirst ... haben
er/sie/es wird ... haben
wir werden ... haben
ihr werdet ... haben
sie werden ... haben

Futur II
ich werde ... gehabt haben
du wirst ... gehabt haben
er/sie/es wird ... gehabt haben
wir werden ... gehabt haben
ihr werdet ... gehabt haben
sie werden ... gehabt haben

Imperativ

Singular
habe!

Plural
habt!

Partizip

Partizip I
habend

Partizip II
gehabt

Konjunktiv I

Präsens
ich habe
du habest
er/sie/es habe
wir haben
ihr habet
sie haben

Perfekt
ich habe ... gehabt
du habest ... gehabt
er/sie/es habe ... gehabt
wir haben ... gehabt
ihr habet ... gehabt
sie haben ... gehabt

Futur I
ich werde ... haben
du werdest ... haben
er/sie/es werde ... haben
wir werden ... haben
ihr werdet ... haben
sie werden ... haben

Futur II
ich werde ... gehabt haben
du werdest ... gehabt haben
er/sie/es werde ... gehabt haben
wir werden ... gehabt haben
ihr werdet ... gehabt haben
sie werden ... gehabt haben

Konjunktiv II

Präsens
ich hätte
du hättest
er/sie/es hätte
wir hätten
ihr hättet
sie hätten

Perfekt
ich hätte ... gehabt
du hättest ... gehabt
er/sie/es hätte ... gehabt
wir hätten ... gehabt
ihr hättet ... gehabt
sie hätten ... gehabt

würde + *Infinitiv*
ich würde ... haben
du würdest ... haben
er/sie/es würde ... haben
wir würden ... haben
ihr würdet ... haben
sie würden ... haben

würde + *Infinitiv Perfekt*
ich würde ... gehabt haben
du würdest ... gehabt haben
er/sie/es würde ... gehabt haben
wir würden ... gehabt haben
ihr würdet ... gehabt haben
sie würden ... gehabt haben

3 sein

Indikativ

Präsens
ich bin
du bist
er/sie/es ist
wir sind
ihr seid
sie sind

Präteritum
ich war
du warst
er/sie/es war
wir waren
ihr wart
sie waren

Perfekt
ich bin ... gewesen
du bist ... gewesen
er/sie/es ist ... gewesen
wir sind ... gewesen
ihr seid ... gewesen
sie sind ... gewesen

Plusquamperfekt
ich war ... gewesen
du warst ... gewesen
er/sie/es war ... gewesen
wir waren ... gewesen
ihr wart ... gewesen
sie waren ... gewesen

Futur I
ich werde ... sein
du wirst ... sein
er/sie/es wird ... sein
wir werden ... sein
ihr werdet ... sein
sie werden ... sein

Futur II
ich werde ... gewesen sein
du wirst ... gewesen sein
er/sie/es wird ... gewesen sein
wir werden ... gewesen sein
ihr werdet ... gewesen sein
sie werden ... gewesen sein

Imperativ

Singular
sei!

Plural
seid!

Partizip

Partizip I
seiend

Partizip II
gewesen

Konjunktiv I

Präsens
ich sei
du sei(e)st
er/sie/es sei
wir seien
ihr seiet
sie seien

Perfekt
ich sei ... gewesen
du sei(e)st ... gewesen
er/sie/es sei ... gewesen
wir seien ... gewesen
ihr seiet ... gewesen
sie seien ... gewesen

Futur I
ich werde ... sein
du werdest ... sein
er/sie/es werde ... sein
wir werden ... sein
ihr werdet ... sein
sie werden ... sein

Futur II
ich werde ... gewesen sein
du werdest ... gewesen sein
er/sie/es werde ... gewesen sein
wir werden ... gewesen sein
ihr werdet ... gewesen sein
sie werden ... gewesen sein

Konjunktiv II

Präsens
ich wäre
du wär(e)st
er/sie/es wäre
wir wären
ihr wär(e)t
sie wären

Perfekt
ich wäre ... gewesen
du wär(e)st ... gewesen
er/sie/es wäre ... gewesen
wir wären ... gewesen
ihr wär(e)t ... gewesen
sie wären ... gewesen

würde + *Infinitiv*
ich würde ... sein
du würdest ... sein
er/sie/es würde ... sein
wir würden ... sein
ihr würdet ... sein
sie würden ... sein

würde + *Infinitiv Perfekt*
ich würde ... gewesen sein
du würdest ... gewesen sein
er/sie/es würde ... gewesen sein
wir würden ... gewesen sein
ihr würdet ... gewesen sein
sie würden ... gewesen sein

4 backen*

Indikativ

Präsens
ich backe
du bäckst/backst
er/sie/es bäckt/backt
wir backen
ihr backt
sie backen

Präteritum
ich buk
du bukst
er/sie/es buk
wir buken
ihr bukt
sie buken

Perfekt
ich habe ... gebacken
du hast ... gebacken
er/sie/es hat ... gebacken
wir haben ... gebacken
ihr habt ... gebacken
sie haben ... gebacken

Plusquamperfekt
ich hatte ... gebacken
du hattest ... gebacken
er/sie/es hatte ... gebacken
wir hatten ... gebacken
ihr hattet ... gebacken
sie hatten ... gebacken

Futur I
ich werde ... backen
du wirst ... backen
er/sie/es wird ... backen
wir werden ... backen
ihr werdet ... backen
sie werden ... backen

Futur II
ich werde ... gebacken haben
du wirst ... gebacken haben
er/sie/es wird ... gebacken haben
wir werden ... gebacken haben
ihr werdet ... gebacken haben
sie werden ... gebacken haben

Imperativ

Singular
back(e)!

Plural
backt!

Partizip

Partizip I
backend

Partizip II
gebacken

* wird im Sprachgebrauch meist regelmäßig konjugiert

Konjunktiv I

Präsens
ich backe
du backest
er/sie/es backe
wir backen
ihr backet
sie backen

Perfekt
ich habe ... gebacken
du habest ... gebacken
er/sie/es habe ... gebacken
wir haben ... gebacken
ihr habet ... gebacken
sie haben ... gebacken

Futur I
ich werde ... backen
du werdest ... backen
er/sie/es werde ... backen
wir werden ... backen
ihr werdet ... backen
sie werden ... backen

Futur II
ich werde ... gebacken haben
du werdest ... gebacken haben
er/sie/es werde ... gebacken haben
wir werden ... gebacken haben
ihr werdet ... gebacken haben
sie werden ... gebacken haben

Konjunktiv II

Präsens
ich büke
du bükest
er/sie/es büke
wir büken
ihr büket
sie büken

Perfekt
ich hätte ... gebacken
du hättest ... gebacken
er/sie/es hätte ... gebacken
wir hätten ... gebacken
ihr hättet ... gebacken
sie hätten ... gebacken

würde + *Infinitiv*
ich würde ... backen
du würdest ... backen
er/sie/es würde ... backen
wir würden ... backen
ihr würdet ... backen
sie würden ... backen

würde + *Infinitiv Perfekt*
ich würde ... gebacken haben
du würdest ... gebacken haben
er/sie/es würde ... gebacken haben
wir würden ... gebacken haben
ihr würdet ... gebacken haben
sie würden ... gebacken haben

5 befehlen

Indikativ

Präsens
ich befehle
du befiehlst
er/sie/es befiehlt
wir befehlen
ihr befehlt
sie befehlen

Präteritum
ich befahl
du befahlst
er/sie/es befahl
wir befahlen
ihr befahlt
sie befahlen

Perfekt
ich habe ... befohlen
du hast ... befohlen
er/sie/es hat ... befohlen
wir haben ... befohlen
ihr habt ... befohlen
sie haben ... befohlen

Plusquamperfekt
ich hatte ... befohlen
du hattest ... befohlen
er/sie/es hatte ... befohlen
wir hatten ... befohlen
ihr hattet ... befohlen
sie hatten ... befohlen

Futur I
ich werde ... befehlen
du wirst ... befehlen
er/sie/es wird ... befehlen
wir werden ... befehlen
ihr werdet ... befehlen
sie werden ... befehlen

Futur II
ich werde ... befohlen haben
du wirst ... befohlen haben
er/sie/es wird ... befohlen haben
wir werden ... befohlen haben
ihr werdet ... befohlen haben
sie werden ... befohlen haben

starke Verben

Imperativ

Singular
befiehl!

Plural
befehlt!

Partizip

Partizip I
befehlend

Partizip II
befohlen

Konjunktiv I

Präsens
ich befehle
du befehlest
er/sie/es befehle
wir befehlen
ihr befehlet
sie befehlen

Perfekt
ich habe ... befohlen
du habest ... befohlen
er/sie/es habe ... befohlen
wir haben ... befohlen
ihr habet ... befohlen
sie haben ... befohlen

Futur I
ich werde ... befehlen
du werdest ... befehlen
er/sie/es werde ... befehlen
wir werden ... befehlen
ihr werdet ... befehlen
sie werden ... befehlen

Futur II
ich werde ... befohlen haben
du werdest ... befohlen haben
er/sie/es werde ... befohlen haben
wir werden ... befohlen haben
ihr werdet ... befohlen haben
sie werden ... befohlen haben

Konjunktiv II

Präsens
ich beföhle / befähle
du beföhlest / befählest
er/sie/es beföhle / befähle
wir beföhlen / befählen
ihr beföhlet / befählet
sie beföhlen / befählen

Perfekt
ich hätte ... befohlen
du hättest ... befohlen
er/sie/es hätte ... befohlen
wir hätten ... befohlen
ihr hättet ... befohlen
sie hätten ... befohlen

würde + *Infinitiv*
ich würde ... befehlen
du würdest ... befehlen
er/sie/es würde ... befehlen
wir würden ... befehlen
ihr würdet ... befehlen
sie würden ... befehlen

würde + *Infinitiv Perfekt*
ich würde ... befohlen haben
du würdest ... befohlen haben
er/sie/es würde ... befohlen haben
wir würden ... befohlen haben
ihr würdet ... befohlen haben
sie würden ... befohlen haben

6 beginnen

Indikativ

Präsens
ich beginne
du beginnst
er/sie/es beginnt
wir beginnen
ihr beginnt
sie beginnen

Präteritum
ich begann
du begannst
er/sie/es begann
wir begannen
ihr begannt
sie begannen

Perfekt
ich habe ... begonnen
du hast ... begonnen
er/sie/es hat ... begonnen
wir haben ... begonnen
ihr habt ... begonnen
sie haben ... begonnen

Plusquamperfekt
ich hatte ... begonnen
du hattest ... begonnen
er/sie/es hatte ... begonnen
wir hatten ... begonnen
ihr hattet ... begonnen
sie hatten ... begonnen

Futur I
ich werde ... beginnen
du wirst ... beginnen
er/sie/es wird ... beginnen
wir werden ... beginnen
ihr werdet ... beginnen
sie werden ... beginnen

Futur II
ich werde ... begonnen haben
du wirst ... begonnen haben
er/sie/es wird ... begonnen haben
wir werden ... begonnen haben
ihr werdet ... begonnen haben
sie werden ... begonnen haben

Imperativ

Singular
beginn(e)!

Plural
beginnt!

Partizip

Partizip I
beginnend

Partizip II
begonnen

starke Verben

Konjunktiv I

Präsens
ich beginne
du beginnest
er/sie/es beginnen
wir beginnen
ihr beginnet
sie beginnen

Perfekt
ich habe ... begonnen
du habest ... begonnen
er/sie/es habe ... begonnen
wir haben ... begonnen
ihr habet ... begonnen
sie haben ... begonnen

Futur I
ich werde ... befehlen
du werdest ... befehlen
er/sie/es werde ... befehlen
wir werden ... befehlen
ihr werdet ... befehlen
sie werden ... befehlen

Futur II
ich werde ... begonnen haben
du werdest ... begonnen haben
er/sie/es werde ... begonnen haben
wir werden ... begonnen haben
ihr werdet ... begonnen haben
sie werden ... begonnen haben

Konjunktiv II

Präsens
ich begänne / begönne
du begännest / begönnest
er/sie/es begänne / begönne
wir begännen / begönnen
ihr begännet / begönnet
sie begännen / begönnen

Perfekt
ich hätte ... begonnen
du hättest ... begonnen
er/sie/es hätte ... begonnen
wir hätten ... begonnen
ihr hättet ... begonnen
sie hätten ... begonnen

würde + *Infinitiv*
ich würde ... beginnen
du würdest ... beginnen
er/sie/es würde ... beginnen
wir würden ... beginnen
ihr würdet ... beginnen
sie würden ... beginnen

würde + *Infinitiv Perfekt*
ich würde ... begonnen haben
du würdest ... begonnen haben
er/sie/es würde ... begonnen haben
wir würden ... begonnen haben
ihr würdet ... begonnen haben
sie würden ... begonnen haben

7 beißen

Indikativ

Präsens
ich beiße
du beißt
er/sie/es beißt
wir beißen
ihr beißt
sie beißen

Präteritum
ich biss
du bissest
er/sie/es biss
wir bissen
ihr bisst
sie bissen

Perfekt
ich habe ... gebissen
du hast ... gebissen
er/sie/es hat ... gebissen
wir haben ... gebissen
ihr habt ... gebissen
sie haben ... gebissen

Plusquamperfekt
ich hatte ... gebissen
du hattest ... gebissen
er/sie/es hatte ... gebissen
wir hatten ... gebissen
ihr hattet ... gebissen
sie hatten ... gebissen

Futur I
ich werde ... beißen
du wirst ... beißen
er/sie/es wird ... beißen
wir werden ... beißen
ihr werdet ... beißen
sie werden ... beißen

Futur II
ich werde ... gebissen haben
du wirst ... gebissen haben
er/sie/es wird ... gebissen haben
wir werden ... gebissen haben
ihr werdet ... gebissen haben
sie werden ... gebissen haben

Imperativ

Singular
beiß(e)!

Plural
beißt!

Partizip

Partizip I
beißend

Partizip II
gebissen

starke Verben

Konjunktiv I

Präsens
ich beiße
du beißest
er/sie/es beiße
wir beißen
ihr beißet
sie beißen

Perfekt
ich habe ... gebissen
du habest ... gebissen
er/sie/es habe ... gebissen
wir haben ... gebissen
ihr habet ... gebissen
sie haben ... gebissen

Futur I
ich werde ... beißen
du werdest ... beißen
er/sie/es werde ... beißen
wir werden ... beißen
ihr werdet ... beißen
sie werden ... beißen

Futur II
ich werde ... gebissen haben
du werdest ... gebissen haben
er/sie/es werde ... gebissen haben
wir werden ... gebissen haben
ihr werdet ... gebissen haben
sie werden ... gebissen haben

Konjunktiv II

Präsens
ich bisse
du bissest
er/sie/es bisse
wir bissen
ihr bisset
sie bissen

Perfekt
ich hätte ... gebissen
du hättest ... gebissen
er/sie/es hätte ... gebissen
wir hätten ... gebissen
ihr hättet ... gebissen
sie hätten ... gebissen

würde + *Infinitiv*
ich würde ... beißen
du würdest ... beißen
er/sie/es würde ... beißen
wir würden ... beißen
ihr würdet ... beißen
sie würden ... beißen

würde + *Infinitiv Perfekt*
ich würde ... gebissen haben
du würdest ... gebissen haben
er/sie/es würde ... gebissen haben
wir würden ... gebissen haben
ihr würdet ... gebissen haben
sie würden ... gebissen haben

8 bergen

Indikativ

Präsens
ich berge
du birgst
er/sie/es birgt
wir bergen
ihr bergt
sie bergen

Präteritum
ich barg
du bargst
er/sie/es barg
wir bargen
ihr bargt
sie bargen

Perfekt
ich habe ... geborgen
du hast ... geborgen
er/sie/es hat ... geborgen
wir haben ... geborgen
ihr habt ... geborgen
sie haben ... geborgen

Plusquamperfekt
ich hatte ... geborgen
du hattest ... geborgen
er/sie/es hatte ... geborgen
wir hatten ... geborgen
ihr hattet ... geborgen
sie hatten ... geborgen

Futur I
ich werde ... bergen
du wirst ... bergen
er/sie/es wird ... bergen
wir werden ... bergen
ihr werdet ... bergen
sie werden ... bergen

Futur II
ich werde ... geborgen haben
du wirst ... geborgen haben
er/sie/es wird ... geborgen haben
wir werden ... geborgen haben
ihr werdet ... geborgen haben
sie werden ... geborgen haben

Imperativ

Singular
birg!

Plural
bergt!

Partizip

Partizip I
bergend

Partizip II
geborgen

Konjunktiv I

Präsens
ich berge
du bergest
er/sie/es berge
wir bergen
ihr berget
sie bergen

Perfekt
ich habe ... geborgen
du habest ... geborgen
er/sie/es habe ... geborgen
wir haben ... geborgen
ihr habet ... geborgen
sie haben ... geborgen

Futur I
ich werde ... bergen
du werdest ... bergen
er/sie/es werde ... bergen
wir werden ... bergen
ihr werdet ... bergen
sie werden ... bergen

Futur II
ich werde ... geborgen haben
du werdest ... geborgen haben
er/sie/es werde ... geborgen haben
wir werden ... geborgen haben
ihr werdet ... geborgen haben
sie werden ... geborgen haben

Konjunktiv II

Präsens
ich bärge
du bärgest
er/sie/es bärge
wir bärgen
ihr bärget
sie bärgen

Perfekt
ich hätte ... geborgen
du hättest ... geborgen
er/sie/es hätte ... geborgen
wir hätten ... geborgen
ihr hättet ... geborgen
sie hätten ... geborgen

würde + *Infinitiv*
ich würde ... bergen
du würdest ... bergen
er/sie/es würde ... bergen
wir würden ... bergen
ihr würdet ... bergen
sie würden ... bergen

würde + *Infinitiv Perfekt*
ich würde ... geborgen haben
du würdest ... geborgen haben
er/sie/es würde ... geborgen haben
wir würden ... geborgen haben
ihr würdet ... geborgen haben
sie würden ... geborgen haben

9 bewegen*

Indikativ

Präsens
ich bewege
du bewegst
er/sie/es bewegt
wir bewegen
ihr bewegt
sie bewegen

Präteritum
ich bewog
du bewogst
er/sie/es bewog
wir bewogen
ihr bewogt
sie bewogen

Perfekt
ich habe ... bewogen
du hast ... bewogen
er/sie/es hat ... bewogen
wir haben ... bewogen
ihr habt ... bewogen
sie haben ... bewogen

Plusquamperfekt
ich hatte ... bewogen
du hattest ... bewogen
er/sie/es hatte ... bewogen
wir hatten ... bewogen
ihr hattet ... bewogen
sie hatten ... bewogen

Futur I
ich werde ... bewegen
du wirst ... bewegen
er/sie/es wird ... bewegen
wir werden ... bewegen
ihr werdet ... bewegen
sie werden ... bewegen

Futur II
ich werde ... bewogen haben
du wirst ... bewogen haben
er/sie/es wird ... bewogen haben
wir werden ... bewogen haben
ihr werdet ... bewogen haben
sie werden ... bewogen haben

Imperativ

Singular
beweg(e)!

Plural
bewegt!

Partizip

Partizip I
bewegend

Partizip II
bewogen

* wird nur im Sinne von *veranlassen* unregelmäßig konjugiert

Konjunktiv I

Präsens
ich bewege
du bewegest
er/sie/es bewege
wir bewegen
ihr beweget
sie bewegen

Perfekt
ich habe ... bewogen
du habest ... bewogen
er/sie/es habe ... bewogen
wir haben ... bewogen
ihr habet ... bewogen
sie haben ... bewogen

Futur I
ich werde ... bewegen
du werdest ... bewegen
er/sie/es werde ... bewegen
wir werden ... bewegen
ihr werdet ... bewegen
sie werden ... bewegen

Futur II
ich werde ... bewogen haben
du werdest ... bewogen haben
er/sie/es werde ... bewogen haben
wir werden ... bewogen haben
ihr werdet ... bewogen haben
sie werden ... bewogen haben

Konjunktiv II

Präsens
ich bewöge
du bewögest
er/sie/es bewöge
wir bewögen
ihr bewöget
sie bewögen

Perfekt
ich hätte ... bewogen
du hättest ... bewogen
er/sie/es hätte ... bewogen
wir hätten ... bewogen
ihr hättet ... bewogen
sie hätten ... bewogen

würde + *Infinitiv*
ich würde ... bewegen
du würdest ... bewegen
er/sie/es würde ... bewegen
wir würden ... bewegen
ihr würdet ... bewegen
sie würden ... bewegen

würde + *Infinitiv Perfekt*
ich würde ... bewogen haben
du würdest ... bewogen haben
er/sie/es würde ... bewogen haben
wir würden ... bewogen haben
ihr würdet ... bewogen haben
sie würden ... bewogen haben

10 biegen

Indikativ

Präsens
ich biege
du biegst
er/sie/es biegt
wir biegen
ihr biegt
sie biegen

Präteritum
ich bog
du bogst
er/sie/es bog
wir bogen
ihr bogt
sie bogen

Perfekt
ich habe ... gebogen
du hast ... gebogen
er/sie/es hat ... gebogen
wir haben ... gebogen
ihr habt ... gebogen
sie haben ... gebogen

Plusquamperfekt
ich hatte ... gebogen
du hattest ... gebogen
er/sie/es hatte ... gebogen
wir hatten ... gebogen
ihr hattet ... gebogen
sie hatten ... gebogen

Futur I
ich werde ... biegen
du wirst ... biegen
er/sie/es wird ... biegen
wir werden ... biegen
ihr werdet ... biegen
sie werden ... biegen

Futur II
ich werde ... gebogen haben
du wirst ... gebogen haben
er/sie/es wird ... gebogen haben
wir werden ... gebogen haben
ihr werdet ... gebogen haben
sie werden ... gebogen haben

Imperativ

Singular
bieg(e)!

Plural
biegt!

Partizip

Partizip I
biegend

Partizip II
gebogen

starke Verben

Konjunktiv I

Präsens
ich biege
du biegest
er/sie/es biege
wir biegen
ihr bieget
sie biegen

Perfekt
ich habe ... gebogen
du habest ... gebogen
er/sie/es habe ... gebogen
wir haben ... gebogen
ihr habet ... gebogen
sie haben ... gebogen

Futur I
ich werde ... biegen
du werdest ... biegen
er/sie/es werde ... biegen
wir werden ... biegen
ihr werdet ... biegen
sie werden ... biegen

Futur II
ich werde ... gebogen haben
du werdest ... gebogen haben
er/sie/es werde ... gebogen haben
wir werden ... gebogen haben
ihr werdet ... gebogen haben
sie werden ... gebogen haben

Konjunktiv II

Präsens
ich böge
du bögest
er/sie/es böge
wir bögen
ihr böget
sie bögen

Perfekt
ich hätte ... gebogen
du hättest ... gebogen
er/sie/es hätte ... gebogen
wir hätten ... gebogen
ihr hättet ... gebogen
sie hätten ... gebogen

würde + *Infinitiv*
ich würde ... biegen
du würdest ... biegen
er/sie/es würde ... biegen
wir würden ... biegen
ihr würdet ... biegen
sie würden ... biegen

würde + *Infinitiv Perfekt*
ich würde ... gebogen haben
du würdest ... gebogen haben
er/sie/es würde ... gebogen haben
wir würden ... gebogen haben
ihr würdet ... gebogen haben
sie würden ... gebogen haben

11 bieten

Indikativ

Präsens
ich biete
du bietest
er/sie/es bietet
wir bieten
ihr bietet
sie bieten

Präteritum
ich bot
du bot(e)st
er/sie/es bot
wir boten
ihr botet
sie boten

Perfekt
ich habe ... geboten
du hast ... geboten
er/sie/es hat ... geboten
wir haben ... geboten
ihr habt ... geboten
sie haben ... geboten

Plusquamperfekt
ich hatte ... geboten
du hattest ... geboten
er/sie/es hatte ... geboten
wir hatten ... geboten
ihr hattet ... geboten
sie hatten ... geboten

Futur I
ich werde ... bieten
du wirst ... bieten
er/sie/es wird ... bieten
wir werden ... bieten
ihr werdet ... bieten
sie werden ... bieten

Futur II
ich werde ... geboten haben
du wirst ... geboten haben
er/sie/es wird ... geboten haben
wir werden ... geboten haben
ihr werdet ... geboten haben
sie werden ... geboten haben

Imperativ

Singular
biet(e)!

Plural
bietet!

Partizip

Partizip I
bietend

Partizip II
geboten

starke Verben

Konjunktiv I

Präsens
ich biete
du bietest
er/sie/es biete
wir bieten
ihr bietet
sie bieten

Perfekt
ich habe ... geboten
du habest ... geboten
er/sie/es habe ... geboten
wir haben ... geboten
ihr habet ... geboten
sie haben ... geboten

Futur I
ich werde ... bieten
du werdest ... bieten
er/sie/es werde ... bieten
wir werden ... bieten
ihr werdet ... bieten
sie werden ... bieten

Futur II
ich werde ... geboten haben
du werdest ... geboten haben
er/sie/es werde ... geboten haben
wir werden ... geboten haben
ihr werdet ... geboten haben
sie werden ... geboten haben

Konjunktiv II

Präsens
ich böte
du bötest
er/sie/es böte
wir böten
ihr bötet
sie böten

Perfekt
ich hätte ... geboten
du hättest ... geboten
er/sie/es hätte ... geboten
wir hätten ... geboten
ihr hättet ... geboten
sie hätten ... geboten

würde + *Infinitiv*
ich würde ... bieten
du würdest ... bieten
er/sie/es würde ... bieten
wir würden ... bieten
ihr würdet ... bieten
sie würden ... bieten

würde + *Infinitiv Perfekt*
ich würde ... geboten haben
du würdest ... geboten haben
er/sie/es würde ... geboten haben
wir würden ... geboten haben
ihr würdet ... geboten haben
sie würden ... geboten haben

12 binden

Indikativ

Präsens
ich binde
du bindest
er/sie/es bindet
wir binden
ihr bindet
sie binden

Präteritum
ich band
du band(e)st
er/sie/es band
wir banden
ihr bandet
sie banden

Perfekt
ich habe ... gebunden
du hast ... gebunden
er/sie/es hat ... gebunden
wir haben ... gebunden
ihr habt ... gebunden
sie haben ... gebunden

Plusquamperfekt
ich hatte ... gebunden
du hattest ... gebunden
er/sie/es hatte ... gebunden
wir hatten ... gebunden
ihr hattet ... gebunden
sie hatten ... gebunden

Futur I
ich werde ... binden
du wirst ... binden
er/sie/es wird ... binden
wir werden ... binden
ihr werdet ... binden
sie werden ... binden

Futur II
ich werde ... gebunden haben
du wirst ... gebunden haben
er/sie/es wird ... gebunden haben
wir werden ... gebunden haben
ihr werdet ... gebunden haben
sie werden ... gebunden haben

Imperativ

Singular
bind(e)!

Plural
bindet!

Partizip

Partizip I
bindend

Partizip II
gebunden

Konjunktiv I

Präsens
ich binde
du bindest
er/sie/es binde
wir binden
ihr bindet
sie binden

Perfekt
ich habe ... gebunden
du habest ... gebunden
er/sie/es habe ... gebunden
wir haben ... gebunden
ihr habet ... gebunden
sie haben ... gebunden

Futur I
ich werde ... binden
du werdest ... binden
er/sie/es werde ... binden
wir werden ... binden
ihr werdet ... binden
sie werden ... binden

Futur II
ich werde ... gebunden haben
du werdest ... gebunden haben
er/sie/es werde ... gebunden haben
wir werden ... gebunden haben
ihr werdet ... gebunden haben
sie werden ... gebunden haben

Konjunktiv II

Präsens
ich bände
du bändest
er/sie/es bände
wir bänden
ihr bändet
sie bänden

Perfekt
ich hätte ... gebunden
du hättest ... gebunden
er/sie/es hätte ... gebunden
wir hätten ... gebunden
ihr hättet ... gebunden
sie hätten ... gebunden

würde + *Infinitiv*
ich würde ... binden
du würdest ... binden
er/sie/es würde ... binden
wir würden ... binden
ihr würdet ... binden
sie würden ... binden

würde + *Infinitiv Perfekt*
ich würde ... gebunden haben
du würdest ... gebunden haben
er/sie/es würde ... gebunden haben
wir würden ... gebunden haben
ihr würdet ... gebunden haben
sie würden ... gebunden haben

13 bitten

Indikativ

Präsens
ich bitte
du bittest
er/sie/es bittet
wir bitten
ihr bittet
sie bitten

Präteritum
ich bat
du bat(e)st
er/sie/es bat
wir baten
ihr batet
sie baten

Perfekt
ich habe ... gebeten
du hast ... gebeten
er/sie/es hat ... gebeten
wir haben ... gebeten
ihr habt ... gebeten
sie haben ... gebeten

Plusquamperfekt
ich hatte ... gebeten
du hattest ... gebeten
er/sie/es hatte ... gebeten
wir hatten ... gebeten
ihr hattet ... gebeten
sie hatten ... gebeten

Futur I
ich werde ... bitten
du wirst ... bitten
er/sie/es wird ... bitten
wir werden ... bitten
ihr werdet ... bitten
sie werden ... bitten

Futur II
ich werde ... gebeten haben
du wirst ... gebeten haben
er/sie/es wird ... gebeten haben
wir werden ... gebeten haben
ihr werdet ... gebeten haben
sie werden ... gebeten haben

Imperativ

Singular
bitte!

Plural
bittet!

Partizip

Partizip I
bittend

Partizip II
gebeten

Konjunktiv I

Präsens
ich bitte
du bittest
er/sie/es bitte
wir bitten
ihr bittet
sie bitten

Perfekt
ich habe ... gebeten
du habest ... gebeten
er/sie/es habe ... gebeten
wir haben ... gebeten
ihr habet ... gebeten
sie haben ... gebeten

Futur I
ich werde ... bitten
du werdest ... bitten
er/sie/es werde ... bitten
wir werden ... bitten
ihr werdet ... bitten
sie werden ... bitten

Futur II
ich werde ... gebeten haben
du werdest ... gebeten haben
er/sie/es werde ... gebeten haben
wir werden ... gebeten haben
ihr werdet ... gebeten haben
sie werden ... gebeten haben

Konjunktiv II

Präsens
ich bäte
du bätest
er/sie/es bäte
wir bäten
ihr bätet
sie bäten

Perfekt
ich hätte ... gebeten
du hättest ... gebeten
er/sie/es hätte ... gebeten
wir hätten ... gebeten
ihr hättet ... gebeten
sie hätten ... gebeten

würde + Infinitiv
ich würde ... bitten
du würdest ... bitten
er/sie/es würde ... bitten
wir würden ... bitten
ihr würdet ... bitten
sie würden ... bitten

würde + Infinitiv Perfekt
ich würde ... gebeten haben
du würdest ... gebeten haben
er/sie/es würde ... gebeten haben
wir würden ... gebeten haben
ihr würdet ... gebeten haben
sie würden ... gebeten haben

14 blasen

Indikativ

Präsens
ich blase
du bläst
er/sie/es bläst
wir blasen
ihr blast
sie blasen

Präteritum
ich blies
du blies(es)t
er/sie/es blies
wir bliesen
ihr bliest
sie bliesen

Perfekt
ich habe ... geblasen
du hast ... geblasen
er/sie/es hat ... geblasen
wir haben ... geblasen
ihr habt ... geblasen
sie haben ... geblasen

Plusquamperfekt
ich hatte ... geblasen
du hattest ... geblasen
er/sie/es hatte ... geblasen
wir hatten ... geblasen
ihr hattet ... geblasen
sie hatten ... geblasen

Futur I
ich werde ... blasen
du wirst ... blasen
er/sie/es wird ... blasen
wir werden ... blasen
ihr werdet ... blasen
sie werden ... blasen

Futur II
ich werde ... geblasen haben
du wirst ... geblasen haben
er/sie/es wird ... geblasen haben
wir werden ... geblasen haben
ihr werdet ... geblasen haben
sie werden ... geblasen haben

starke Verben

Imperativ

Singular
blas(e)!

Plural
blast!

Partizip

Partizip I
blasend

Partizip II
geblasen

Konjunktiv I

Präsens
ich blase
du blasest
er/sie/es blase
wir blasen
ihr blaset
sie blasen

Perfekt
ich habe ... geblasen
du habest ... geblasen
er/sie/es habe ... geblasen
wir haben ... geblasen
ihr habet ... geblasen
sie haben ... geblasen

Futur I
ich werde ... blasen
du werdest ... blasen
er/sie/es werde ... blasen
wir werden ... blasen
ihr werdet ... blasen
sie werden ... blasen

Futur II
ich werde ... geblasen haben
du werdest ... geblasen haben
er/sie/es werde ... geblasen haben
wir werden ... geblasen haben
ihr werdet ... geblasen haben
sie werden ... geblasen haben

Konjunktiv II

Präsens
ich bliese
du bliesest
er/sie/es bliese
wir bliesen
ihr blieset
sie bliesen

Perfekt
ich hätte ... geblasen
du hättest ... geblasen
er/sie/es hätte ... geblasen
wir hätten ... geblasen
ihr hättet ... geblasen
sie hätten ... geblasen

würde + *Infinitiv*
ich würde ... blasen
du würdest ... blasen
er/sie/es würde ... blasen
wir würden ... blasen
ihr würdet ... blasen
sie würden ... blasen

würde + *Infinitiv Perfekt*
ich würde ... geblasen haben
du würdest ... geblasen haben
er/sie/es würde ... geblasen haben
wir würden ... geblasen haben
ihr würdet ... geblasen haben
sie würden ... geblasen haben

15 bleiben

Indikativ

Präsens
ich bleibe
du bleibst
er/sie/es bleibt
wir bleiben
ihr bleibt
sie bleiben

Präteritum
ich blieb
du bliebst
er/sie/es blieb
wir blieben
ihr bliebt
sie blieben

Perfekt
ich bin ... geblieben
du bist ... geblieben
er/sie/es ist ... geblieben
wir sind ... geblieben
ihr seid ... geblieben
sie sind ... geblieben

Plusquamperfekt
ich war ... geblieben
du warst ... geblieben
er/sie/es war ... geblieben
wir waren ... geblieben
ihr wart ... geblieben
sie waren ... geblieben

Futur I
ich werde ... bleiben
du wirst ... bleiben
er/sie/es wird ... bleiben
wir werden ... bleiben
ihr werdet ... bleiben
sie werden ... bleiben

Futur II
ich werde ... geblieben sein
du wirst ... geblieben sein
er/sie/es wird ... geblieben sein
wir werden ... geblieben sein
ihr werdet ... geblieben sein
sie werden ... geblieben sein

Imperativ

Singular
bleib(e)!

Plural
bleibt!

Partizip

Partizip I
bleibend

Partizip II
geblieben

starke Verben

Konjunktiv I

Präsens
ich bleibe
du bleibest
er/sie/es bleibe
wir bleiben
ihr bleibet
sie bleiben

Perfekt
ich sei ... geblieben
du sei(e)st ... geblieben
er/sie/es sei ... geblieben
wir seien ... geblieben
ihr seiet ... geblieben
sie seien ... geblieben

Futur I
ich werde ... bleiben
du werdest ... bleiben
er/sie/es werde ... bleiben
wir werden ... bleiben
ihr werdet ... bleiben
sie werden ... bleiben

Futur II
ich werde ... geblieben sein
du werdest ... geblieben sein
er/sie/es werde ... geblieben sein
wir werden ... geblieben sein
ihr werdet ... geblieben sein
sie werden ... geblieben sein

Konjunktiv II

Präsens
ich bliebe
du bliebest
er/sie/es bliebe
wir blieben
ihr bliebet
sie blieben

Perfekt
ich wäre ... geblieben
du wär(e)st ... geblieben
er/sie/es wäre ... geblieben
wir wären ... geblieben
ihr wär(e)t ... geblieben
sie wären ... geblieben

würde + *Infinitiv*
ich würde ... bleiben
du würdest ... bleiben
er/sie/es würde ... bleiben
wir würden ... bleiben
ihr würdet ... bleiben
sie würden ... bleiben

würde + *Infinitiv Perfekt*
ich würde ... geblieben sein
du würdest ... geblieben sein
er/sie/es würde ... geblieben sein
wir würden ... geblieben sein
ihr würdet ... geblieben sein
sie würden ... geblieben sein

16 braten

Indikativ

Präsens
ich brate
du brätst
er/sie/es brät
wir braten
ihr bratet
sie braten

Präteritum
ich briet
du briet(e)st
er/sie/es briet
wir brieten
ihr brietet
sie brieten

Perfekt
ich habe ... gebraten
du hast ... gebraten
er/sie/es hat ... gebraten
wir haben ... gebraten
ihr habt ... gebraten
sie haben ... gebraten

Plusquamperfekt
ich hatte ... gebraten
du hattest ... gebraten
er/sie/es hatte ... gebraten
wir hatten ... gebraten
ihr hattet ... gebraten
sie hatten ... gebraten

Futur I
ich werde ... braten
du wirst ... braten
er/sie/es wird ... braten
wir werden ... braten
ihr werdet ... braten
sie werden ... braten

Futur II
ich werde ... gebraten haben
du wirst ... gebraten haben
er/sie/es wird ... gebraten haben
wir werden ... gebraten haben
ihr werdet ... gebraten haben
sie werden ... gebraten haben

starke Verben

Imperativ

Singular
brat(e)!

Plural
bratet!

Partizip

Partizip I
bratend

Partizip II
gebraten

Konjunktiv I

Präsens
ich brate
du bratest
er/sie/es brate
wir braten
ihr bratet
sie braten

Perfekt
ich habe ... gebraten
du habest ... gebraten
er/sie/es habe ... gebraten
wir haben ... gebraten
ihr habet ... gebraten
sie haben ... gebraten

Futur I
ich werde ... braten
du werdest ... braten
er/sie/es werde ... braten
wir werden ... braten
ihr werdet ... braten
sie werden ... braten

Futur II
ich werde ... gebraten haben
du werdest ... gebraten haben
er/sie/es werde ... gebraten haben
wir werden ... gebraten haben
ihr werdet ... gebraten haben
sie werden ... gebraten haben

Konjunktiv II

Präsens
ich briete
du brietest
er/sie/es briete
wir brieten
ihr brietet
sie brieten

Perfekt
ich hätte ... gebraten
du hättest ... gebraten
er/sie/es hätte ... gebraten
wir hätten ... gebraten
ihr hättet ... gebraten
sie hätten ... gebraten

würde + Infinitiv
ich würde ... braten
du würdest ... braten
er/sie/es würde ... braten
wir würden ... braten
ihr würdet ... braten
sie würden ... braten

würde + Infinitiv Perfekt
ich würde ... gebraten haben
du würdest ... gebraten haben
er/sie/es würde ... gebraten haben
wir würden ... gebraten haben
ihr würdet ... gebraten haben
sie würden ... gebraten haben

brechen

Indikativ

Präsens
ich breche
du brichst
er/sie/es bricht
wir brechen
ihr brecht
sie brechen

Präteritum
ich brach
du brachst
er/sie/es brach
wir brachen
ihr bracht
sie brachen

Perfekt
ich habe ... gebrochen
du hast ... gebrochen
er/sie/es hat ... gebrochen
wir haben ... gebrochen
ihr habt ... gebrochen
sie haben ... gebrochen

Plusquamperfekt
ich hatte ... gebrochen
du hattest ... gebrochen
er/sie/es hatte ... gebrochen
wir hatten ... gebrochen
ihr hattet ... gebrochen
sie hatten ... gebrochen

Futur I
ich werde ... brechen
du wirst ... brechen
er/sie/es wird ... brechen
wir werden ... brechen
ihr werdet ... brechen
sie werden ... brechen

Futur II
ich werde ... gebrochen haben
du wirst ... gebrochen haben
er/sie/es wird ... gebrochen haben
wir werden ... gebrochen haben
ihr werdet ... gebrochen haben
sie werden ... gebrochen haben

Imperativ

Singular
brich!

Plural
brecht!

Partizip

Partizip I
brechend

Partizip II
gebrochen

starke Verben

Konjunktiv I

Präsens
ich breche
du brechest
er/sie/es breche
wir brechen
ihr brechet
sie brechen

Perfekt
ich habe ... gebrochen
du habest ... gebrochen
er/sie/es habe ... gebrochen
wir haben ... gebrochen
ihr habet ... gebrochen
sie haben ... gebrochen

Futur I
ich werde ... brechen
du werdest ... brechen
er/sie/es werde ... brechen
wir werden ... brechen
ihr werdet ... brechen
sie werden ... brechen

Futur II
ich werde ... gebrochen haben
du werdest ... gebrochen haben
er/sie/es werde ... gebrochen haben
wir werden ... gebrochen haben
ihr werdet ... gebrochen haben
sie werden ... gebrochen haben

Konjunktiv II

Präsens
ich bräche
du brächest
er/sie/es bräche
wir brächen
ihr brächet
sie brächen

Perfekt
ich hätte ... gebrochen
du hättest ... gebrochen
er/sie/es hätte ... gebrochen
wir hätten ... gebrochen
ihr hättet ... gebrochen
sie hätten ... gebrochen

würde + *Infinitiv*
ich würde ... brechen
du würdest ... brechen
er/sie/es würde ... brechen
wir würden ... brechen
ihr würdet ... brechen
sie würden ... brechen

würde + *Infinitiv Perfekt*
ich würde ... gebrochen haben
du würdest ... gebrochen haben
er/sie/es würde ... gebrochen haben
wir würden ... gebrochen haben
ihr würdet ... gebrochen haben
sie würden ... gebrochen haben

18 brennen

Indikativ

Präsens
ich brenne
du brennst
er/sie/es brennt
wir brennen
ihr brennt
sie brennen

Präteritum
ich brannte
du branntest
er/sie/es brannte
wir brannten
ihr branntet
sie brannten

Perfekt
ich habe ... gebrannt
du hast ... gebrannt
er/sie/es hat ... gebrannt
wir haben ... gebrannt
ihr habt ... gebrannt
sie haben ... gebrannt

Plusquamperfekt
ich hatte ... gebrannt
du hattest ... gebrannt
er/sie/es hatte ... gebrannt
wir hatten ... gebrannt
ihr hattet ... gebrannt
sie hatten ... gebrannt

Futur I
ich werde ... brennen
du wirst ... brennen
er/sie/es wird ... brennen
wir werden ... brennen
ihr werdet ... brennen
sie werden ... brennen

Futur II
ich werde ... gebrannt haben
du wirst ... gebrannt haben
er/sie/es wird ... gebrannt haben
wir werden ... gebrannt haben
ihr werdet ... gebrannt haben
sie werden ... gebrannt haben

Imperativ

Singular
brenn(e)!

Plural
brennt!

Partizip

Partizip I
brennend

Partizip II
gebrannt

starke Verben

Konjunktiv I

Präsens
ich brenne
du brennest
er/sie/es brenne
wir brennen
ihr brennet
sie brennen

Perfekt
ich habe ... gebrannt
du habest ... gebrannt
er/sie/es habe ... gebrannt
wir haben ... gebrannt
ihr habet ... gebrannt
sie haben ... gebrannt

Futur I
ich werde ... brennen
du werdest ... brennen
er/sie/es werde ... brennen
wir werden ... brennen
ihr werdet ... brennen
sie werden ... brennen

Futur II
ich werde ... gebrannt haben
du werdest ... gebrannt haben
er/sie/es werde ... gebrannt haben
wir werden ... gebrannt haben
ihr werdet ... gebrannt haben
sie werden ... gebrannt haben

Konjunktiv II

Präsens
ich brennte
du brenntest
er/sie/es brennte
wir brennten
ihr brenntet
sie brennten

Perfekt
ich hätte ... gebrannt
du hättest ... gebrannt
er/sie/es hätte ... gebrannt
wir hätten ... gebrannt
ihr hättet ... gebrannt
sie hätten ... gebrannt

würde + *Infinitiv*
ich würde ... brennen
du würdest ... brennen
er/sie/es würde ... brennen
wir würden ... brennen
ihr würdet ... brennen
sie würden ... brennen

würde + *Infinitiv Perfekt*
ich würde ... gebrannt haben
du würdest ... gebrannt haben
er/sie/es würde ... gebrannt haben
wir würden ... gebrannt haben
ihr würdet ... gebrannt haben
sie würden ... gebrannt haben

19 bringen

Indikativ

Präsens
ich bringe
du bringst
er/sie/es bringt
wir bringen
ihr bringt
sie bringen

Präteritum
ich brachte
du brachtest
er/sie/es brachte
wir brachten
ihr brachtet
sie brachten

Perfekt
ich habe ... gebracht
du hast ... gebracht
er/sie/es hat ... gebracht
wir haben ... gebracht
ihr habt ... gebracht
sie haben ... gebracht

Plusquamperfekt
ich hatte ... gebracht
du hattest ... gebracht
er/sie/es hatte ... gebracht
wir hatten ... gebracht
ihr hattet ... gebracht
sie hatten ... gebracht

Futur I
ich werde ... bringen
du wirst ... bringen
er/sie/es wird ... bringen
wir werden ... bringen
ihr werdet ... bringen
sie werden ... bringen

Futur II
ich werde ... gebracht haben
du wirst ... gebracht haben
er/sie/es wird ... gebracht haben
wir werden ... gebracht haben
ihr werdet ... gebracht haben
sie werden ... gebracht haben

Imperativ

Singular
bring!

Plural
bringt!

Partizip

Partizip I
bringend

Partizip II
gebracht

Konjunktiv I

Präsens
ich bringe
du bringest
er/sie/es bringe
wir bringen
ihr bringet
sie bringen

Perfekt
ich habe ... gebracht
du habest ... gebracht
er/sie/es habe ... gebracht
wir haben ... gebracht
ihr habet ... gebracht
sie haben ... gebracht

Futur I
ich werde ... bringen
du werdest ... bringen
er/sie/es werde ... bringen
wir werden ... bringen
ihr werdet ... bringen
sie werden ... bringen

Futur II
ich werde ... gebracht haben
du werdest ... gebracht haben
er/sie/es werde ... gebracht haben
wir werden ... gebracht haben
ihr werdet ... gebracht haben
sie werden ... gebracht haben

Konjunktiv II

Präsens
ich brächte
du brächtest
er/sie/es brächte
wir brächten
ihr brächtet
sie brächten

Perfekt
ich hätte ... gebracht
du hättest ... gebracht
er/sie/es hätte ... gebracht
wir hätten ... gebracht
ihr hättet ... gebracht
sie hätten ... gebracht

würde + *Infinitiv*
ich würde ... bringen
du würdest ... bringen
er/sie/es würde ... bringen
wir würden ... bringen
ihr würdet ... bringen
sie würden ... bringen

würde + *Infinitiv Perfekt*
ich würde ... gebracht haben
du würdest ... gebracht haben
er/sie/es würde ... gebracht haben
wir würden ... gebracht haben
ihr würdet ... gebracht haben
sie würden ... gebracht haben

20 denken

Indikativ

Präsens
ich denke
du denkst
er/sie/es denkt
wir denken
ihr denkt
sie denken

Präteritum
ich dachte
du dachtest
er/sie/es dachte
wir dachten
ihr dachtet
sie dachten

Perfekt
ich habe ... gedacht
du hast ... gedacht
er/sie/es hat ... gedacht
wir haben ... gedacht
ihr habt ... gedacht
sie haben ... gedacht

Plusquamperfekt
ich hatte ... gedacht
du hattest ... gedacht
er/sie/es hatte ... gedacht
wir hatten ... gedacht
ihr hattet ... gedacht
sie hatten ... gedacht

Futur I
ich werde ... denken
du wirst ... denken
er/sie/es wird ... denken
wir werden ... denken
ihr werdet ... denken
sie werden ... denken

Futur II
ich werde ... gedacht haben
du wirst ... gedacht haben
er/sie/es wird ... gedacht haben
wir werden ... gedacht haben
ihr werdet ... gedacht haben
sie werden ... gedacht haben

Imperativ

Singular
denk(e)!

Plural
denkt!

Partizip

Partizip I
denkend

Partizip II
gedacht

Konjunktiv I

Präsens
ich denke
du denkest
er/sie/es denke
wir denken
ihr denket
sie denken

Perfekt
ich habe ... gedacht
du habest ... gedacht
er/sie/es habe ... gedacht
wir haben ... gedacht
ihr habet ... gedacht
sie haben ... gedacht

Futur I
ich werde ... denken
du werdest ... denken
er/sie/es werde ... denken
wir werden ... denken
ihr werdet ... denken
sie werden ... denken

Futur II
ich werde ... gedacht haben
du werdest ... gedacht haben
er/sie/es werde ... gedacht haben
wir werden ... gedacht haben
ihr werdet ... gedacht haben
sie werden ... gedacht haben

Konjunktiv II

Präsens
ich dächte
du dächtest
er/sie/es dächte
wir dächten
ihr dächtet
sie dächten

Perfekt
ich hätte ... gedacht
du hättest ... gedacht
er/sie/es hätte ... gedacht
wir hätten ... gedacht
ihr hättet ... gedacht
sie hätten ... gedacht

würde + *Infinitiv*
ich würde ... denken
du würdest ... denken
er/sie/es würde ... denken
wir würden ... denken
ihr würdet ... denken
sie würden ... denken

würde + *Infinitiv Perfekt*
ich würde ... gedacht haben
du würdest ... gedacht haben
er/sie/es würde ... gedacht haben
wir würden ... gedacht haben
ihr würdet ... gedacht haben
sie würden ... gedacht haben

21 dürfen

Indikativ

Präsens
ich darf
du darfst
er/sie/es darf
wir dürfen
ihr dürft
sie dürfen

Präteritum
ich durfte
du durftest
er/sie/es durfte
wir durften
ihr durftet
sie durften

Perfekt
ich habe ... gedurft
du hast ... gedurft
er/sie/es hat ... gedurft
wir haben ... gedurft
ihr habt ... gedurft
sie haben ... gedurft

Plusquamperfekt
ich hatte ... gedurft
du hattest ... gedurft
er/sie/es hatte ... gedurft
wir hatten ... gedurft
ihr hattet ... gedurft
sie hatten ... gedurft

Futur I
ich werde ... dürfen
du wirst ... dürfen
er/sie/es wird ... dürfen
wir werden ... dürfen
ihr werdet ... dürfen
sie werden ... dürfen

Futur II
ich werde ... gedurft haben
du wirst ... gedurft haben
er/sie/es wird ... gedurft haben
wir werden ... gedurft haben
ihr werdet ... gedurft haben
sie werden ... gedurft haben

Imperativ

Singular
—

Plural
—

Partizip

Partizip I
dürfend

Partizip II
gedurft

Konjunktiv I

Präsens
ich dürfe
du dürfest
er/sie/es dürfe
wir dürfen
ihr dürfet
sie dürfen

Perfekt
ich habe ... gedurft
du habest ... gedurft
er/sie/es habe ... gedurft
wir haben ... gedurft
ihr habet ... gedurft
sie haben ... gedurft

Futur I
ich werde ... dürfen
du werdest ... dürfen
er/sie/es werde ... dürfen
wir werden ... dürfen
ihr werdet ... dürfen
sie werden ... dürfen

Futur II
ich werde ... gedurft haben
du werdest ... gedurft haben
er/sie/es werde ... gedurft haben
wir werden ... gedurft haben
ihr werdet ... gedurft haben
sie werden ... gedurft haben

Konjunktiv II

Präsens
ich dürfte
du dürftest
er/sie/es dürfte
wir dürften
ihr dürftet
sie dürften

Perfekt
ich hätte ... gedurft
du hättest ... gedurft
er/sie/es hätte ... gedurft
wir hätten ... gedurft
ihr hättet ... gedurft
sie hätten ... gedurft

würde + *Infinitiv*
ich würde ... dürfen
du würdest ... dürfen
er/sie/es würde ... dürfen
wir würden ... dürfen
ihr würdet ... dürfen
sie würden ... dürfen

würde + *Infinitiv Perfekt*
ich würde ... gedurft haben
du würdest ... gedurft haben
er/sie/es würde ... gedurft haben
wir würden ... gedurft haben
ihr würdet ... gedurft haben
sie würden ... gedurft haben

empfehlen

Indikativ

Präsens

ich empfehle
du empfiehlst
er/sie/es empfiehlt
wir empfehlen
ihr empfehlt
sie empfehlen

Präteritum

ich empfahl
du empfahlst
er/sie/es empfahl
wir empfahlen
ihr empfahlt
sie empfahlen

Perfekt

ich habe ... empfohlen
du hast ... empfohlen
er/sie/es hat ... empfohlen
wir haben ... empfohlen
ihr habt ... empfohlen
sie haben ... empfohlen

Plusquamperfekt

ich hatte ... empfohlen
du hattest ... empfohlen
er/sie/es hatte ... empfohlen
wir hatten ... empfohlen
ihr hattet ... empfohlen
sie hatten ... empfohlen

Futur I

ich werde ... empfehlen
du wirst ... empfehlen
er/sie/es wird ... empfehlen
wir werden ... empfehlen
ihr werdet ... empfehlen
sie werden ... empfehlen

Futur II

ich werde ... empfohlen haben
du wirst ... empfohlen haben
er/sie/es wird ... empfohlen haben
wir werden ... empfohlen haben
ihr werdet ... empfohlen haben
sie werden ... empfohlen haben

Imperativ

Singular

empfiehl!

Plural

empfehlt!

Partizip

Partizip I

empfehlend

Partizip II

empfohlen

Konjunktiv I

Präsens
ich empfehle
du empfehlest
er/sie/es empfehle
wir empfehlen
ihr empfehlet
sie empfehlen

Perfekt
ich habe ... empfohlen
du habest ... empfohlen
er/sie/es habe ... empfohlen
wir haben ... empfohlen
ihr habet ... empfohlen
sie haben ... empfohlen

Futur I
ich werde ... empfehlen
du werdest ... empfehlen
er/sie/es werde ... empfehlen
wir werden ... empfehlen
ihr werdet ... empfehlen
sie werden ... empfehlen

Futur II
ich werde ... empfohlen haben
du werdest ... empfohlen haben
er/sie/es werde ... empfohlen haben
wir werden ... empfohlen haben
ihr werdet ... empfohlen haben
sie werden ... empfohlen haben

Konjunktiv II

Präsens
ich empfähle/empföhle
du empfählest/empföhlest
er/sie/es empfähle/empföhle
wir empfählen/empföhlen
ihr empfählet/empföhlet
sie empfählen/empföhlen

Perfekt
ich hätte ... empfohlen
du hättest ... empfohlen
er/sie/es hätte ... empfohlen
wir hätten ... empfohlen
ihr hättet ... empfohlen
sie hätten ... empfohlen

würde + *Infinitiv*
ich würde ... empfehlen
du würdest ... empfehlen
er/sie/es würde ... empfehlen
wir würden ... empfehlen
ihr würdet ... empfehlen
sie würden ... empfehlen

würde + *Infinitiv Perfekt*
ich würde ... empfohlen haben
du würdest ... empfohlen haben
er/sie/es würde ... empfohlen haben
wir würden ... empfohlen haben
ihr würdet ... empfohlen haben
sie würden ... empfohlen haben

23 erbleichen*

Indikativ

Präsens
ich erbleiche
du erbleichst
er/sie/es erbleicht
wir erbleichen
ihr erbleicht
sie erbleichen

Präteritum
ich erblich
du erblichst
er/sie/es erblich
wir erblichen
ihr erblicht
sie erblichen

Perfekt
ich bin ... erblichen
du bist ... erblichen
er/sie/es ist ... erblichen
wir sind ... erblichen
ihr seid ... erblichen
sie sind ... erblichen

Plusquamperfekt
ich war ... erblichen
du warst ... erblichen
er/sie/es war ... erblichen
wir waren ... erblichen
ihr wart ... erblichen
sie waren ... erblichen

Futur I
ich werde ... erbleichen
du wirst ... erbleichen
er/sie/es wird ... erbleichen
wir werden ... erbleichen
ihr werdet ... erbleichen
sie werden ... erbleichen

Futur II
ich werde ... erblichen sein
du wirst ... erblichen sein
er/sie/es wird ... erblichen sein
wir werden ... erblichen sein
ihr werdet ... erblichen sein
sie werden ... erblichen sein

Imperativ

Singular
erbleich(e)!

Plural
erbleicht!

Partizip

Partizip I
erbleichend

Partizip II
erblichen

starke Verben

* wird heute meist regelmäßig konjugiert

Konjunktiv I

Präsens
ich erbleiche
du erbleichest
er/sie/es erbleiche
wir erbleichen
ihr erbleichet
sie erbleichen

Perfekt
ich sei ... erblichen
du sei(e)st ... erblichen
er/sie/es sei ... erblichen
wir seien ... erblichen
ihr seiet ... erblichen
sie seien ... erblichen

Futur I
ich werde ... erbleichen
du werdest ... erbleichen
er/sie/es werde ... erbleichen
wir werden ... erbleichen
ihr werdet ... erbleichen
sie werden ... erbleichen

Futur II
ich werde ... erblichen sein
du werdest ... erblichen sein
er/sie/es werde ... erblichen sein
wir werden ... erblichen sein
ihr werdet ... erblichen sein
sie werden ... erblichen sein

Konjunktiv II

Präsens
ich erbliche
du erblichest
er/sie/es erbliche
wir erblichen
ihr erblichet
sie erblichen

Perfekt
ich wäre ... erblichen
du wär(e)st ... erblichen
er/sie/es wäre ... erblichen
wir wären ... erblichen
ihr wär(e)t ... erblichen
sie wären ... erblichen

würde + Infinitiv
ich würde ... erbleichen
du würdest ... erbleichen
er/sie/es würde ... erbleichen
wir würden ... erbleichen
ihr würdet ... erbleichen
sie würden ... erbleichen

würde + Infinitiv Perfekt
ich würde ... erblichen sein
du würdest ... erblichen sein
er/sie/es würde ... erblichen sein
wir würden ... erblichen sein
ihr würdet ... erblichen sein
sie würden ... erblichen sein

24 erlöschen

Indikativ

Präsens
ich erlösche
du erlischst
er/sie/es erlischt
wir erlöschen
ihr erlöscht
sie erlöschen

Präteritum
ich erlosch
du erloschst
er/sie/es erlosch
wir erloschen
ihr erloscht
sie erloschen

Perfekt
ich habe ... erloschen
du hast ... erloschen
er/sie/es hat ... erloschen
wir haben ... erloschen
ihr habt ... erloschen
sie haben ... erloschen

Plusquamperfekt
ich hatte ... erloschen
du hattest ... erloschen
er/sie/es hatte ... erloschen
wir hatten ... erloschen
ihr hattet ... erloschen
sie hatten ... erloschen

Futur I
ich werde ... erlöschen
du wirst ... erlöschen
er/sie/es wird ... erlöschen
wir werden ... erlöschen
ihr werdet ... erlöschen
sie werden ... erlöschen

Futur II
ich werde ... erloschen haben
du wirst ... erloschen haben
er/sie/es wird ... erloschen haben
wir werden ... erloschen haben
ihr werdet ... erloschen haben
sie werden ... erloschen haben

starke Verben

Imperativ

Singular
erlisch!

Plural
erlöscht!

Partizip

Partizip I
erlöschend

Partizip II
erloschen

Konjunktiv I

Präsens
ich erlösche
du erlöschest
er/sie/es erlösche
wir erlöschen
ihr erlöschet
sie erlöschen

Perfekt
ich habe ... erloschen
du habest ... erloschen
er/sie/es habe ... erloschen
wir haben ... erloschen
ihr habet ... erloschen
sie haben ... erloschen

Futur I
ich werde ... erlöschen
du werdest ... erlöschen
er/sie/es werde ... erlöschen
wir werden ... erlöschen
ihr werdet ... erlöschen
sie werden ... erlöschen

Futur II
ich werde ... erloschen haben
du werdest ... erloschen haben
er/sie/es werde ... erloschen haben
wir werden ... erloschen haben
ihr werdet ... erloschen haben
sie werden ... erloschen haben

Konjunktiv II

Präsens
ich erlösche
du erlöschest
er/sie/es erlösche
wir erlöschen
ihr erlöschet
sie erlöschen

Perfekt
ich hätte ... erloschen
du hättest ... erloschen
er/sie/es hätte ... erloschen
wir hätten ... erloschen
ihr hättet ... erloschen
sie hätten ... erloschen

würde + *Infinitiv*
ich würde ... erlöschen
du würdest ... erlöschen
er/sie/es würde ... erlöschen
wir würden ... erlöschen
ihr würdet ... erlöschen
sie würden ... erlöschen

würde + *Infinitiv Perfekt*
ich würde ... erloschen haben
du würdest ... erloschen haben
er/sie/es würde ... erloschen haben
wir würden ... erloschen haben
ihr würdet ... erloschen haben
sie würden ... erloschen haben

25 erschrecken*

Indikativ

Präsens
ich erschrecke
du erschrickst
er/sie/es erschrickt
wir erschrecken
ihr erschreckt
sie erschrecken

Präteritum
ich erschrak
du erschrakst
er/sie/es erschrak
wir erschraken
ihr erschrakt
sie erschraken

Perfekt
ich bin ... erschrocken
du bist ... erschrocken
er/sie/es ist ... erschrocken
wir sind ... erschrocken
ihr seid ... erschrocken
sie sind ... erschrocken

Plusquamperfekt
ich war ... erschrocken
du warst ... erschrocken
er/sie/es war ... erschrocken
wir waren ... erschrocken
ihr wart ... erschrocken
sie waren ... erschrocken

Futur I
ich werde ... erschrecken
du wirst ... erschrecken
er/sie/es wird ... erschrecken
wir werden ... erschrecken
ihr werdet ... erschrecken
sie werden ... erschrecken

Futur II
ich werde ... erschrocken sein
du wirst ... erschrocken sein
er/sie/es wird ... erschrocken sein
wir werden ... erschrocken sein
ihr werdet ... erschrocken sein
sie werden ... erschrocken sein

starke Verben

Imperativ

Singular
erschreck(e)!

Plural
erschreckt!

Partizip

Partizip I
erschreckend

Partizip II
erschrocken

* wird transitiv mit *haben* und regelmäßig gebildet (du erschreckst mich), Perfekt: erschreckt/erschrocken (ich habe mich erschreckt/erschrocken)

Konjunktiv I

Präsens
ich erschrecke
du erscheckest
er/sie/es erschrecke
wir erschrecken
ihr erschreckt
sie erschrecken

Perfekt
ich sei ... erschrocken
du sei(e)st ... erschrocken
er/sie/es sei ... erschrocken
wir seien ... erschrocken
ihr seiet ... erschrocken
sie seien ... erschrocken

Futur I
ich werde ... erschrecken
du werdest ... erschrecken
er/sie/es werde ... erschrecken
wir werden ... erschrecken
ihr werdet ... erschrecken
sie werden ... erschrecken

Futur II
ich werde ... erschrocken sein
du werdest ... erschrocken sein
er/sie/es werde ... erschrocken sein
wir werden ... erschrocken sein
ihr werdet ... erschrocken sein
sie werden ... erschrocken sein

Konjunktiv II

Präsens
ich erschräke
du erschräkest
er/sie/es erschräke
wir erschräken
ihr erschräket
sie erschräken

Perfekt
ich wäre ... erschrocken
du wärest ... erschrocken
er/sie/es wäre ... erschrocken
wir wären ... erschrocken
ihr wäret ... erschrocken
sie wären ... erschrocken

würde + *Infinitiv*
ich würde ... erschrecken
du würdest ... erschrecken
er/sie/es würde ... erschrecken
wir würden ... erschrecken
ihr würdet ... erschrecken
sie würden ... erschrecken

würde + *Infinitiv Perfekt*
ich würde ... erschrocken sein
du würdest ... erschrocken sein
er/sie/es würde ... erschrocken sein
wir würden ... erschrocken sein
ihr würdet ... erschrocken sein
sie würden ... erschrocken sein

essen

Indikativ

Präsens
ich esse
du isst
er/sie/es isst
wir essen
ihr esst
sie essen

Präteritum
ich aß
du aß(es)t
er/sie/es aß
wir aßen
ihr aßt
sie aßen

Perfekt
ich habe ... gegessen
du hast ... gegessen
er/sie/es hat ... gegessen
wir haben ... gegessen
ihr habt ... gegessen
sie haben ... gegessen

Plusquamperfekt
ich hatte ... gegessen
du hattest ... gegessen
er/sie/es hatte ... gegessen
wir hatten ... gegessen
ihr hattet ... gegessen
sie hatten ... gegessen

Futur I
ich werde ... essen
du wirst ... essen
er/sie/es wird ... essen
wir werden ... essen
ihr werdet ... essen
sie werden ... essen

Futur II
ich werde ... gegessen haben
du wirst ... gegessen haben
er/sie/es wird ... gegessen haben
wir werden ... gegessen haben
ihr werdet ... gegessen haben
sie werden ... gegessen haben

Imperativ

Singular
iss!

Plural
esst!

Partizip

Partizip I
essend

Partizip II
gegessen

Konjunktiv I

Präsens
ich esse
du essest
er/sie/es esse
wir essen
ihr esset
sie essen

Perfekt
ich habe ... gegessen
du habest ... gegessen
er/sie/es habe ... gegessen
wir haben ... gegessen
ihr habet ... gegessen
sie haben ... gegessen

Futur I
ich werde ... essen
du werdest ... essen
er/sie/es werde ... essen
wir werden ... essen
ihr werdet ... essen
sie werden ... essen

Futur II
ich werde ... gegessen haben
du werdest ... gegessen haben
er/sie/es werde ... gegessen haben
wir werden ... gegessen haben
ihr werdet ... gegessen haben
sie werden ... gegessen haben

Konjunktiv II

Präsens
ich äße
du äßest
er/sie/es äße
wir äßen
ihr äßet
sie äßen

Perfekt
ich hätte ... gegessen
du hättest ... gegessen
er/sie/es hätte ... gegessen
wir hätten ... gegessen
ihr hättet ... gegessen
sie hätten ... gegessen

würde + *Infinitiv*
ich würde ... essen
du würdest ... essen
er/sie/es würde ... essen
wir würden ... essen
ihr würdet ... essen
sie würden ... essen

würde + *Infinitiv* Perfekt
ich würde ... gegessen haben
du würdest ... gegessen haben
er/sie/es würde ... gegessen haben
wir würden ... gegessen haben
ihr würdet ... gegessen haben
sie würden ... gegessen haben

27 fahren*

Indikativ

Präsens
ich fahre
du fährst
er/sie/es fährt
wir fahren
ihr fahrt
sie fahren

Präteritum
ich fuhr
du fuhrst
er/sie/es fuhr
wir fuhren
ihr fuhrt
sie fuhren

Perfekt
ich bin ... gefahren
du bist ... gefahren
er/sie/es ist ... gefahren
wir sind ... gefahren
ihr seid ... gefahren
sie sind ... gefahren

Plusquamperfekt
ich war ... gefahren
du warst ... gefahren
er/sie/es war ... gefahren
wir waren ... gefahren
ihr wart ... gefahren
sie waren ... gefahren

Futur I
ich werde ... fahren
du wirst ... fahren
er/sie/es wird ... fahren
wir werden ... fahren
ihr werdet ... fahren
sie werden ... fahren

Futur II
ich werde ... gefahren sein
du wirst ... gefahren sein
er/sie/es wird ... gefahren sein
wir werden ... gefahren sein
ihr werdet ... gefahren sein
sie werden ... gefahren sein

starke Verben

Imperativ

Singular
fahr(e)!

Plural
fahrt!

Partizip

Partizip I
fahrend

Partizip II
gefahren

* mit Hilfsverb *haben* oder *sein*

Konjunktiv I

Präsens
ich fahre
du fahrest
er/sie/es fahre
wir fahren
ihr fahret
sie fahren

Perfekt
ich sei ... gefahren
du sei(e)st ... gefahren
er/sie/es sei ... gefahren
wir seien ... gefahren
ihr seiet ... gefahren
sie seien ... gefahren

Futur I
ich werde ... fahren
du werdest ... fahren
er/sie/es werde ... fahren
wir werden ... fahren
ihr werdet ... fahren
sie werden ... fahren

Futur II
ich werde ... gefahren sein
du werdest ... gefahren sein
er/sie/es werde ... gefahren sein
wir werden ... gefahren sein
ihr werdet ... gefahren sein
sie werden ... gefahren sein

Konjunktiv II

Präsens
ich führe
du führest
er/sie/es führe
wir führen
ihr führet
sie führen

Perfekt
ich wäre ... gefahren
du wär(e)st ... gefahren
er/sie/es wäre ... gefahren
wir wären ... gefahren
ihr wär(e)t ... gefahren
sie wären ... gefahren

würde + *Infinitiv*
ich würde ... fahren
du würdest ... fahren
er/sie/es würde ... fahren
wir würden ... fahren
ihr würdet ... fahren
sie würden ... fahren

würde + *Infinitiv Perfekt*
ich würde ... gefahren sein
du würdest ... gefahren sein
er/sie/es würde ... gefahren sein
wir würden ... gefahren sein
ihr würdet ... gefahren sein
sie würden ... gefahren sein

fallen

Indikativ

Präsens
ich falle
du fällst
er/sie/es fällt
wir fallen
ihr fallt
sie fallen

Präteritum
ich fiel
du fielst
er/sie/es fiel
wir fielen
ihr fielt
sie fielen

Perfekt
ich bin ... gefallen
du bist ... gefallen
er/sie/es ist ... gefallen
wir sind ... gefallen
ihr seid ... gefallen
sie sind ... gefallen

Plusquamperfekt
ich war ... gefallen
du warst ... gefallen
er/sie/es war ... gefallen
wir waren ... gefallen
ihr wart ... gefallen
sie waren ... gefallen

Futur I
ich werde ... fallen
du wirst ... fallen
er/sie/es wird ... fallen
wir werden ... fallen
ihr werdet ... fallen
sie werden ... fallen

Futur II
ich werde ... gefallen sein
du wirst ... gefallen sein
er/sie/es wird ... gefallen sein
wir werden ... gefallen sein
ihr werdet ... gefallen sein
sie werden ... gefallen sein

Imperativ

Singular
fall(e)!

Plural
fallt!

Partizip

Partizip I
fallend

Partizip II
gefallen

Konjunktiv I

Präsens
ich falle
du fallest
er/sie/es falle
wir fallen
ihr fallet
sie fallen

Perfekt
ich sei ... gefallen
du sei(e)st ... gefallen
er/sie/es sei ... gefallen
wir seien ... gefallen
ihr seiet ... gefallen
sie seien ... gefallen

Futur I
ich werde ... fallen
du werdest ... fallen
er/sie/es werde ... fallen
wir werden ... fallen
ihr werdet ... fallen
sie werden ... fallen

Futur II
ich werde ... gefallen sein
du werdest ... gefallen sein
er/sie/es werde ... gefallen sein
wir werden ... gefallen sein
ihr werdet ... gefallen sein
sie werden ... gefallen sein

Konjunktiv II

Präsens
ich fiele
du fielest
er/sie/es fiele
wir fielen
ihr fielet
sie fielen

Perfekt
ich wäre ... gefallen
du wär(e)st ... gefallen
er/sie/es wäre ... gefallen
wir wären ... gefallen
ihr wär(e)t ... gefallen
sie wären ... gefallen

würde + *Infinitiv*
ich würde ... fallen
du würdest ... fallen
er/sie/es würde ... fallen
wir würden ... fahren
ihr würdet ... fallen
sie würden ... fallen

würde + *Infinitiv Perfekt*
ich würde ... gefallen sein
du würdest ... gefallen sein
er/sie/es würde ... gefallen sein
wir würden ... gefallen sein
ihr würdet ... gefallen sein
sie würden ... gefallen sein

29 fangen

Indikativ

Präsens
ich fange
du fängst
er/sie/es fängt
wir fangen
ihr fangt
sie fangen

Präteritum
ich fing
du fingst
er/sie/es fing
wir fingen
ihr fingt
sie fingen

Perfekt
ich habe ... gefangen
du hast ... gefangen
er/sie/es hat ... gefangen
wir haben ... gefangen
ihr habt ... gefangen
sie haben ... gefangen

Plusquamperfekt
ich hatte ... gefangen
du hattest ... gefangen
er/sie/es hatte ... gefangen
wir hatten ... gefangen
ihr hattet ... gefangen
sie hatten ... gefangen

Futur I
ich werde ... fangen
du wirst ... fangen
er/sie/es wird ... fangen
wir werden ... fangen
ihr werdet ... fangen
sie werden ... fangen

Futur II
ich werde ... gefangen haben
du wirst ... gefangen haben
er/sie/es wird ... gefangen haben
wir werden ... gefangen haben
ihr werdet ... gefangen haben
sie werden ... gefangen haben

Imperativ

Singular
fang(e)!

Plural
fangt!

Partizip

Partizip I
fangend

Partizip II
gefangen

Konjunktiv I

Präsens
ich fange
du fangest
er/sie/es fange
wir fangen
ihr fanget
sie fangen

Perfekt
ich habe ... gefangen
du habest ... gefangen
er/sie/es habe ... gefangen
wir haben ... gefangen
ihr habet ... gefangen
sie haben ... gefangen

Futur I
ich werde ... fangen
du werdest ... fangen
er/sie/es werde ... fangen
wir werden ... fangen
ihr werdet ... fangen
sie werden ... fangen

Futur II
ich werde ... gefangen haben
du werdest ... gefangen haben
er/sie/es werde ... gefangen haben
wir werden ... gefangen haben
ihr werdet ... gefangen haben
sie werden ... gefangen haben

Konjunktiv II

Präsens
ich finge
du fingest
er/sie/es finge
wir fingen
ihr finget
sie fingen

Perfekt
ich hätte ... gefangen
du hättest ... gefangen
er/sie/es hätte ... gefangen
wir hätten ... gefangen
ihr hättet ... gefangen
sie hätten ... gefangen

würde + Infinitiv
ich würde ... fangen
du würdest ... fangen
er/sie/es würde ... fangen
wir würden ... fangen
ihr würdet ... fangen
sie würden ... fangen

würde + Infinitiv Perfekt
ich würde ... gefangen haben
du würdest ... gefangen haben
er/sie/es würde ... gefangen haben
wir würden ... gefangen haben
ihr würdet ... gefangen haben
sie würden ... gefangen haben

fechten

Indikativ

Präsens
ich fechte
du fechtest/fichst
er/sie/es fechtet/ficht
wir fechten
ihr fechtet
sie fechten

Präteritum
ich focht
du fochtest
er/sie/es focht
wir fochten
ihr fochtet
sie fochten

Perfekt
ich habe ... gefochten
du hast ... gefochten
er/sie/es hat ... gefochten
wir haben ... gefochten
ihr habt ... gefochten
sie haben ... gefochten

Plusquamperfekt
ich hatte ... gefochten
du hattest ... gefochten
er/sie/es hatte ... gefochten
wir hatten ... gefochten
ihr hattet ... gefochten
sie hatten ... gefochten

Futur I
ich werde ... fechten
du wirst ... fechten
er/sie/es wird ... fechten
wir werden ... fechten
ihr werdet ... fechten
sie werden ... fechten

Futur II
ich werde ... gefochten haben
du wirst ... gefochten haben
er/sie/es wird ... gefochten haben
wir werden ... gefochten haben
ihr werdet ... gefochten haben
sie werden ... gefochten haben

Imperativ

Singular
fechte!/ficht!

Plural
fechtet!

Partizip

Partizip I
fechtend

Partizip II
gefochten

Konjunktiv I

Präsens
ich fechte
du fechtest
er/sie/es fechte
wir fechten
ihr fechtet
sie fechten

Perfekt
ich habe ... gefochten
du habest ... gefochten
er/sie/es habe ... gefochten
wir haben ... gefochten
ihr habet ... gefochten
sie haben ... gefochten

Futur I
ich werde ... fechten
du werdest ... fechten
er/sie/es werde ... fechten
wir werden ... fechten
ihr werdet ... fechten
sie werden ... fechten

Futur II
ich werde ... gefochten haben
du werdest ... gefochten haben
er/sie/es werde ... gefochten haben
wir werden ... gefochten haben
ihr werdet ... gefochten haben
sie werden ... gefochten haben

Konjunktiv II

Präsens
ich föchte
du föchtest
er/sie/es föchte
wir föchten
ihr föchtet
sie föchten

Perfekt
ich hätte ... gefochten
du hättest ... gefochten
er/sie/es hätte ... gefochten
wir hätten ... gefochten
ihr hättet ... gefochten
sie hätten ... gefochten

würde + *Infinitiv*
ich würde ... fechten
du würdest ... fechten
er/sie/es würde ... fechten
wir würden ... fechten
ihr würdet ... fechten
sie würden ... fechten

würde + *Infinitiv Perfekt*
ich würde ... gefochten haben
du würdest ... gefochten haben
er/sie/es würde ... gefochten haben
wir würden ... gefochten haben
ihr würdet ... gefochten haben
sie würden ... gefochten haben

31 finden

Indikativ

Präsens
ich finde
du findest
er/sie/es findet
wir finden
ihr findet
sie finden

Präteritum
ich fand
du fand(e)st
er/sie/es fand
wir fanden
ihr fandet
sie fanden

Perfekt
ich habe ... gefunden
du hast ... gefunden
er/sie/es hat ... gefunden
wir haben ... gefunden
ihr habt ... gefunden
sie haben ... gefunden

Plusquamperfekt
ich hatte ... gefunden
du hattest ... gefunden
er/sie/es hatte ... gefunden
wir hatten ... gefunden
ihr hattet ... gefunden
sie hatten ... gefunden

Futur I
ich werde ... finden
du wirst ... finden
er/sie/es wird ... finden
wir werden ... finden
ihr werdet ... finden
sie werden ... finden

Futur II
ich werde ... gefunden haben
du wirst ... gefunden haben
er/sie/es wird ... gefunden haben
wir werden ... gefunden haben
ihr werdet ... gefunden haben
sie werden ... gefunden haben

Imperativ

Singular
find(e)!

Plural
findet!

Partizip

Partizip I
findend

Partizip II
gefunden

starke Verben

Konjunktiv I

Präsens
ich finde
du findest
er/sie/es finde
wir finden
ihr findet
sie finden

Perfekt
ich habe ... gefunden
du habest ... gefunden
er/sie/es habe ... gefunden
wir haben ... gefunden
ihr habet ... gefunden
sie haben ... gefunden

Futur I
ich werde ... finden
du werdest ... finden
er/sie/es werde ... finden
wir werden ... finden
ihr werdet ... finden
sie werden ... finden

Futur II
ich werde ... gefunden haben
du werdest ... gefunden haben
er/sie/es werde ... gefunden haben
wir werden ... gefunden haben
ihr werdet ... gefunden haben
sie werden ... gefunden haben

Konjunktiv II

Präsens
ich fände
du fändest
er/sie/es fände
wir fänden
ihr fändet
sie fänden

Perfekt
ich hätte ... gefunden
du hättest ... gefunden
er/sie/es hätte ... gefunden
wir hätten ... gefunden
ihr hättet ... gefunden
sie hätten ... gefunden

würde + *Infinitiv*
ich würde ... finden
du würdest ... finden
er/sie/es würde ... finden
wir würden ... finden
ihr würdet ... finden
sie würden ... finden

würde + *Infinitiv Perfekt*
ich würde ... gefunden haben
du würdest ... gefunden haben
er/sie/es würde ... gefunden haben
wir würden ... gefunden haben
ihr würdet ... gefunden haben
sie würden ... gefunden haben

flechten

Indikativ

Präsens
ich flechte
du flechtest/flichst
er/sie/es flechtet/flicht
wir flechten
ihr flechtet
sie flechten

Präteritum
ich flocht
du flochtest
er/sie/es flocht
wir flochten
ihr flochtet
sie flochten

Perfekt
ich habe ... geflochten
du hast ... geflochten
er/sie/es hat ... geflochten
wir haben ... geflochten
ihr habt ... geflochten
sie haben ... geflochten

Plusquamperfekt
ich hatte ... geflochten
du hattest ... geflochten
er/sie/es hatte ... geflochten
wir hatten ... geflochten
ihr hattet ... geflochten
sie hatten ... geflochten

Futur I
ich werde ... flechten
du wirst ... flechten
er/sie/es wird ... flechten
wir werden ... flechten
ihr werdet ... flechten
sie werden ... flechten

Futur II
ich werde ... geflochten haben
du wirst ... geflochten haben
er/sie/es wird ... geflochten haben
wir werden ... geflochten haben
ihr werdet ... geflochten haben
sie werden ... geflochten haben

Imperativ

Singular
flechte!/flicht!

Plural
flechtet!

Partizip

Partizip I
flechtend

Partizip II
geflochten

starke Verben

Konjunktiv I

Präsens
ich flechte
du flechtest
er/sie/es flechte
wir flechten
ihr flechtet
sie flechten

Perfekt
ich habe ... geflochten
du habest ... geflochten
er/sie/es habe ... geflochten
wir haben ... geflochten
ihr habet ... geflochten
sie haben ... geflochten

Futur I
ich werde ... flechten
du werdest ... flechten
er/sie/es werde ... flechten
wir werden ... flechten
ihr werdet ... flechten
sie werden ... flechten

Futur II
ich werde ... geflochten haben
du werdest ... geflochten haben
er/sie/es werde ... geflochten haben
wir werden ... geflochten haben
ihr werdet ... geflochten haben
sie werden ... geflochten haben

Konjunktiv II

Präsens
ich flöchte
du flöchtest
er/sie/es flöchte
wir flöchten
ihr flöchtet
sie flöchten

Perfekt
ich hätte ... geflochten
du hättest ... geflochten
er/sie/es hätte ... geflochten
wir hätten ... geflochten
ihr hättet ... geflochten
sie hätten ... geflochten

würde + *Infinitiv*
ich würde ... flechten
du würdest ... flechten
er/sie/es würde ... flechten
wir würden ... flechten
ihr würdet ... flechten
sie würden ... flechten

würde + *Infinitiv Perfekt*
ich würde ... geflochten haben
du würdest ... geflochten haben
er/sie/es würde ... geflochten haben
wir würden ... geflochten haben
ihr würdet ... geflochten haben
sie würden ... geflochten haben

33 fliegen*

Indikativ

Präsens
ich fliege
du fliegst
er/sie/es fliegt
wir fliegen
ihr fliegt
sie fliegen

Präteritum
ich flog
du flogst
er/sie/es flog
wir flogen
ihr flogt
sie flogen

Perfekt
ich bin ... geflogen
du bist ... geflogen
er/sie/es ist ... geflogen
wir sind ... geflogen
ihr seid ... geflogen
sie sind ... geflogen

Plusquamperfekt
ich war ... geflogen
du warst ... geflogen
er/sie/es war ... geflogen
wir waren ... geflogen
ihr wart ... geflogen
sie waren ... geflogen

Futur I
ich werde ... fliegen
du wirst ... fliegen
er/sie/es wird ... fliegen
wir werden ... fliegen
ihr werdet ... fliegen
sie werden ... fliegen

Futur II
ich werde ... geflogen sein
du wirst ... geflogen sein
er/sie/es wird ... geflogen sein
wir werden ... geflogen sein
ihr werdet ... geflogen sein
sie werden ... geflogen sein

Imperativ

Singular
flieg(e)!

Plural
fliegt!

Partizip

Partizip I
fliegend

Partizip II
geflogen

starke Verben

* mit Hilfsverb *haben* oder *sein*

Konjunktiv I

Präsens
ich fliege
du fliegest
er/sie/es fliege
wir fliegen
ihr flieget
sie fliegen

Perfekt
ich sei ... geflogen
du sei(e)st ... geflogen
er/sie/es sei ... geflogen
wir seien ... geflogen
ihr seiet ... geflogen
sie seien ... geflogen

Futur I
ich werde ... fliegen
du werdest ... fliegen
er/sie/es werde ... fliegen
wir werden ... fliegen
ihr werdet ... fliegen
sie werden ... fliegen

Futur II
ich werde ... geflogen sein
du werdest ... geflogen sein
er/sie/es werde ... geflogen sein
wir werden ... geflogen sein
ihr werdet ... geflogen sein
sie werden ... geflogen sein

Konjunktiv II

Präsens
ich flöge
du flögest
er/sie/es flöge
wir flögen
ihr flöget
sie flögen

Perfekt
ich wäre ... geflogen
du wär(e)st ... geflogen
er/sie/es wäre ... geflogen
wir wären ... geflogen
ihr wär(e)t ... geflogen
sie wären ... geflogen

würde + *Infinitiv*
ich würde ... fliegen
du würdest ... fliegen
er/sie/es würde ... fliegen
wir würden ... fliegen
ihr würdet ... fliegen
sie würden ... fliegen

würde + *Infinitiv Perfekt*
ich würde ... geflogen sein
du würdest ... geflogen sein
er/sie/es würde ... geflogen sein
wir würden ... geflogen sein
ihr würdet ... geflogen sein
sie würden ... geflogen sein

34 fliehen

Indikativ

Präsens
ich fliehe
du fliehst
er/sie/es flieht
wir fliehen
ihr flieht
sie fliehen

Präteritum
ich floh
du flohst
er/sie/es floh
wir flohen
ihr floht
sie flohen

Perfekt
ich bin ... geflohen
du bist ... geflohen
er/sie/es ist ... geflohen
wir sind ... geflohen
ihr seid ... geflohen
sie sind ... geflohen

Plusquamperfekt
ich war ... geflohen
du warst ... geflohen
er/sie/es war ... geflohen
wir waren ... geflohen
ihr wart ... geflohen
sie waren ... geflohen

Futur I
ich werde ... fliehen
du wirst ... fliehen
er/sie/es wird ... fliehen
wir werden ... fliehen
ihr werdet ... fliehen
sie werden ... fliehen

Futur II
ich werde ... geflohen sein
du wirst ... geflohen sein
er/sie/es wird ... geflohen sein
wir werden ... geflohen sein
ihr werdet ... geflohen sein
sie werden ... geflohen sein

Imperativ

Singular
flieh(e)!

Plural
flieht!

Partizip

Partizip I
fliehend

Partizip II
geflohen

starke Verben

Konjunktiv I

Präsens
ich fliehe
du fliehest
er/sie/es fliehe
wir fliehen
ihr fliehet
sie fliehen

Perfekt
ich sei ... geflohen
du sei(e)st ... geflohen
er/sie/es sei ... geflohen
wir seien ... geflohen
ihr seiet ... geflohen
sie seien ... geflohen

Futur I
ich werde ... fliehen
du werdest ... fliehen
er/sie/es werde ... fliehen
wir werden ... fliehen
ihr werdet ... fliehen
sie werden ... fliehen

Futur II
ich werde ... geflohen sein
du werdest ... geflohen sein
er/sie/es werde ... geflohen sein
wir werden ... geflohen sein
ihr werdet ... geflohen sein
sie werden ... geflohen sein

Konjunktiv II

Präsens
ich flöhe
du flöhest
er/sie/es flöhe
wir flöhen
ihr flöhet
sie flöhen

Perfekt
ich wäre ... geflohen
du wär(e)st ... geflohen
er/sie/es wäre ... geflohen
wir wären ... geflohen
ihr wär(e)t ... geflohen
sie wären ... geflohen

würde + *Infinitiv*
ich würde ... fliehen
du würdest ... fliehen
er/sie/es würde ... fliehen
wir würden ... fliehen
ihr würdet ... fliehen
sie würden ... fliehen

würde + *Infinitiv Perfekt*
ich würde ... geflohen sein
du würdest ... geflohen sein
er/sie/es würde ... geflohen sein
wir würden ... geflohen sein
ihr würdet ... geflohen sein
sie würden ... geflohen sein

35 fließen

Indikativ

Präsens
ich fließe
du fließt
er/sie/es fließt
wir fließen
ihr fließt
sie fließen

Präteritum
ich floss
du flossest
er/sie/es floss
wir flossen
ihr flosst
sie flossen

Perfekt
ich bin ... geflossen
du bist ... geflossen
er/sie/es ist ... geflossen
wir sind ... geflossen
ihr seid ... geflossen
sie sind ... geflossen

Plusquamperfekt
ich war ... geflossen
du warst ... geflossen
er/sie/es war ... geflossen
wir waren ... geflossen
ihr wart ... geflossen
sie waren ... geflossen

Futur I
ich werde ... fließen
du wirst ... fließen
er/sie/es wird ... fließen
wir werden ... fließen
ihr werdet ... fließen
sie werden ... fließen

Futur II
ich werde ... geflossen sein
du wirst ... geflossen sein
er/sie/es wird ... geflossen sein
wir werden ... geflossen sein
ihr werdet ... geflossen sein
sie werden ... geflossen sein

Imperativ

Singular
fließ(e)!

Plural
fließt!

Partizip

Partizip I
fließend

Partizip II
geflossen

Konjunktiv I

Präsens
ich fließe
du fließest
er/sie/es fließe
wir fließen
ihr fließet
sie fließen

Perfekt
ich sei ... geflossen
du sei(e)st ... geflossen
er/sie/es sei ... geflossen
wir seien ... geflossen
ihr seiet ... geflossen
sie seien ... geflossen

Futur I
ich werde ... fließen
du werdest ... fließen
er/sie/es werde ... fließen
wir werden ... fließen
ihr werdet ... fließen
sie werden ... fließen

Futur II
ich werde ... geflossen sein
du werdest ... geflossen sein
er/sie/es werde ... geflossen sein
wir werden ... geflossen sein
ihr werdet ... geflossen sein
sie werden ... geflossen sein

Konjunktiv II

Präsens
ich flösse
du flössest
er/sie/es flösse
wir flössen
ihr flösset
sie flössen

Perfekt
ich wäre ... geflossen
du wär(e)st ... geflossen
er/sie/es wäre ... geflossen
wir wären ... geflossen
ihr wär(e)t ... geflossen
sie wären ... geflossen

würde + *Infinitiv*
ich würde ... fließen
du würdest ... fließen
er/sie/es würde ... fließen
wir würden ... fließen
ihr würdet ... fließen
sie würden ... fließen

würde + *Infinitiv Perfekt*
ich würde ... geflossen sein
du würdest ... geflossen sein
er/sie/es würde ... geflossen sein
wir würden ... geflossen sein
ihr würdet ... geflossen sein
sie würden ... geflossen sein

fressen

Indikativ

Präsens
ich fresse
du frisst
er/sie/es frisst
wir fressen
ihr fresst
sie fressen

Präteritum
ich fraß
du fraß(es)t
er/sie/es fraß
wir fraßen
ihr fraßt
sie fraßen

Perfekt
ich habe ... gefressen
du hast ... gefressen
er/sie/es hat ... gefressen
wir haben ... gefressen
ihr habt ... gefressen
sie haben ... gefressen

Plusquamperfekt
ich hatte ... gefressen
du hattest ... gefressen
er/sie/es hatte ... gefressen
wir hatten ... gefressen
ihr hattet ... gefressen
sie hatten ... gefressen

Futur I
ich werde ... fressen
du wirst ... fressen
er/sie/es wird ... fressen
wir werden ... fressen
ihr werdet ... fressen
sie werden ... fressen

Futur II
ich werde ... gefressen haben
du wirst ... gefressen haben
er/sie/es wird ... gefressen haben
wir werden ... gefressen haben
ihr werdet ... gefressen haben
sie werden ... gefressen haben

Imperativ

Singular
friss!

Plural
fresst!

Partizip

Partizip I
fressend

Partizip II
gefressen

Konjunktiv I

Präsens
ich fresse
du fressest
er/sie/es fresse
wir fressen
ihr fresset
sie fressen

Perfekt
ich habe ... gefressen
du habest ... gefressen
er/sie/es habe ... gefressen
wir haben ... gefressen
ihr habet ... gefressen
sie haben ... gefressen

Futur I
ich werde ... fressen
du werdest ... fressen
er/sie/es werde ... fressen
wir werden ... fressen
ihr werdet ... fressen
sie werden ... fressen

Futur II
ich werde ... gefressen haben
du werdest ... gefressen haben
er/sie/es werde ... gefressen haben
wir werden ... gefressen haben
ihr werdet ... gefressen haben
sie werden ... gefressen haben

Konjunktiv II

Präsens
ich fräße
du fräßest
er/sie/es fräße
wir fräßen
ihr fräßet
sie fräßen

Perfekt
ich hätte ... gefressen
du hättest ... gefressen
er/sie/es hätte ... gefressen
wir hätten ... gefressen
ihr hättet ... gefressen
sie hätten ... gefressen

würde + *Infinitiv*
ich würde ... fressen
du würdest ... fressen
er/sie/es würde ... fressen
wir würden ... fressen
ihr würdet ... fressen
sie würden ... fressen

würde + *Infinitiv Perfekt*
ich würde ... gefressen haben
du würdest ... gefressen haben
er/sie/es würde ... gefressen haben
wir würden ... gefressen haben
ihr würdet ... gefressen haben
sie würden ... gefressen haben

37 frieren

Indikativ

Präsens
ich friere
du frierst
er/sie/es friert
wir frieren
ihr friert
sie frieren

Präteritum
ich fror
du frorst
er/sie/es fror
wir froren
ihr frort
sie froren

Perfekt
ich habe ... gefroren
du hast ... gefroren
er/sie/es hat ... gefroren
wir haben ... gefroren
ihr habt ... gefroren
sie haben ... gefroren

Plusquamperfekt
ich hatte ... gefroren
du hattest ... gefroren
er/sie/es hatte ... gefroren
wir hatten ... gefroren
ihr hattet ... gefroren
sie hatten ... gefroren

Futur I
ich werde ... frieren
du wirst ... frieren
er/sie/es wird ... frieren
wir werden ... frieren
ihr werdet ... frieren
sie werden ... frieren

Futur II
ich werde ... gefroren haben
du wirst ... gefroren haben
er/sie/es wird ... gefroren haben
wir werden ... gefroren haben
ihr werdet ... gefroren haben
sie werden ... gefroren haben

Imperativ

Singular
frier(e)!

Plural
friert!

Partizip

Partizip I
frierend

Partizip II
gefroren

Konjunktiv I

Präsens
ich friere
du frierest
er/sie/es friere
wir frieren
ihr frieret
sie frieren

Perfekt
ich habe ... gefroren
du habest ... gefroren
er/sie/es habe ... gefroren
wir haben ... gefroren
ihr habet ... gefroren
sie haben ... gefroren

Futur I
ich werde ... frieren
du werdest ... frieren
er/sie/es werde ... frieren
wir werden ... frieren
ihr werdet ... frieren
sie werden ... frieren

Futur II
ich werde ... gefroren haben
du werdest ... gefroren haben
er/sie/es werde ... gefroren haben
wir werden ... gefroren haben
ihr werdet ... gefroren haben
sie werden ... gefroren haben

Konjunktiv II

Präsens
ich fröre
du frörest
er/sie/es fröre
wir frören
ihr fröret
sie frören

Perfekt
ich hätte ... gefroren
du hättest ... gefroren
er/sie/es hätte ... gefroren
wir hätten ... gefroren
ihr hättet ... gefroren
sie hätten ... gefroren

würde + *Infinitiv*
ich würde ... frieren
du würdest ... frieren
er/sie/es würde ... frieren
wir würden ... frieren
ihr würdet ... frieren
sie würden ... frieren

würde + *Infinitiv Perfekt*
ich würde ... gefroren haben
du würdest ... gefroren haben
er/sie/es würde ... gefroren haben
wir würden ... gefroren haben
ihr würdet ... gefroren haben
sie würden ... gefroren haben

38 gebären

Indikativ

Präsens
ich gebäre
du gebärst/gebierst
er/sie/es gebärt/gebiert
wir gebären
ihr gebärt
sie gebären

Präteritum
ich gebar
du gebarst
er/sie/es gebar
wir gebaren
ihr gebart
sie gebaren

Perfekt
ich habe ... geboren
du hast ... geboren
er/sie/es hat ... geboren
wir haben ... geboren
ihr habt ... geboren
sie haben ... geboren

Plusquamperfekt
ich hatte ... geboren
du hattest ... geboren
er/sie/es hatte ... geboren
wir hatten ... geboren
ihr hattet ... geboren
sie hatten ... geboren

Futur I
ich werde ... gebären
du wirst ... gebären
er/sie/es wird ... gebären
wir werden ... gebären
ihr werdet ... gebären
sie werden ... gebären

Futur II
ich werde ... geboren haben
du wirst ... geboren haben
er/sie/es wird ... geboren haben
wir werden ... geboren haben
ihr werdet ... geboren haben
sie werden ... geboren haben

Imperativ

Singular
gebäre!/gebier!

Plural
gebärt!

Partizip

Partizip I
gebärend

Partizip II
geboren

starke Verben

Konjunktiv I

Präsens
ich gebäre
du gebärest
er/sie/es gebäre
wir gebären
ihr gebäret
sie gebären

Perfekt
ich habe ... geboren
du habest ... geboren
er/sie/es habe ... geboren
wir haben ... geboren
ihr habet ... geboren
sie haben ... geboren

Futur I
ich werde ... gebären
du werdest ... gebären
er/sie/es werde ... gebären
wir werden ... gebären
ihr werdet ... gebären
sie werden ... gebären

Futur II
ich werde ... geboren haben
du werdest ... geboren haben
er/sie/es werde ... geboren haben
wir werden ... geboren haben
ihr werdet ... geboren haben
sie werden ... geboren haben

Konjunktiv II

Präsens
ich gebäre
du gebärest
er/sie/es gebäre
wir gebären
ihr gebäret
sie gebären

Perfekt
ich hätte ... geboren
du hättest ... geboren
er/sie/es hätte ... geboren
wir hätten ... geboren
ihr hättet ... geboren
sie hätten ... geboren

würde + Infinitiv
ich würde ... gebären
du würdest ... gebären
er/sie/es würde ... gebären
wir würden ... gebären
ihr würdet ... gebären
sie würden ... gebären

würde + Infinitiv Perfekt
ich würde ... geboren haben
du würdest ... geboren haben
er/sie/es würde ... geboren haben
wir würden ... geboren haben
ihr würdet ... geboren haben
sie würden ... geboren haben

39 geben

Indikativ

Präsens
ich gebe
du gibst
er/sie/es gibt
wir geben
ihr gebt
sie geben

Präteritum
ich gab
du gabst
er/sie/es gab
wir gaben
ihr gabt
sie gaben

Perfekt
ich habe ... gegeben
du hast ... gegeben
er/sie/es hat ... gegeben
wir haben ... gegeben
ihr habt ... gegeben
sie haben ... gegeben

Plusquamperfekt
ich hatte ... gegeben
du hattest ... gegeben
er/sie/es hatte ... gegeben
wir hatten ... gegeben
ihr hattet ... gegeben
sie hatten ... gegeben

Futur I
ich werde ... geben
du wirst ... geben
er/sie/es wird ... geben
wir werden ... geben
ihr werdet ... geben
sie werden ... geben

Futur II
ich werde ... gegeben haben
du wirst ... gegeben haben
er/sie/es wird ... gegeben haben
wir werden ... gegeben haben
ihr werdet ... gegeben haben
sie werden ... gegeben haben

Imperativ

Singular
gib!

Plural
gebt!

Partizip

Partizip I
gebend

Partizip II
gegeben

starke Verben

Konjunktiv I

Präsens
ich gebe
du gebest
er/sie/es gebe
wir geben
ihr gebet
sie geben

Perfekt
ich habe ... gegeben
du habest ... gegeben
er/sie/es habe ... gegeben
wir haben ... gegeben
ihr habet ... gegeben
sie haben ... gegeben

Futur I
ich werde ... geben
du werdest ... geben
er/sie/es werde ... geben
wir werden ... geben
ihr werdet ... geben
sie werden ... geben

Futur II
ich werde ... gegeben haben
du werdest ... gegeben haben
er/sie/es werde ... gegeben haben
wir werden ... gegeben haben
ihr werdet ... gegeben haben
sie werden ... gegeben haben

Konjunktiv II

Präsens
ich gäbe
du gäbest
er/sie/es gäbe
wir gäben
ihr gäbet
sie gäben

Perfekt
ich hätte ... gegeben
du hättest ... gegeben
er/sie/es hätte ... gegeben
wir hätten ... gegeben
ihr hättet ... gegeben
sie hätten ... gegeben

würde + *Infinitiv*
ich würde ... geben
du würdest ... geben
er/sie/es würde ... geben
wir würden ... geben
ihr würdet ... geben
sie würden ... geben

würde + *Infinitiv Perfekt*
ich würde ... gegeben haben
du würdest ... gegeben haben
er/sie/es würde ... gegeben haben
wir würden ... gegeben haben
ihr würdet ... gegeben haben
sie würden ... gegeben haben

40 gedeihen

Indikativ

Präsens
ich gedeihe
du gedeihst
er/sie/es gedeiht
wir gedeihen
ihr gedeiht
sie gedeihen

Präteritum
ich gedieh
du gediehst
er/sie/es gedieh
wir gediehen
ihr gedieht
sie gediehen

Perfekt
ich bin … gediehen
du bist … gediehen
er/sie/es ist … gediehen
wir sind … gediehen
ihr seid … gediehen
sie sind … gediehen

Plusquamperfekt
ich war … gediehen
du warst … gediehen
er/sie/es war … gediehen
wir waren … gediehen
ihr wart … gediehen
sie waren … gediehen

Futur I
ich werde … gedeihen
du wirst … gedeihen
er/sie/es wird … gedeihen
wir werden … gedeihen
ihr werdet … gedeihen
sie werden … gedeihen

Futur II
ich werde … gediehen sein
du wirst … gediehen sein
er/sie/es wird … gediehen sein
wir werden … gediehen sein
ihr werdet … gediehen sein
sie werden … gediehen sein

Imperativ

Singular
gedeih(e)!

Plural
gedeiht!

Partizip

Partizip I
gedeihend

Partizip II
gediehen

starke Verben

Konjunktiv I

Präsens
ich gedeihe
du gedeihest
er/sie/es gedeihe
wir gedeihen
ihr gedeihet
sie gedeihen

Perfekt
ich sei ... gediehen
du sei(e)st ... gediehen
er/sie/es sei ... gediehen
wir seien ... gediehen
ihr seiet ... gediehen
sie seien ... gediehen

Futur I
ich werde ... gedeihen
du werdest ... gedeihen
er/sie/es werde ... gedeihen
wir werden ... gedeihen
ihr werdet ... gedeihen
sie werden ... gedeihen

Futur II
ich werde ... gediehen sein
du werdest ... gediehen sein
er/sie/es werde ... gediehen sein
wir werden ... gediehen sein
ihr werdet ... gediehen sein
sie werden ... gediehen sein

Konjunktiv II

Präsens
ich gediehe
du gediehest
er/sie/es gediehe
wir gediehen
ihr gediehet
sie gediehen

Perfekt
ich wäre ... gediehen
du wär(e)st ... gediehen
er/sie/es wäre ... gediehen
wir wären ... gediehen
ihr wär(e)t ... gediehen
sie wären ... gediehen

würde + *Infinitiv*
ich würde ... gedeihen
du würdest ... gedeihen
er/sie/es würde ... gedeihen
wir würden ... gedeihen
ihr würdet ... gedeihen
sie würden ... gedeihen

würde + *Infinitiv Perfekt*
ich würde ... gediehen sein
du würdest ... gediehen sein
er/sie/es würde ... gediehen sein
wir würden ... gediehen sein
ihr würdet ... gediehen sein
sie würden ... gediehen sein

41 gehen

Indikativ

Präsens
ich gehe
du gehst
er/sie/es geht
wir gehen
ihr geht
sie gehen

Präteritum
ich ging
du gingst
er/sie/es ging
wir gingen
ihr gingt
sie gingen

Perfekt
ich bin ... gegangen
du bist ... gegangen
er/sie/es ist ... gegangen
wir sind ... gegangen
ihr seid ... gegangen
sie sind ... gegangen

Plusquamperfekt
ich war ... gegangen
du warst ... gegangen
er/sie/es war ... gegangen
wir waren ... gegangen
ihr wart ... gegangen
sie waren ... gegangen

Futur I
ich werde ... gehen
du wirst ... gehen
er/sie/es wird ... gehen
wir werden ... gehen
ihr werdet ... gehen
sie werden ... gehen

Futur II
ich werde ... gegangen sein
du wirst ... gegangen sein
er/sie/es wird ... gegangen sein
wir werden ... gegangen sein
ihr werdet ... gegangen sein
sie werden ... gegangen sein

starke Verben

Imperativ

Singular
geh(e)!

Plural
geht!

Partizip

Partizip I
gehend

Partizip II
gegangen

Konjunktiv I

Präsens
ich gehe
du gehest
er/sie/es gehe
wir gehen
ihr gehet
sie gehen

Perfekt
ich sei ... gegangen
du sei(e)st ... gegangen
er/sie/es sei ... gegangen
wir seien ... gegangen
ihr seiet ... gegangen
sie seien ... gegangen

Futur I
ich werde ... gehen
du werdest ... gehen
er/sie/es werde ... gehen
wir werden ... gehen
ihr werdet ... gehen
sie werden ... gehen

Futur II
ich werde ... gegangen sein
du werdest ... gegangen sein
er/sie/es werde ... gegangen sein
wir werden ... gegangen sein
ihr werdet ... gegangen sein
sie werden ... gegangen sein

Konjunktiv II

Präsens
ich ginge
du gingest
er/sie/es ginge
wir gingen
ihr finget
sie gingen

Perfekt
ich wäre ... gegangen
du wär(e)st ... gegangen
er/sie/es wäre ... gegangen
wir wären ... gegangen
ihr wär(e)t ... gegangen
sie wären ... gegangen

würde + *Infinitiv*
ich würde ... gehen
du würdest ... gehen
er/sie/es würde ... gehen
wir würden ... gehen
ihr würdet ... gehen
sie würden ... gehen

würde + *Infinitiv Perfekt*
ich würde ... gegangen sein
du würdest ... gegangen sein
er/sie/es würde ... gegangen sein
wir würden ... gegangen sein
ihr würdet ... gegangen sein
sie würden ... gegangen sein

42 gelingen

Indikativ

Präsens
ich —
du —
er/sie/es gelingt
wir —
ihr —
sie gelingen

Präteritum
ich —
du —
er/sie/es gelang
wir —
ihr —
sie gelangen

Perfekt
ich —
du —
er/sie/es ist ... gelungen
wir —
ihr —
sie sind ... gelungen

Plusquamperfekt
ich —
du —
er/sie/es war ... gelungen
wir —
ihr —
sie waren ... gelungen

Futur I
ich —
du —
er/sie/es wird ... gelingen
wir —
ihr —
sie werden ... gelingen

Futur II
ich —
du —
er/sie/es wird ... gelungen sein
wir —
ihr —
sie werden ... gelungen sein

Imperativ

Singular
—

Plural
—

Partizip

Partizip I
gelingend

Partizip II
gelungen

Konjunktiv I

Präsens
ich —
du —
er/sie/es gelinge
wir —
ihr —
sie gelingen

Perfekt
ich —
du —
er/sie/es sei ... gelungen
wir —
ihr —
sie seien ... gelungen

Futur I
ich —
du —
er/sie/es werde ... gelingen
wir —
ihr —
sie werden ... gelingen

Futur II
ich —
du —
er/sie/es werde ... gelungen sein
wir —
ihr —
sie werden ... gelungen sein

Konjunktiv II

Präsens
ich —
du —
er/sie/es gelänge
wir —
ihr —
sie gelängen

Perfekt
ich —
du —
er/sie/es wäre ... gelungen
wir —
ihr —
sie wären ... gelungen

würde + *Infinitiv*
ich —
du —
er/sie/es würde ... gelingen
wir —
ihr —
sie würden ... gelingen

würde + *Infinitiv Perfekt*
ich —
du —
er/sie/es würde ... gelungen sein
wir —
ihr —
sie würden ... gelungen sein

43 gelten

Indikativ

Präsens
ich gelte
du giltst
er/sie/es gilt
wir gelten
ihr geltet
sie gelten

Präteritum
ich galt
du galt(e)st
er/sie/es galt
wir galten
ihr galtet
sie galten

Perfekt
ich habe ... gegolten
du hast ... gegolten
er/sie/es hat ... gegolten
wir haben ... gegolten
ihr habt ... gegolten
sie haben ... gegolten

Plusquamperfekt
ich hatte ... gegolten
du hattest ... gegolten
er/sie/es hatte ... gegolten
wir hatten ... gegolten
ihr hattet ... gegolten
sie hatten ... gegolten

Futur I
ich werde ... gelten
du wirst ... gelten
er/sie/es wird ... gelten
wir werden ... gelten
ihr werdet ... gelten
sie werden ... gelten

Futur II
ich werde ... gegolten haben
du wirst ... gegolten haben
er/sie/es wird ... gegolten haben
wir werden ... gegolten haben
ihr werdet ... gegolten haben
sie werden ... gegolten haben

Imperativ

Singular
gilt!

Plural
geltet!

Partizip

Partizip I
geltend

Partizip II
gegolten

starke Verben

Konjunktiv I

Präsens
ich gelte
du geltest
er/sie/es gelte
wir gelten
ihr geltet
sie gelten

Perfekt
ich habe ... gegolten
du habest ... gegolten
er/sie/es habe ... gegolten
wir haben ... gegolten
ihr habet ... gegolten
sie haben ... gegolten

Futur I
ich werde ... gelten
du werdest ... gelten
er/sie/es werde ... gelten
wir werden ... gelten
ihr werdet ... gelten
sie werden ... gelten

Futur II
ich werde ... gegolten haben
du werdest ... gegolten haben
er/sie/es werde ... gegolten haben
wir werden ... gegolten haben
ihr werdet ... gegolten haben
sie werden ... gegolten haben

Konjunktiv II

Präsens
ich gälte/gölte
du gältest/göltest
er/sie/es gälte/gölte
wir gälten/gölten
ihr gältet/göltet
sie gälten/gölten

Perfekt
ich hätte ... gegolten
du hättest ... gegolten
er/sie/es hätte ... gegolten
wir hätten ... gegolten
ihr hättet ... gegolten
sie hätten ... gegolten

würde + *Infinitiv*
ich würde ... gelten
du würdest ... gelten
er/sie/es würde ... gelten
wir würden ... gelten
ihr würdet ... gelten
sie würden ... gelten

würde + *Infinitiv Perfekt*
ich würde ... gegolten haben
du würdest ... gegolten haben
er/sie/es würde ... gegolten haben
wir würden ... gegolten haben
ihr würdet ... gegolten haben
sie würden ... gegolten haben

genesen

Indikativ

Präsens
ich genese
du genest
er/sie/es genest
wir genesen
ihr genest
sie genesen

Präteritum
ich genas
du genasest
er/sie/es genas
wir genasen
ihr genaset
sie genasen

Perfekt
ich bin ... genesen
du bist ... genesen
er/sie/es ist ... genesen
wir sind ... genesen
ihr seid ... genesen
sie sind ... genesen

Plusquamperfekt
ich war ... genesen
du warst ... genesen
er/sie/es war ... genesen
wir waren ... genesen
ihr wart ... genesen
sie waren ... genesen

Futur I
ich werde ... genesen
du wirst ... genesen
er/sie/es wird ... genesen
wir werden ... genesen
ihr werdet ... genesen
sie werden ... genesen

Futur II
ich werde ... genesen sein
du wirst ... genesen sein
er/sie/es wird ... genesen sein
wir werden ... genesen sein
ihr werdet ... genesen sein
sie werden ... genesen sein

Imperativ

Singular
genes(e)!

Plural
genest!

Partizip

Partizip I
genesend

Partizip II
genesen

starke Verben

Konjunktiv I

Präsens
ich genese
du genesest
er/sie/es genese
wir genesen
ihr geneset
sie genesen

Perfekt
ich sei ... genesen
du sei(e)st ... genesen
er/sie/es sei ... genesen
wir seien ... genesen
ihr seiet ... genesen
sie seien ... genesen

Futur I
ich werde ... genesen
du werdest ... genesen
er/sie/es werde ... genesen
wir werden ... genesen
ihr werdet ... genesen
sie werden ... genesen

Futur II
ich werde ... genesen sein
du werdest ... genesen sein
er/sie/es werde ... genesen sein
wir werden ... genesen sein
ihr werdet ... genesen sein
sie werden ... genesen sein

Konjunktiv II

Präsens
ich genäse
du genäsest
er/sie/es genäse
wir genäsen
ihr genäset
sie genäsen

Perfekt
ich wäre ... genesen
du wär(e)st ... genesen
er/sie/es wäre ... genesen
wir wären ... genesen
ihr wär(e)t ... genesen
sie wären ... genesen

würde + *Infinitiv*
ich würde ... genesen
du würdest ... genesen
er/sie/es würde ... genesen
wir würden ... genesen
ihr würdet ... genesen
sie würden ... genesen

würde + *Infinitiv Perfekt*
ich würde ... genesen sein
du würdest ... genesen sein
er/sie/es würde ... genesen sein
wir würden ... genesen sein
ihr würdet ... genesen sein
sie würden ... genesen sein

45 genießen

Indikativ

Präsens
ich genieße
du genießt
er/sie/es genießt
wir genießen
ihr genießt
sie genießen

Präteritum
ich genoss
du genossest
er/sie/es genoss
wir genossen
ihr genosst
sie genossen

Perfekt
ich habe ... genossen
du hast ... genossen
er/sie/es hat ... genossen
wir haben ... genossen
ihr habt ... genossen
sie haben ... genossen

Plusquamperfekt
ich hatte ... genossen
du hattest ... genossen
er/sie/es hatte ... genossen
wir hatten ... genossen
ihr hattet ... genossen
sie hatten ... genossen

Futur I
ich werde ... genießen
du wirst ... genießen
er/sie/es wird ... genießen
wir werden ... genießen
ihr werdet ... genießen
sie werden ... genießen

Futur II
ich werde ... genossen haben
du wirst ... genossen haben
er/sie/es wird ... genossen haben
wir werden ... genossen haben
ihr werdet ... genossen haben
sie werden ... genossen haben

Imperativ

Singular
genieß(e)!

Plural
genießt!

Partizip

Partizip I
genießend

Partizip II
genossen

Konjunktiv I

Präsens
ich genieße
du genießest
er/sie/es genieße
wir genießen
ihr genießet
sie genießen

Perfekt
ich habe ... genossen
du habest ... genossen
er/sie/es habe ... genossen
wir haben ... genossen
ihr habet ... genossen
sie haben ... genossen

Futur I
ich werde ... genießen
du werdest ... genießen
er/sie/es werde ... genießen
wir werden ... genießen
ihr werdet ... genießen
sie werden ... genießen

Futur II
ich werde ... genossen haben
du werdest ... genossen haben
er/sie/es werde ... genossen haben
wir werden ... genossen haben
ihr werdet ... genossen haben
sie werden ... genossen haben

Konjunktiv II

Präsens
ich genösse
du genössest
er/sie/es genösse
wir genössen
ihr genösset
sie genössen

Perfekt
ich hätte ... genossen
du hättest ... genossen
er/sie/es hätte ... genossen
wir hätten ... genossen
ihr hättet ... genossen
sie hätten ... genossen

würde + *Infinitiv*
ich würde ... genießen
du würdest ... genießen
er/sie/es würde ... genießen
wir würden ... genießen
ihr würdet ... genießen
sie würden ... genießen

würde + *Infinitiv Perfekt*
ich würde ... genossen haben
du würdest ... genossen haben
er/sie/es würde ... genossen haben
wir würden ... genossen haben
ihr würdet ... genossen haben
sie würden ... genossen haben

46 geschehen

Indikativ

Präsens
ich —
du —
er/sie/es geschieht
wir —
ihr —
sie geschehen

Präteritum
ich —
du —
er/sie/es geschah
wir —
ihr —
sie geschahen

Perfekt
ich —
du —
er/sie/es ist ... geschehen
wir —
ihr —
sie sind ... geschehen

Plusquamperfekt
ich —
du —
er/sie/es war ... geschehen
wir —
ihr —
sie waren ... geschehen

Futur I
ich —
du —
er/sie/es wird ... geschehen
wir —
ihr —
sie werden ... geschehen

Futur II
ich —
du —
er/sie/es wird ... geschehen sein
wir —
ihr —
sie werden ... geschehen sein

Imperativ

Singular
—

Plural
—

Partizip

Partizip I
geschehend

Partizip II
geschehen

starke Verben

Konjunktiv I

Präsens
ich —
du —
er/sie/es geschehe
wir —
ihr —
sie geschehen

Perfekt
ich —
du —
er/sie/es sei ... geschehen
wir —
ihr —
sie seien ... geschehen

Futur I
ich —
du —
er/sie/es werde ... geschehen
wir —
ihr —
sie werden ... geschehen

Futur II
ich —
du —
er/sie/es werde ... geschehen sein
wir —
ihr —
sie werden ... geschehen sein

Konjunktiv II

Präsens
ich —
du —
er/sie/es geschähe
wir —
ihr —
sie geschähen

Perfekt
ich —
du —
er/sie/es wäre ... geschehen
wir —
ihr —
sie wären ... geschehen

würde + Infinitiv
ich —
du —
er/sie/es würde ... geschehen
wir —
ihr —
sie würden ... geschehen

würde + Infinitiv Perfekt
ich —
du —
er/sie/es würde ... geschehen sein
wir —
ihr —
sie würden ... geschehen sein

gewinnen

Indikativ

Präsens
ich gewinne
du gewinnst
er/sie/es gewinnt
wir gewinnen
ihr gewinnt
sie gewinnen

Präteritum
ich gewann
du gewannst
er/sie/es gewann
wir gewannen
ihr gewannt
sie gewannen

Perfekt
ich habe ... gewonnen
du hast ... gewonnen
er/sie/es hat ... gewonnen
wir haben ... gewonnen
ihr habt ... gewonnen
sie haben ... gewonnen

Plusquamperfekt
ich hatte ... gewonnen
du hattest ... gewonnen
er/sie/es hatte ... gewonnen
wir hatten ... gewonnen
ihr hattet ... gewonnen
sie hatten ... gewonnen

Futur I
ich werde ... gewinnen
du wirst ... gewinnen
er/sie/es wird ... gewinnen
wir werden ... gewinnen
ihr werdet ... gewinnen
sie werden ... gewinnen

Futur II
ich werde ... gewonnen haben
du wirst ... gewonnen haben
er/sie/es wird ... gewonnen haben
wir werden ... gewonnen haben
ihr werdet ... gewonnen haben
sie werden ... gewonnen haben

Imperativ

Singular
gewinn(e)!

Plural
gewinnt!

Partizip

Partizip I
gewinnend

Partizip II
gewonnen

starke Verben

Konjunktiv I

Präsens
ich gewinne
du gewinnest
er/sie/es gewinne
wir gewinnen
ihr gewinnet
sie gewinnen

Perfekt
ich habe ... gewonnen
du habest ... gewonnen
er/sie/es habe ... gewonnen
wir haben ... gewonnen
ihr habet ... gewonnen
sie haben ... gewonnen

Futur I
ich werde ... gewinnen
du werdest ... gewinnen
er/sie/es werde ... gewinnen
wir werden ... gewinnen
ihr werdet ... gewinnen
sie werden ... gewinnen

Futur II
ich werde ... gewonnen haben
du werdest ... gewonnen haben
er/sie/es werde ... gewonnen haben
wir werden ... gewonnen haben
ihr werdet ... gewonnen haben
sie werden ... gewonnen haben

Konjunktiv II

Präsens
ich gewänne/gewönne
du gewännest/gewönnest
er/sie/es gewänne/gewönne
wir gewännen/gewönnen
ihr gewännet/gewönnet
sie gewännen/gewönnen

Perfekt
ich hätte ... gewonnen
du hättest ... gewonnen
er/sie/es hätte ... gewonnen
wir hätten ... gewonnen
ihr hättet ... gewonnen
sie hätten ... gewonnen

würde + *Infinitiv*
ich würde ... gewinnen
du würdest ... gewinnen
er/sie/es würde ... gewinnen
wir würden ... gewinnen
ihr würdet ... gewinnen
sie würden ... gewinnen

würde + *Infinitiv Perfekt*
ich würde ... gewonnen haben
du würdest ... gewonnen haben
er/sie/es würde ... gewonnen haben
wir würden ... gewonnen haben
ihr würdet ... gewonnen haben
sie würden ... gewonnen haben

gießen

Indikativ

Präsens
ich gieße
du gießt
er/sie/es gießt
wir gießen
ihr gießt
sie gießen

Präteritum
ich goss
du gossest
er/sie/es goss
wir gossen
ihr gosst
sie gossen

Perfekt
ich habe ... gegossen
du hast ... gegossen
er/sie/es hat ... gegossen
wir haben ... gegossen
ihr habt ... gegossen
sie haben ... gegossen

Plusquamperfekt
ich hatte ... gegossen
du hattest ... gegossen
er/sie/es hatte ... gegossen
wir hatten ... gegossen
ihr hattet ... gegossen
sie hatten ... gegossen

Futur I
ich werde ... gießen
du wirst ... gießen
er/sie/es wird ... gießen
wir werden ... gießen
ihr werdet ... gießen
sie werden ... gießen

Futur II
ich werde ... gegossen haben
du wirst ... gegossen haben
er/sie/es wird ... gegossen haben
wir werden ... gegossen haben
ihr werdet ... gegossen haben
sie werden ... gegossen haben

starke Verben

Imperativ

Singular
gieß(e)!

Plural
gießt!

Partizip

Partizip I
gießend

Partizip II
gegossen

Konjunktiv I

Präsens
ich gieße
du gießest
er/sie/es gieße
wir gießen
ihr gießet
sie gießen

Perfekt
ich habe ... gegossen
du habest ... gegossen
er/sie/es habe ... gegossen
wir haben ... gegossen
ihr habet ... gegossen
sie haben ... gegossen

Futur I
ich werde ... gießen
du werdest ... gießen
er/sie/es werde ... gießen
wir werden ... gießen
ihr werdet ... gießen
sie werden ... gießen

Futur II
ich werde ... gegossen haben
du werdest ... gegossen haben
er/sie/es werde ... gegossen haben
wir werden ... gegossen haben
ihr werdet ... gegossen haben
sie werden ... gegossen haben

Konjunktiv II

Präsens
ich gösse
du gössest
er/sie/es gösse
wir gössen
ihr gösset
sie gössen

Perfekt
ich hätte ... gegossen
du hättest ... gegossen
er/sie/es hätte ... gegossen
wir hätten ... gegossen
ihr hättet ... gegossen
sie hätten ... gegossen

würde + Infinitiv
ich würde ... gießen
du würdest ... gießen
er/sie/es würde ... gießen
wir würden ... gießen
ihr würdet ... gießen
sie würden ... gießen

würde + Infinitiv Perfekt
ich würde ... gegossen haben
du würdest ... gegossen haben
er/sie/es würde ... gegossen haben
wir würden ... gegossen haben
ihr würdet ... gegossen haben
sie würden ... gegossen haben

49 gleichen

Indikativ

Präsens
ich gleiche
du gleichst
er/sie/es gleicht
wir gleichen
ihr gleicht
sie gleichen

Präteritum
ich glich
du glichst
er/sie/es glich
wir glichen
ihr glicht
sie glichen

Perfekt
ich habe ... geglichen
du hast ... geglichen
er/sie/es hat ... geglichen
wir haben ... geglichen
ihr habt ... geglichen
sie haben ... geglichen

Plusquamperfekt
ich hatte ... geglichen
du hattest ... geglichen
er/sie/es hatte ... geglichen
wir hatten ... geglichen
ihr hattet ... geglichen
sie hatten ... geglichen

Futur I
ich werde ... gleichen
du wirst ... gleichen
er/sie/es wird ... gleichen
wir werden ... gleichen
ihr werdet ... gleichen
sie werden ... gleichen

Futur II
ich werde ... geglichen haben
du wirst ... geglichen haben
er/sie/es wird ... geglichen haben
wir werden ... geglichen haben
ihr werdet ... geglichen haben
sie werden ... geglichen haben

Imperativ

Singular
gleich(e)!

Plural
gleicht!

Partizip

Partizip I
gleichend

Partizip II
geglichen

starke Verben

Konjunktiv I

Präsens
ich gleiche
du gleichest
er/sie/es gleiche
wir gleichen
ihr gleichet
sie gleichen

Perfekt
ich habe ... geglichen
du habest ... geglichen
er/sie/es habe ... geglichen
wir haben ... geglichen
ihr habet ... geglichen
sie haben ... geglichen

Futur I
ich werde ... gleichen
du werdest ... gleichen
er/sie/es werde ... gleichen
wir werden ... gleichen
ihr werdet ... gleichen
sie werden ... gleichen

Futur II
ich werde ... geglichen haben
du werdest ... geglichen haben
er/sie/es werde ... geglichen haben
wir werden ... geglichen haben
ihr werdet ... geglichen haben
sie werden ... geglichen haben

Konjunktiv II

Präsens
ich gliche
du glichest
er/sie/es gliche
wir glichen
ihr glichet
sie glichen

Perfekt
ich hätte ... geglichen
du hättest ... geglichen
er/sie/es hätte ... geglichen
wir hätten ... geglichen
ihr hättet ... geglichen
sie hätten ... geglichen

würde + *Infinitiv*
ich würde ... gleichen
du würdest ... gleichen
er/sie/es würde ... gleichen
wir würden ... gleichen
ihr würdet ... gleichen
sie würden ... gleichen

würde + *Infinitiv Perfekt*
ich würde ... geglichen haben
du würdest ... geglichen haben
er/sie/es würde ... geglichen haben
wir würden ... geglichen haben
ihr würdet ... geglichen haben
sie würden ... geglichen haben

gleiten

Indikativ

Präsens
ich gleite
du gleitest
er/sie/es gleitet
wir gleiten
ihr gleitet
sie gleiten

Präteritum
ich glitt
du glitt(e)st
er/sie/es glitt
wir glitten
ihr glittet
sie glitten

Perfekt
ich bin ... geglitten
du bist ... geglitten
er/sie/es ist ... geglitten
wir sind ... geglitten
ihr seid ... geglitten
sie sind ... geglitten

Plusquamperfekt
ich war ... geglitten
du warst ... geglitten
er/sie/es war ... geglitten
wir waren ... geglitten
ihr wart ... geglitten
sie waren ... geglitten

Futur I
ich werde ... gleiten
du wirst ... gleiten
er/sie/es wird ... gleiten
wir werden ... gleiten
ihr werdet ... gleiten
sie werden ... gleiten

Futur II
ich werde ... geglitten sein
du wirst ... geglitten sein
er/sie/es wird ... geglitten sein
wir werden ... geglitten sein
ihr werdet ... geglitten sein
sie werden ... geglitten sein

Imperativ

Singular
gleit(e)!

Plural
gleitet!

Partizip

Partizip I
gleitend

Partizip II
geglitten

Konjunktiv I

Präsens
ich gleite
du gleitest
er/sie/es gleite
wir gleiten
ihr gleitet
sie gleiten

Perfekt
ich sei ... geglitten
du sei(e)st ... geglitten
er/sie/es sei ... geglitten
wir seien ... geglitten
ihr seiet ... geglitten
sie seien ... geglitten

Futur I
ich werde ... gleiten
du werdest ... gleiten
er/sie/es werde ... gleiten
wir werden ... gleiten
ihr werdet ... gleiten
sie werden ... gleiten

Futur II
ich werde ... geglitten sein
du werdest ... geglitten sein
er/sie/es werde ... geglitten sein
wir werden ... geglitten sein
ihr werdet ... geglitten sein
sie werden ... geglitten sein

Konjunktiv II

Präsens
ich glitt
du glittest
er/sie/es glitt
wir glitten
ihr glittet
sie glitten

Perfekt
ich wäre ... geglitten
du wär(e)st ... geglitten
er/sie/es wäre ... geglitten
wir wären ... geglitten
ihr wär(e)t ... geglitten
sie wären ... geglitten

würde + Infinitiv
ich würde ... gleiten
du würdest ... gleiten
er/sie/es würde ... gleiten
wir würden ... gleiten
ihr würdet ... gleiten
sie würden ... gleiten

würde + Infinitiv Perfekt
ich würde ... geglitten sein
du würdest ... geglitten sein
er/sie/es würde ... geglitten sein
wir würden ... geglitten sein
ihr würdet ... geglitten sein
sie würden ... geglitten sein

51 graben

Indikativ

Präsens
ich grabe
du gräbst
er/sie/es gräbt
wir graben
ihr grabt
sie graben

Präteritum
ich grub
du grubst
er/sie/es grub
wir gruben
ihr grubt
sie gruben

Perfekt
ich habe ... gegraben
du hast ... gegraben
er/sie/es hat ... gegraben
wir haben ... gegraben
ihr habt ... gegraben
sie haben ... gegraben

Plusquamperfekt
ich hatte ... gegraben
du hattest ... gegraben
er/sie/es hatte ... gegraben
wir hatten ... gegraben
ihr hattet ... gegraben
sie hatten ... gegraben

Futur I
ich werde ... graben
du wirst ... graben
er/sie/es wird ... graben
wir werden ... graben
ihr werdet ... graben
sie werden ... graben

Futur II
ich werde ... gegraben haben
du wirst ... gegraben haben
er/sie/es wird ... gegraben haben
wir werden ... gegraben haben
ihr werdet ... gegraben haben
sie werden ... gegraben haben

Imperativ

Singular
grab(e)!

Plural
grabt!

Partizip

Partizip I
grabend

Partizip II
gegraben

Konjunktiv I

Präsens
ich grabe
du grabest
er/sie/es grabe
wir graben
ihr grabet
sie graben

Perfekt
ich habe ... gegraben
du habest ... gegraben
er/sie/es habe ... gegraben
wir haben ... gegraben
ihr habet ... gegraben
sie haben ... gegraben

Futur I
ich werde ... graben
du werdest ... graben
er/sie/es werde ... graben
wir werden ... graben
ihr werdet ... graben
sie werden ... graben

Futur II
ich werde ... gegraben haben
du werdest ... gegraben haben
er/sie/es werde ... gegraben haben
wir werden ... gegraben haben
ihr werdet ... gegraben haben
sie werden ... gegraben haben

Konjunktiv II

Präsens
ich grübe
du grübest
er/sie/es grübe
wir grüben
ihr grübet
sie grüben

Perfekt
ich hätte ... gegraben
du hättest ... gegraben
er/sie/es hätte ... gegraben
wir hätten ... gegraben
ihr hättet ... gegraben
sie hätten ... gegraben

würde + *Infinitiv*
ich würde ... graben
du würdest ... graben
er/sie/es würde ... graben
wir würden ... graben
ihr würdet ... graben
sie würden ... graben

würde + *Infinitiv Perfekt*
ich würde ... gegraben haben
du würdest ... gegraben haben
er/sie/es würde ... gegraben haben
wir würden ... gegraben haben
ihr würdet ... gegraben haben
sie würden ... gegraben haben

greifen

Indikativ

Präsens
ich greife
du greifst
er/sie/es greift
wir greifen
ihr greift
sie greifen

Präteritum
ich griff
du griffst
er/sie/es griff
wir griffen
ihr grifft
sie griffen

Perfekt
ich habe ... gegriffen
du hast ... gegriffen
er/sie/es hat ... gegriffen
wir haben ... gegriffen
ihr habt ... gegriffen
sie haben ... gegriffen

Plusquamperfekt
ich hatte ... gegriffen
du hattest ... gegriffen
er/sie/es hatte ... gegriffen
wir hatten ... gegriffen
ihr hattet ... gegriffen
sie hatten ... gegriffen

Futur I
ich werde ... greifen
du wirst ... greifen
er/sie/es wird ... greifen
wir werden ... greifen
ihr werdet ... greifen
sie werden ... greifen

Futur II
ich werde ... gegriffen haben
du wirst ... gegriffen haben
er/sie/es wird ... gegriffen haben
wir werden ... gegriffen haben
ihr werdet ... gegriffen haben
sie werden ... gegriffen haben

Imperativ

Singular
greif(e)!

Plural
greift!

Partizip

Partizip I
greifend

Partizip II
gegriffen

Konjunktiv I

Präsens
ich greife
du greifest
er/sie/es greife
wir greifen
ihr greifet
sie greifen

Perfekt
ich habe ... gegriffen
du habest ... gegriffen
er/sie/es habe ... gegriffen
wir haben ... gegriffen
ihr habet ... gegriffen
sie haben ... gegriffen

Futur I
ich werde ... greifen
du werdest ... greifen
er/sie/es werde ... greifen
wir werden ... greifen
ihr werdet ... greifen
sie werden ... greifen

Futur II
ich werde ... gegriffen haben
du werdest ... gegriffen haben
er/sie/es werde ... gegriffen haben
wir werden ... gegriffen haben
ihr werdet ... gegriffen haben
sie werden ... gegriffen haben

Konjunktiv II

Präsens
ich griffe
du griffest
er/sie/es griffe
wir griffen
ihr griffet
sie griffen

Perfekt
ich hätte ... gegriffen
du hättest ... gegriffen
er/sie/es hätte ... gegriffen
wir hätten ... gegriffen
ihr hättet ... gegriffen
sie hätten ... gegriffen

würde + *Infinitiv*
ich würde ... greifen
du würdest ... greifen
er/sie/es würde ... greifen
wir würden ... greifen
ihr würdet ... greifen
sie würden ... greifen

würde + *Infinitiv Perfekt*
ich würde ... gegriffen haben
du würdest ... gegriffen haben
er/sie/es würde ... gegriffen haben
wir würden ... gegriffen haben
ihr würdet ... gegriffen haben
sie würden ... gegriffen haben

53 halten

Indikativ

Präsens
ich halte
du hältst
er/sie/es hält
wir halten
ihr haltet
sie halten

Präteritum
ich hielt
du hielt(e)st
er/sie/es hielt
wir hielten
ihr hieltet
sie hielten

Perfekt
ich habe ... gehalten
du hast ... gehalten
er/sie/es hat ... gehalten
wir haben ... gehalten
ihr habt ... gehalten
sie haben ... gehalten

Plusquamperfekt
ich hatte ... gehalten
du hattest ... gehalten
er/sie/es hatte ... gehalten
wir hatten ... gehalten
ihr hattet ... gehalten
sie hatten ... gehalten

Futur I
ich werde ... halten
du wirst ... halten
er/sie/es wird ... halten
wir werden ... halten
ihr werdet ... halten
sie werden ... halten

Futur II
ich werde ... gehalten haben
du wirst ... gehalten haben
er/sie/es wird ... gehalten haben
wir werden ... gehalten haben
ihr werdet ... gehalten haben
sie werden ... gehalten haben

Imperativ

Singular
halt(e)!

Plural
haltet!

Partizip

Partizip I
haltend

Partizip II
gehalten

Konjunktiv I

Präsens
ich halte
du haltest
er/sie/es halte
wir halten
ihr haltet
sie halten

Perfekt
ich habe ... gehalten
du habest ... gehalten
er/sie/es habe ... gehalten
wir haben ... gehalten
ihr habet ... gehalten
sie haben ... gehalten

Futur I
ich werde ... halten
du werdest ... halten
er/sie/es werde ... halten
wir werden ... halten
ihr werdet ... halten
sie werden ... halten

Futur II
ich werde ... gehalten haben
du werdest ... gehalten haben
er/sie/es werde ... gehalten haben
wir werden ... gehalten haben
ihr werdet ... gehalten haben
sie werden ... gehalten haben

Konjunktiv II

Präsens
ich hielte
du hieltest
er/sie/es hielte
wir hielten
ihr hieltet
sie hielten

Perfekt
ich hätte ... gehalten
du hättest ... gehalten
er/sie/es hätte ... gehalten
wir hätten ... gehalten
ihr hättet ... gehalten
sie hätten ... gehalten

würde + *Infinitiv*
ich würde ... halten
du würdest ... halten
er/sie/es würde ... halten
wir würden ... halten
ihr würdet ... halten
sie würden ... halten

würde + *Infinitiv Perfekt*
ich würde ... gehalten haben
du würdest ... gehalten haben
er/sie/es würde ... gehalten haben
wir würden ... gehalten haben
ihr würdet ... gehalten haben
sie würden ... gehalten haben

54 hängen*

Indikativ

Präsens
ich hänge
du hängst
er/sie/es hängt
wir hängen
ihr hängt
sie hängen

Präteritum
ich hing
du hingst
er/sie/es hing
wir hingen
ihr hingt
sie hingen

Perfekt
ich habe ... gehangen
du hast ... gehangen
er/sie/es hat ... gehangen
wir haben ... gehangen
ihr habt ... gehangen
sie haben ... gehangen

Plusquamperfekt
ich hatte ... gehangen
du hattest ... gehangen
er/sie/es hatte ... gehangen
wir hatten ... gehangen
ihr hattet ... gehangen
sie hatten ... gehangen

Futur I
ich werde ... hängen
du wirst ... hängen
er/sie/es wird ... hängen
wir werden ... hängen
ihr werdet ... hängen
sie werden ... hängen

Futur II
ich werde ... gehangen haben
du wirst ... gehangen haben
er/sie/es wird ... gehangen haben
wir werden ... gehangen haben
ihr werdet ... gehangen haben
sie werden ... gehangen haben

starke Verben

Imperativ

Singular
häng(e)!

Plural
hängt!

Partizip

Partizip I
hängend

Partizip II
gehangen

* wird nur bei intransitivem Gebrauch unregelmäßig konjugiert

Konjunktiv I

Präsens
ich hänge
du hängest
er/sie/es hänge
wir hängen
ihr hänget
sie hängen

Perfekt
ich habe ... gehangen
du habest ... gehangen
er/sie/es habe ... gehangen
wir haben ... gehangen
ihr habet ... gehangen
sie haben ... gehangen

Futur I
ich werde ... hängen
du werdest ... hängen
er/sie/es werde ... hängen
wir werden ... hängen
ihr werdet ... hängen
sie werden ... hängen

Futur II
ich werde ... gehangen haben
du werdest ... gehangen haben
er/sie/es werde ... gehangen haben
wir werden ... gehangen haben
ihr werdet ... gehangen haben
sie werden ... gehangen haben

Konjunktiv II

Präsens
ich hinge
du hingest
er/sie/es hinge
wir hingen
ihr hinget
sie hingen

Perfekt
ich hätte ... gehangen
du hättest ... gehangen
er/sie/es hätte ... gehangen
wir hätten ... gehangen
ihr hättet ... gehangen
sie hätten ... gehangen

würde + Infinitiv
ich würde ... hängen
du würdest ... hängen
er/sie/es würde ... hängen
wir würden ... hängen
ihr würdet ... hängen
sie würden ... hängen

würde + Infinitiv Perfekt
ich würde ... gehangen haben
du würdest ... gehangen haben
er/sie/es würde ... gehangen haben
wir würden ... gehangen haben
ihr würdet ... gehangen haben
sie würden ... gehangen haben

55 hauen*

Indikativ

Präsens
ich haue
du haust
er/sie/es haut
wir hauen
ihr haut
sie hauen

Präteritum
ich hieb
du hiebst
er/sie/es hieb
wir hieben
ihr hiebt
sie hieben

Perfekt
ich habe ... gehauen/gehaut
du hast ... gehauen/gehaut
er/sie/es hat ... gehauen/gehaut
wir haben ... gehauen/gehaut
ihr habt ... gehauen/gehaut
sie haben ... gehauen/gehaut

Plusquamperfekt
ich hatte ... gehauen/gehaut
du hattest ... gehauen/gehaut
er/sie/es hatte ... gehauen/gehaut
wir hatten ... gehauen/gehaut
ihr hattet ... gehauen/gehaut
sie hatten ... gehauen/gehaut

Futur I
ich werde ... hauen
du wirst ... hauen
er/sie/es wird ... hauen
wir werden ... hauen
ihr werdet ... hauen
sie werden ... hauen

Futur II
ich werde ... gehauen/gehaut haben
du wirst ... gehauen/gehaut haben
er/sie/es wird ... gehauen/gehaut haben
wir werden ... gehauen/gehaut haben
ihr werdet ... gehauen/gehaut haben
sie werden ... gehauen/gehaut haben

Imperativ

Singular
hau(e)!

Plural
haut!

Partizip

Partizip I
hauend

Partizip II
gehauen/gehaut

* mit den Vorsilben *ein-*, *herunter-*, *hin-* und *ver-*, Präteritum: *-haute*

Konjunktiv I

Präsens
ich haue
du hauest
er/sie/es haue
wir hauen
ihr hauet
sie hauen

Perfekt
ich habe ... gehauen/gehaut
du habest ... gehauen/gehaut
er/sie/es habe ... gehauen/gehaut
wir haben ... gehauen/gehaut
ihr habet ... gehauen/gehaut
sie haben ... gehauen/gehaut

Futur I
ich werde ... hauen
du werdest ... hauen
er/sie/es werde ... hauen
wir werden ... hauen
ihr werdet ... hauen
sie werden ... hauen

Futur II
ich werde ... gehauen/gehaut haben
du werdest ... gehauen/gehaut haben
er/sie/es werde ... gehauen/gehaut haben
wir werden ... gehauen/gehaut haben
ihr werdet ... gehauen/gehaut haben
sie werden ... gehauen/gehaut haben

Konjunktiv II

Präsens
ich hiebe
du hiebest
er/sie/es hiebe
wir hieben
ihr hiebet
sie hieben

Perfekt
ich hätte ... gehauen/gehaut
du hättest ... gehauen/gehaut
er/sie/es hätte ... gehauen/gehaut
wir hätten ... gehauen/gehaut
ihr hättet ... gehauen/gehaut
sie hätten ... gehauen/gehaut

würde + *Infinitiv*
ich würde ... hauen
du würdest ... hauen
er/sie/es würde ... hauen
wir würden ... hauen
ihr würdet ... hauen
sie würden ... hauen

würde + *Infinitiv Perfekt*
ich würde ... gehauen/gehaut haben
du würdest ... gehauen/gehaut haben
er/sie/es würde ... gehauen/gehaut haben
wir würden ... gehauen/gehaut haben
ihr würdet ... gehauen/gehaut haben
sie würden ... gehauen/gehaut haben

56 heben

Indikativ

Präsens
ich hebe
du hebst
er/sie/es hebt
wir heben
ihr hebt
sie heben

Präteritum
ich hob
du hobst
er/sie/es hob
wir hoben
ihr hobt
sie hoben

Perfekt
ich habe ... gehoben
du hast ... gehoben
er/sie/es hat ... gehoben
wir haben ... gehoben
ihr habt ... gehoben
sie haben ... gehoben

Plusquamperfekt
ich hatte ... gehoben
du hattest ... gehoben
er/sie/es hatte ... gehoben
wir hatten ... gehoben
ihr hattet ... gehoben
sie hatten ... gehoben

Futur I
ich werde ... heben
du wirst ... heben
er/sie/es wird ... heben
wir werden ... heben
ihr werdet ... heben
sie werden ... heben

Futur II
ich werde ... gehoben haben
du wirst ... gehoben haben
er/sie/es wird ... gehoben haben
wir werden ... gehoben haben
ihr werdet ... gehoben haben
sie werden ... gehoben haben

starke Verben

Imperativ

Singular
heb(e)!

Plural
hebt!

Partizip

Partizip I
hebend

Partizip II
gehoben

Konjunktiv I

Präsens
ich hebe
du hebest
er/sie/es hebe
wir heben
ihr hebet
sie heben

Perfekt
ich habe ... gehoben
du habest ... gehoben
er/sie/es habe ... gehoben
wir haben ... gehoben
ihr habet ... gehoben
sie haben ... gehoben

Futur I
ich werde ... heben
du werdest ... heben
er/sie/es werde ... heben
wir werden ... heben
ihr werdet ... heben
sie werden ... heben

Futur II
ich werde ... gehoben haben
du werdest ... gehoben haben
er/sie/es werde ... gehoben haben
wir werden ... gehoben haben
ihr werdet ... gehoben haben
sie werden ... gehoben haben

Konjunktiv II

Präsens
ich höbe
du höbest
er/sie/es höbe
wir höben
ihr höbet
sie höben

Perfekt
ich hätte ... gehoben
du hättest ... gehoben
er/sie/es hätte ... gehoben
wir hätten ... gehoben
ihr hättet ... gehoben
sie hätten ... gehoben

würde + *Infinitiv*
ich würde ... heben
du würdest ... heben
er/sie/es würde ... heben
wir würden ... heben
ihr würdet ... heben
sie würden ... heben

würde + *Infinitiv Perfekt*
ich würde ... gehoben haben
du würdest ... gehoben haben
er/sie/es würde ... gehoben haben
wir würden ... gehoben haben
ihr würdet ... gehoben haben
sie würden ... gehoben haben

heißen

Indikativ

Präsens
ich heiße
du heißt
er/sie/es heißt
wir heißen
ihr heißt
sie heißen

Präteritum
ich hieß
du hieß(es)t
er/sie/es hieß
wir hießen
ihr hießt
sie hießen

Perfekt
ich habe ... geheißen
du hast ... geheißen
er/sie/es hat ... geheißen
wir haben ... geheißen
ihr habt ... geheißen
sie haben ... geheißen

Plusquamperfekt
ich hatte ... geheißen
du hattest ... geheißen
er/sie/es hatte ... geheißen
wir hatten ... geheißen
ihr hattet ... geheißen
sie hatten ... geheißen

Futur I
ich werde ... heißen
du wirst ... heißen
er/sie/es wird ... heißen
wir werden ... heißen
ihr werdet ... heißen
sie werden ... heißen

Futur II
ich werde ... geheißen haben
du wirst ... geheißen haben
er/sie/es wird ... geheißen haben
wir werden ... geheißen haben
ihr werdet ... geheißen haben
sie werden ... geheißen haben

Imperativ

Singular
heiß(e)!

Plural
heißt!

Partizip

Partizip I
heißend

Partizip II
geheißen

starke Verben

Konjunktiv I

Präsens
ich heiße
du heißest
er/sie/es heiße
wir heißen
ihr heißet
sie heißen

Perfekt
ich habe ... geheißen
du habest ... geheißen
er/sie/es habe ... geheißen
wir haben ... geheißen
ihr habet ... geheißen
sie haben ... geheißen

Futur I
ich werde ... heißen
du werdest ... heißen
er/sie/es werde ... heißen
wir werden ... heißen
ihr werdet ... heißen
sie werden ... heißen

Futur II
ich werde ... geheißen haben
du werdest ... geheißen haben
er/sie/es werde ... geheißen haben
wir werden ... geheißen haben
ihr werdet ... geheißen haben
sie werden ... geheißen haben

Konjunktiv II

Präsens
ich hieße
du hießest
er/sie/es hieße
wir hießen
ihr hießet
sie hießen

Perfekt
ich hätte ... geheißen
du hättest ... geheißen
er/sie/es hätte ... geheißen
wir hätten ... geheißen
ihr hättet ... geheißen
sie hätten ... geheißen

würde + *Infinitiv*
ich würde ... heißen
du würdest ... heißen
er/sie/es würde ... heißen
wir würden ... heißen
ihr würdet ... heißen
sie würden ... heißen

würde + *Infinitiv Perfekt*
ich würde ... geheißen haben
du würdest ... geheißen haben
er/sie/es würde ... geheißen haben
wir würden ... geheißen haben
ihr würdet ... geheißen haben
sie würden ... geheißen haben

58 helfen

Indikativ

Präsens
ich helfe
du hilfst
er/sie/es hilft
wir helfen
ihr helft
sie helfen

Präteritum
ich half
du halfst
er/sie/es half
wir halfen
ihr halft
sie halfen

Perfekt
ich habe ... geholfen
du hast ... geholfen
er/sie/es hat ... geholfen
wir haben ... geholfen
ihr habt ... geholfen
sie haben ... geholfen

Plusquamperfekt
ich hatte ... geholfen
du hattest ... geholfen
er/sie/es hatte ... geholfen
wir hatten ... geholfen
ihr hattet ... geholfen
sie hatten ... geholfen

Futur I
ich werde ... helfen
du wirst ... helfen
er/sie/es wird ... helfen
wir werden ... helfen
ihr werdet ... helfen
sie werden ... helfen

Futur II
ich werde ... geholfen haben
du wirst ... geholfen haben
er/sie/es wird ... geholfen haben
wir werden ... geholfen haben
ihr werdet ... geholfen haben
sie werden ... geholfen haben

Imperativ

Singular
hilf!

Plural
helft!

Partizip

Partizip I
helfend

Partizip II
geholfen

starke Verben

Konjunktiv I

Präsens
ich helfe
du helfest
er/sie/es helfe
wir helfen
ihr helfet
sie helfen

Perfekt
ich habe ... geholfen
du habest ... geholfen
er/sie/es habe ... geholfen
wir haben ... geholfen
ihr habet ... geholfen
sie haben ... geholfen

Futur I
ich werde ... helfen
du werdest ... helfen
er/sie/es werde ... helfen
wir werden ... helfen
ihr werdet ... helfen
sie werden ... helfen

Futur II
ich werde ... geholfen haben
du werdest ... geholfen haben
er/sie/es werde ... geholfen haben
wir werden ... geholfen haben
ihr werdet ... geholfen haben
sie werden ... geholfen haben

Konjunktiv II

Präsens
ich hälfe/hülfe
du hälfest/hülfest
er/sie/es hälfe/hülfe
wir hälfen/hülfen
ihr hälfet/hülfet
sie hälfen/hülfen

Perfekt
ich hätte ... geholfen
du hättest ... geholfen
er/sie/es hätte ... geholfen
wir hätten ... geholfen
ihr hättet ... geholfen
sie hätten ... geholfen

würde + *Infinitiv*
ich würde ... helfen
du würdest ... helfen
er/sie/es würde ... helfen
wir würden ... helfen
ihr würdet ... helfen
sie würden ... helfen

würde + *Infinitiv Perfekt*
ich würde ... geholfen haben
du würdest ... geholfen haben
er/sie/es würde ... geholfen haben
wir würden ... geholfen haben
ihr würdet ... geholfen haben
sie würden ... geholfen haben

59 kennen

Indikativ

Präsens
ich kenne
du kennst
er/sie/es kennt
wir kennen
ihr kennt
sie kennen

Präteritum
ich kannte
du kanntest
er/sie/es kannte
wir kannten
ihr kanntet
sie kannten

Perfekt
ich habe ... gekannt
du hast ... gekannt
er/sie/es hat ... gekannt
wir haben ... gekannt
ihr habt ... gekannt
sie haben ... gekannt

Plusquamperfekt
ich hatte ... gekannt
du hattest ... gekannt
er/sie/es hatte ... gekannt
wir hatten ... gekannt
ihr hattet ... gekannt
sie hatten ... gekannt

Futur I
ich werde ... kennen
du wirst ... kennen
er/sie/es wird ... kennen
wir werden ... kennen
ihr werdet ... kennen
sie werden ... kennen

Futur II
ich werde ... gekannt haben
du wirst ... gekannt haben
er/sie/es wird ... gekannt haben
wir werden ... gekannt haben
ihr werdet ... gekannt haben
sie werden ... gekannt haben

Imperativ

Singular
kenn(e)!

Plural
kennt!

Partizip

Partizip I
kennend

Partizip II
gekannt

starke Verben

Konjunktiv I

Präsens
ich kenne
du kennest
er/sie/es kenne
wir kennen
ihr kennet
sie kennen

Perfekt
ich habe ... gekannt
du habest ... gekannt
er/sie/es habe ... gekannt
wir haben ... gekannt
ihr habet ... gekannt
sie haben ... gekannt

Futur I
ich werde ... kennen
du werdest ... kennen
er/sie/es werde ... kennen
wir werden ... kennen
ihr werdet ... kennen
sie werden ... kennen

Futur II
ich werde ... gekannt haben
du werdest ... gekannt haben
er/sie/es werde ... gekannt haben
wir werden ... gekannt haben
ihr werdet ... gekannt haben
sie werden ... gekannt haben

Konjunktiv II

Präsens
ich kennte
du kenntest
er/sie/es kennte
wir kennten
ihr kenntet
sie kennten

Perfekt
ich hätte ... gekannt
du hättest ... gekannt
er/sie/es hätte ... gekannt
wir hätten ... gekannt
ihr hättet ... gekannt
sie hätten ... gekannt

würde + *Infinitiv*
ich würde ... kennen
du würdest ... kennen
er/sie/es würde ... kennen
wir würden ... kennen
ihr würdet ... kennen
sie würden ... kennen

würde + *Infinitiv Perfekt*
ich würde ... gekannt haben
du würdest ... gekannt haben
er/sie/es würde ... gekannt haben
wir würden ... gekannt haben
ihr würdet ... gekannt haben
sie würden ... gekannt haben

60 klimmen

Indikativ

Präsens
ich klimme
du klimmst
er/sie/es klimmt
wir klimmen
ihr klimmt
sie klimmen

Präteritum
ich klomm
du klommst
er/sie/es klomm
wir klommen
ihr klommt
sie klommen

Perfekt
ich bin ... geklommen
du bist ... geklommen
er/sie/es ist ... geklommen
wir sind ... geklommen
ihr seid ... geklommen
sie sind ... geklommen

Plusquamperfekt
ich war ... geklommen
du warst ... geklommen
er/sie/es war ... geklommen
wir waren ... geklommen
ihr wart ... geklommen
sie waren ... geklommen

Futur I
ich werde ... klimmen
du wirst ... klimmen
er/sie/es wird ... klimmen
wir werden ... klimmen
ihr werdet ... klimmen
sie werden ... klimmen

Futur II
ich werde ... geklommen sein
du wirst ... geklommen sein
er/sie/es wird ... geklommen sein
wir werden ... geklommen sein
ihr werdet ... geklommen sein
sie werden ... geklommen sein

Imperativ

Singular
klimm(e)!

Plural
klimmt!

Partizip

Partizip I
klimmend

Partizip II
geklommen

Konjunktiv I

Präsens
ich klimme
du klimmest
er/sie/es klimme
wir klimmen
ihr klimmet
sie klimmen

Perfekt
ich sei ... geklommen
du sei(e)st ... geklommen
er/sie/es sei ... geklommen
wir seien ... geklommen
ihr seiet ... geklommen
sie seien ... geklommen

Futur I
ich werde ... klimmen
du werdest ... klimmen
er/sie/es werde ... klimmen
wir werden ... klimmen
ihr werdet ... klimmen
sie werden ... klimmen

Futur II
ich werde ... geklommen sein
du werdest ... geklommen sein
er/sie/es werde ... geklommen sein
wir werden ... geklommen sein
ihr werdet ... geklommen sein
sie werden ... geklommen sein

Konjunktiv II

Präsens
ich klömme
du klömmest
er/sie/es klömme
wir klömmen
ihr klömmet
sie klömmen

Perfekt
ich wäre ... geklommen
du wär(e)st ... geklommen
er/sie/es wäre ... geklommen
wir wären ... geklommen
ihr wär(e)t ... geklommen
sie wären ... geklommen

würde + *Infinitiv*
ich würde ... klimmen
du würdest ... klimmen
er/sie/es würde ... klimmen
wir würden ... klimmen
ihr würdet ... klimmen
sie würden ... klimmen

würde + *Infinitiv Perfekt*
ich würde ... geklommen sein
du würdest ... geklommen sein
er/sie/es würde ... geklommen sein
wir würden ... geklommen sein
ihr würdet ... geklommen sein
sie würden ... geklommen sein

61 klingen

Indikativ

Präsens
ich klinge
du klingst
er/sie/es klingt
wir klingen
ihr klingt
sie klingen

Präteritum
ich klang
du klangst
er/sie/es klang
wir klangen
ihr klangt
sie klangen

Perfekt
ich habe ... geklungen
du hast ... geklungen
er/sie/es hat ... geklungen
wir haben ... geklungen
ihr habt ... geklungen
sie haben ... geklungen

Plusquamperfekt
ich hatte ... geklungen
du hattest ... geklungen
er/sie/es hatte ... geklungen
wir hatten ... geklungen
ihr hattet ... geklungen
sie hatten ... geklungen

Futur I
ich werde ... klingen
du wirst ... klingen
er/sie/es wird ... klingen
wir werden ... klingen
ihr werdet ... klingen
sie werden ... klingen

Futur II
ich werde ... geklungen haben
du wirst ... geklungen haben
er/sie/es wird ... geklungen haben
wir werden ... geklungen haben
ihr werdet ... geklungen haben
sie werden ... geklungen haben

Imperativ

Singular
kling(e)!

Plural
klingt!

Partizip

Partizip I
klingend

Partizip II
geklungen

starke Verben

Konjunktiv I

Präsens

ich klinge
du klingest
er/sie/es klinge
wir klingen
ihr klinget
sie klingen

Perfekt

ich habe ... geklungen
du habest ... geklungen
er/sie/es habe ... geklungen
wir haben ... geklungen
ihr habet ... geklungen
sie haben ... geklungen

Futur I

ich werde ... klingen
du werdest ... klingen
er/sie/es werde ... klingen
wir werden ... klingen
ihr werdet ... klingen
sie werden ... klingen

Futur II

ich werde ... geklungen haben
du werdest ... geklungen haben
er/sie/es werde ... geklungen haben
wir werden ... geklungen haben
ihr werdet ... geklungen haben
sie werden ... geklungen haben

Konjunktiv II

Präsens

ich klänge
du klängest
er/sie/es klänge
wir klängen
ihr klänget
sie klängen

Perfekt

ich hätte ... geklungen
du hättest ... geklungen
er/sie/es hätte ... geklungen
wir hätten ... geklungen
ihr hättet ... geklungen
sie hätten ... geklungen

würde + *Infinitiv*

ich würde ... klingen
du würdest ... klingen
er/sie/es würde ... klingen
wir würden ... klingen
ihr würdet ... klingen
sie würden ... klingen

würde + *Infinitiv Perfekt*

ich würde ... geklungen haben
du würdest ... geklungen haben
er/sie/es würde ... geklungen haben
wir würden ... geklungen haben
ihr würdet ... geklungen haben
sie würden ... geklungen haben

kneifen

Indikativ

Präsens
ich kneife
du kneifst
er/sie/es kneift
wir kneifen
ihr kneift
sie kneifen

Präteritum
ich kniff
du kniffst
er/sie/es kniff
wir kniffen
ihr knifft
sie kniffen

Perfekt
ich habe ... gekniffen
du hast ... gekniffen
er/sie/es hat ... gekniffen
wir haben ... gekniffen
ihr habt ... gekniffen
sie haben ... gekniffen

Plusquamperfekt
ich hatte ... gekniffen
du hattest ... gekniffen
er/sie/es hatte ... gekniffen
wir hatten ... gekniffen
ihr hattet ... gekniffen
sie hatten ... gekniffen

Futur I
ich werde ... kneifen
du wirst ... kneifen
er/sie/es wird ... kneifen
wir werden ... kneifen
ihr werdet ... kneifen
sie werden ... kneifen

Futur II
ich werde ... gekniffen haben
du wirst ... gekniffen haben
er/sie/es wird ... gekniffen haben
wir werden ... gekniffen haben
ihr werdet ... gekniffen haben
sie werden ... gekniffen haben

Imperativ

Singular
kneif(e)!

Plural
kneift!

Partizip

Partizip I
kneifend

Partizip II
gekniffen

Konjunktiv I

Präsens
ich kneife
du kneifest
er/sie/es kneife
wir kneifen
ihr kneifet
sie kneifen

Perfekt
ich habe ... gekniffen
du habest ... gekniffen
er/sie/es habe ... gekniffen
wir haben ... gekniffen
ihr habet ... gekniffen
sie haben ... gekniffen

Futur I
ich werde ... kneifen
du werdest ... kneifen
er/sie/es werde ... kneifen
wir werden ... kneifen
ihr werdet ... kneifen
sie werden ... kneifen

Futur II
ich werde ... gekniffen haben
du werdest ... gekniffen haben
er/sie/es werde ... gekniffen haben
wir werden ... gekniffen haben
ihr werdet ... gekniffen haben
sie werden ... gekniffen haben

Konjunktiv II

Präsens
ich kniffe
du kniffest
er/sie/es kniffe
wir kniffen
ihr kniffet
sie kniffen

Perfekt
ich hätte ... gekniffen
du hättest ... gekniffen
er/sie/es hätte ... gekniffen
wir hätten ... gekniffen
ihr hättet ... gekniffen
sie hätten ... gekniffen

würde + *Infinitiv*
ich würde ... kneifen
du würdest ... kneifen
er/sie/es würde ... kneifen
wir würden ... kneifen
ihr würdet ... kneifen
sie würden ... kneifen

würde + *Infinitiv Perfekt*
ich würde ... gekniffen haben
du würdest ... gekniffen haben
er/sie/es würde ... gekniffen haben
wir würden ... gekniffen haben
ihr würdet ... gekniffen haben
sie würden ... gekniffen haben

kommen

Indikativ

Präsens
ich komme
du kommst
er/sie/es kommt
wir kommen
ihr kommt
sie kommen

Präteritum
ich kam
du kamst
er/sie/es kam
wir kamen
ihr kamt
sie kamen

Perfekt
ich bin ... gekommen
du bist ... gekommen
er/sie/es ist ... gekommen
wir sind ... gekommen
ihr seid ... gekommen
sie sind ... gekommen

Plusquamperfekt
ich war ... gekommen
du warst ... gekommen
er/sie/es war ... gekommen
wir waren ... gekommen
ihr wart ... gekommen
sie waren ... gekommen

Futur I
ich werde ... kommen
du wirst ... kommen
er/sie/es wird ... kommen
wir werden ... kommen
ihr werdet ... kommen
sie werden ... kommen

Futur II
ich werde ... gekommen sein
du wirst ... gekommen sein
er/sie/es wird ... gekommen sein
wir werden ... gekommen sein
ihr werdet ... gekommen sein
sie werden ... gekommen sein

Imperativ

Singular
komm!

Plural
kommt!

Partizip

Partizip I
kommend

Partizip II
gekommen

Konjunktiv I

Präsens
ich komme
du kommest
er/sie/es komme
wir kommen
ihr kommet
sie kommen

Perfekt
ich sei ... gekommen
du sei(e)st ... gekommen
er/sie/es sei ... gekommen
wir seien ... gekommen
ihr seiet ... gekommen
sie seien ... gekommen

Futur I
ich werde ... kommen
du werdest ... kommen
er/sie/es werde ... kommen
wir werden ... kommen
ihr werdet ... kommen
sie werden ... kommen

Futur II
ich werde ... gekommen sein
du werdest ... gekommen sein
er/sie/es werde ... gekommen sein
wir werden ... gekommen sein
ihr werdet ... gekommen sein
sie werden ... gekommen sein

Konjunktiv II

Präsens
ich käme
du kämest
er/sie/es käme
wir kämen
ihr kämet
sie kämen

Perfekt
ich wäre ... gekommen
du wärest ... gekommen
er/sie/es wäre ... gekommen
wir wären ... gekommen
ihr wäret ... gekommen
sie wären ... gekommen

würde + *Infinitiv*
ich würde ... kommen
du würdest ... kommen
er/sie/es würde ... kommen
wir würden ... kommen
ihr würdet ... kommen
sie würden ... kommen

würde + *Infinitiv Perfekt*
ich würde ... gekommen sein
du würdest ... gekommen sein
er/sie/es würde ... gekommen sein
wir würden ... gekommen sein
ihr würdet ... gekommen sein
sie würden ... gekommen sein

64   können

Indikativ

Präsens
ich kann
du kannst
er/sie/es kann
wir können
ihr könnt
sie können

Präteritum
ich konnte
du konntest
er/sie/es konnte
wir konnten
ihr konntet
sie konnten

Perfekt
ich habe ... gekonnt
du hast ... gekonnt
er/sie/es hat ... gekonnt
wir haben ... gekonnt
ihr habt ... gekonnt
sie haben ... gekonnt

Plusquamperfekt
ich hatte ... gekonnt
du hattest ... gekonnt
er/sie/es hatte ... gekonnt
wir hatten ... gekonnt
ihr hattet ... gekonnt
sie hatten ... gekonnt

Futur I
ich werde ... können
du wirst ... können
er/sie/es wird ... können
wir werden ... können
ihr werdet ... können
sie werden ... können

Futur II
ich werde ... gekonnt haben
du wirst ... gekonnt haben
er/sie/es wird ... gekonnt haben
wir werden ... gekonnt haben
ihr werdet ... gekonnt haben
sie werden ... gekonnt haben

starke Verben

Imperativ

Singular
—

Plural
—

Partizip

Partizip I
könnend

Partizip II
gekonnt

Konjunktiv I

Präsens
ich könne
du könnest
er/sie/es könne
wir können
ihr könnet
sie können

Perfekt
ich habe ... gekonnt
du habest ... gekonnt
er/sie/es habe ... gekonnt
wir haben ... gekonnt
ihr habet ... gekonnt
sie haben ... gekonnt

Futur I
ich werde ... können
du werdest ... können
er/sie/es werde ... können
wir werden ... können
ihr werdet ... können
sie werden ... können

Futur II
ich werde ... gekonnt haben
du werdest ... gekonnt haben
er/sie/es werde ... gekonnt haben
wir werden ... gekonnt haben
ihr werdet ... gekonnt haben
sie werden ... gekonnt haben

Konjunktiv II

Präsens
ich könnte
du könntest
er/sie/es könnte
wir könnten
ihr könntet
sie könnten

Perfekt
ich hätte ... gekonnt
du hättest ... gekonnt
er/sie/es hätte ... gekonnt
wir hätten ... gekonnt
ihr hättet ... gekonnt
sie hätten ... gekonnt

würde + Infinitiv
ich würde ... können
du würdest ... können
er/sie/es würde ... können
wir würden ... können
ihr würdet ... können
sie würden ... können

würde + Infinitiv Perfekt
ich würde ... gekonnt haben
du würdest ... gekonnt haben
er/sie/es würde ... gekonnt haben
wir würden ... gekonnt haben
ihr würdet ... gekonnt haben
sie würden ... gekonnt haben

kriechen

Indikativ

Präsens
ich krieche
du kriechst
er/sie/es kriecht
wir kriechen
ihr kriecht
sie kriechen

Präteritum
ich kroch
du krochst
er/sie/es kroch
wir krochen
ihr krocht
sie krochen

Perfekt
ich bin ... gekrochen
du bist ... gekrochen
er/sie/es ist ... gekrochen
wir sind ... gekrochen
ihr seid ... gekrochen
sie sind ... gekrochen

Plusquamperfekt
ich war ... gekrochen
du warst ... gekrochen
er/sie/es war ... gekrochen
wir waren ... gekrochen
ihr wart ... gekrochen
sie waren ... gekrochen

Futur I
ich werde ... kriechen
du wirst ... kriechen
er/sie/es wird ... kriechen
wir werden ... kriechen
ihr werdet ... kriechen
sie werden ... kriechen

Futur II
ich werde ... gekrochen sein
du wirst ... gekrochen sein
er/sie/es wird ... gekrochen sein
wir werden ... gekrochen sein
ihr werdet ... gekrochen sein
sie werden ... gekrochen sein

Imperativ

Singular
kriech(e)!

Plural
kriecht!

Partizip

Partizip I
kriechend

Partizip II
gekrochen

Konjunktiv I

Präsens
ich krieche
du kriechest
er/sie/es krieche
wir kriechen
ihr kriechet
sie kriechen

Perfekt
ich sei ... gekrochen
du sei(e)st ... gekrochen
er/sie/es sei ... gekrochen
wir seien ... gekrochen
ihr seiet ... gekrochen
sie seien ... gekrochen

Futur I
ich werde ... kriechen
du werdest ... kriechen
er/sie/es werde ... kriechen
wir werden ... kriechen
ihr werdet ... kriechen
sie werden ... kriechen

Futur II
ich werde ... gekrochen sein
du werdest ... gekrochen sein
er/sie/es werde ... gekrochen sein
wir werden ... gekrochen sein
ihr werdet ... gekrochen sein
sie werden ... gekrochen sein

Konjunktiv II

Präsens
ich kröche
du kröchest
er/sie/es kröche
wir kröchen
ihr kröchet
sie kröchen

Perfekt
ich wäre ... gekrochen
du wär(e)st ... gekrochen
er/sie/es wäre ... gekrochen
wir wären ... gekrochen
ihr wär(e)t ... gekrochen
sie wären ... gekrochen

würde + Infinitiv
ich würde ... kriechen
du würdest ... kriechen
er/sie/es würde ... kriechen
wir würden ... kriechen
ihr würdet ... kriechen
sie würden ... kriechen

würde + Infinitiv Perfekt
ich würde ... gekrochen sein
du würdest ... gekrochen sein
er/sie/es würde ... gekrochen sein
wir würden ... gekrochen sein
ihr würdet ... gekrochen sein
sie würden ... gekrochen sein

laden

Indikativ

Präsens
ich lade
du lädst
er/sie/es lädt
wir laden
ihr ladet
sie laden

Präteritum
ich lud
du lud(e)st
er/sie/es lud
wir luden
ihr ludet
sie luden

Perfekt
ich habe ... geladen
du hast ... geladen
er/sie/es hat ... geladen
wir haben ... geladen
ihr habt ... geladen
sie haben ... geladen

Plusquamperfekt
ich hatte ... geladen
du hattest ... geladen
er/sie/es hatte ... geladen
wir hatten ... geladen
ihr hattet ... geladen
sie hatten ... geladen

Futur I
ich werde ... laden
du wirst ... laden
er/sie/es wird ... laden
wir werden ... laden
ihr werdet ... laden
sie werden ... laden

Futur II
ich werde ... geladen haben
du wirst ... geladen haben
er/sie/es wird ... geladen haben
wir werden ... geladen haben
ihr werdet ... geladen haben
sie werden ... geladen haben

Imperativ

Singular
lad(e)!

Plural
ladet!

Partizip

Partizip I
ladend

Partizip II
geladen

starke Verben

Konjunktiv I

Präsens
ich lade
du ladest
er/sie/es lade
wir laden
ihr ladet
sie laden

Perfekt
ich habe ... geladen
du habest ... geladen
er/sie/es habe ... geladen
wir haben ... geladen
ihr habet ... geladen
sie haben ... geladen

Futur I
ich werde ... laden
du werdest ... laden
er/sie/es werde ... laden
wir werden ... laden
ihr werdet ... laden
sie werden ... laden

Futur II
ich werde ... geladen haben
du werdest ... geladen haben
er/sie/es werde ... geladen haben
wir werden ... geladen haben
ihr werdet ... geladen haben
sie werden ... geladen haben

Konjunktiv II

Präsens
ich lüde
du lüdest
er/sie/es lüde
wir lüden
ihr lüdet
sie lüden

Perfekt
ich hätte ... geladen
du hättest ... geladen
er/sie/es hätte ... geladen
wir hätten ... geladen
ihr hättet ... geladen
sie hätten ... geladen

würde + *Infinitiv*
ich würde ... laden
du würdest ... laden
er/sie/es würde ... laden
wir würden ... laden
ihr würdet ... laden
sie würden ... laden

würde + *Infinitiv Perfekt*
ich würde ... geladen haben
du würdest ... geladen haben
er/sie/es würde ... geladen haben
wir würden ... geladen haben
ihr würdet ... geladen haben
sie würden ... geladen haben

67 lassen

Indikativ

Präsens
ich lasse
du lässt
er/sie/es lässt
wir lassen
ihr lasst
sie lassen

Präteritum
ich ließ
du ließ(es)t
er/sie/es ließ
wir ließen
ihr ließt
sie ließen

Perfekt
ich habe ... gelassen
du hast ... gelassen
er/sie/es hat ... gelassen
wir haben ... gelassen
ihr habt ... gelassen
sie haben ... gelassen

Plusquamperfekt
ich hatte ... gelassen
du hattest ... gelassen
er/sie/es hatte ... gelassen
wir hatten ... gelassen
ihr hattet ... gelassen
sie hatten ... gelassen

Futur I
ich werde ... lassen
du wirst ... lassen
er/sie/es wird ... lassen
wir werden ... lassen
ihr werdet ... lassen
sie werden ... lassen

Futur II
ich werde ... gelassen haben
du wirst ... gelassen haben
er/sie/es wird ... gelassen haben
wir werden ... gelassen haben
ihr werdet ... gelassen haben
sie werden ... gelassen haben

Imperativ

Singular
lass!

Plural
lasst!

Partizip

Partizip I
lassend

Partizip II
gelassen

starke Verben

Konjunktiv I

Präsens
ich lasse
du lassest
er/sie/es lasse
wir lassen
ihr lasset
sie lassen

Perfekt
ich habe ... gelassen
du habest ... gelassen
er/sie/es habe ... gelassen
wir haben ... gelassen
ihr habet ... gelassen
sie haben ... gelassen

Futur I
ich werde ... lassen
du werdest ... lassen
er/sie/es werde ... lassen
wir werden ... lassen
ihr werdet ... lassen
sie werden ... lassen

Futur II
ich werde ... gelassen haben
du werdest ... gelassen haben
er/sie/es werde ... gelassen haben
wir werden ... gelassen haben
ihr werdet ... gelassen haben
sie werden ... gelassen haben

Konjunktiv II

Präsens
ich ließe
du ließest
er/sie/es ließe
wir ließen
ihr ließet
sie ließen

Perfekt
ich hätte ... gelassen
du hättest ... gelassen
er/sie/es hätte ... gelassen
wir hätten ... gelassen
ihr hättet ... gelassen
sie hätten ... gelassen

würde + Infinitiv
ich würde ... lassen
du würdest ... lassen
er/sie/es würde ... lassen
wir würden ... lassen
ihr würdet ... lassen
sie würden ... lassen

würde + Infinitiv Perfekt
ich würde ... gelassen haben
du würdest ... gelassen haben
er/sie/es würde ... gelassen haben
wir würden ... gelassen haben
ihr würdet ... gelassen haben
sie würden ... gelassen haben

68 laufen*

Indikativ

Präsens
ich laufe
du läufst
er/sie/es läuft
wir laufen
ihr lauft
sie laufen

Präteritum
ich lief
du liefst
er/sie/es lief
wir liefen
ihr lieft
sie liefen

Perfekt
ich bin ... gelaufen
du bist ... gelaufen
er/sie/es ist ... gelaufen
wir sind ... gelaufen
ihr seid ... gelaufen
sie sind ... gelaufen

Plusquamperfekt
ich war ... gelaufen
du warst ... gelaufen
er/sie/es war ... gelaufen
wir waren ... gelaufen
ihr wart ... gelaufen
sie waren ... gelaufen

Futur I
ich werde ... laufen
du wirst ... laufen
er/sie/es wird ... laufen
wir werden ... laufen
ihr werdet ... laufen
sie werden ... laufen

Futur II
ich werde ... gelaufen sein
du wirst ... gelaufen sein
er/sie/es wird ... gelaufen sein
wir werden ... gelaufen sein
ihr werdet ... gelaufen sein
sie werden ... gelaufen sein

Imperativ

Singular
lauf(e)!

Plural
lauft!

Partizip

Partizip I
laufend

Partizip II
gelaufen

starke Verben

* mit Hilfsverb *haben* oder *sein*

Konjunktiv I

Präsens
ich laufe
du laufest
er/sie/es laufe
wir laufen
ihr laufet
sie laufen

Perfekt
ich sei ... gelaufen
du sei(e)st ... gelaufen
er/sie/es sei ... gelaufen
wir seien ... gelaufen
ihr seiet ... gelaufen
sie seien ... gelaufen

Futur I
ich werde ... laufen
du werdest ... laufen
er/sie/es werde ... laufen
wir werden ... laufen
ihr werdet ... laufen
sie werden ... laufen

Futur II
ich werde ... gelaufen sein
du werdest ... gelaufen sein
er/sie/es werde ... gelaufen sein
wir werden ... gelaufen sein
ihr werdet ... gelaufen sein
sie werden ... gelaufen sein

Konjunktiv II

Präsens
ich liefe
du liefest
er/sie/es liefe
wir liefen
ihr liefet
sie liefen

Perfekt
ich wäre ... gelaufen
du wär(e)st ... gelaufen
er/sie/es wäre ... gelaufen
wir wären ... gelaufen
ihr wär(e)t ... gelaufen
sie wären ... gelaufen

würde + *Infinitiv*
ich würde ... laufen
du würdest ... laufen
er/sie/es würde ... laufen
wir würden ... laufen
ihr würdet ... laufen
sie würden ... laufen

würde + *Infinitiv Perfekt*
ich würde ... gelaufen sein
du würdest ... gelaufen sein
er/sie/es würde ... gelaufen sein
wir würden ... gelaufen sein
ihr würdet ... gelaufen sein
sie würden ... gelaufen sein

leiden

Indikativ

Präsens
ich leide
du leidest
er/sie/es leidet
wir leiden
ihr leidet
sie leiden

Präteritum
ich litt
du litt(e)st
er/sie/es litt
wir litten
ihr littet
sie litten

Perfekt
ich habe ... gelitten
du hast ... gelitten
er/sie/es hat ... gelitten
wir haben ... gelitten
ihr habt ... gelitten
sie haben ... gelitten

Plusquamperfekt
ich hatte ... gelitten
du hattest ... gelitten
er/sie/es hatte ... gelitten
wir hatten ... gelitten
ihr hattet ... gelitten
sie hatten ... gelitten

Futur I
ich werde ... leiden
du wirst ... leiden
er/sie/es wird ... leiden
wir werden ... leiden
ihr werdet ... leiden
sie werden ... leiden

Futur II
ich werde ... gelitten haben
du wirst ... gelitten haben
er/sie/es wird ... gelitten haben
wir werden ... gelitten haben
ihr werdet ... gelitten haben
sie werden ... gelitten haben

Imperativ

Singular
leid(e)!

Plural
leidet!

Partizip

Partizip I
leidend

Partizip II
gelitten

Konjunktiv I

Präsens
ich leide
du leidest
er/sie/es leide
wir leiden
ihr leidet
sie leiden

Perfekt
ich habe ... gelitten
du habest ... gelitten
er/sie/es habe ... gelitten
wir haben ... gelitten
ihr habet ... gelitten
sie haben ... gelitten

Futur I
ich werde ... leiden
du werdest ... leiden
er/sie/es werde ... leiden
wir werden ... leiden
ihr werdet ... leiden
sie werden ... leiden

Futur II
ich werde ... gelitten haben
du werdest ... gelitten haben
er/sie/es werde ... gelitten haben
wir werden ... gelitten haben
ihr werdet ... gelitten haben
sie werden ... gelitten haben

Konjunktiv II

Präsens
ich litte
du littest
er/sie/es litte
wir litten
ihr littet
sie litten

Perfekt
ich hätte ... gelitten
du hättest ... gelitten
er/sie/es hätte ... gelitten
wir hätten ... gelitten
ihr hättet ... gelitten
sie hätten ... gelitten

würde + *Infinitiv*
ich würde ... leiden
du würdest ... leiden
er/sie/es würde ... leiden
wir würden ... leiden
ihr würdet ... leiden
sie würden ... leiden

würde + *Infinitiv Perfekt*
ich würde ... gelitten haben
du würdest ... gelitten haben
er/sie/es würde ... gelitten haben
wir würden ... gelitten haben
ihr würdet ... gelitten haben
sie würden ... gelitten haben

70 leihen

Indikativ

Präsens
ich leihe
du leihst
er/sie/es leiht
wir leihen
ihr leiht
sie leihen

Präteritum
ich lieh
du liehst
er/sie/es lieh
wir liehen
ihr lieht
sie liehen

Perfekt
ich habe ... geliehen
du hast ... geliehen
er/sie/es hat ... geliehen
wir haben ... geliehen
ihr habt ... geliehen
sie haben ... geliehen

Plusquamperfekt
ich hatte ... geliehen
du hattest ... geliehen
er/sie/es hatte ... geliehen
wir hatten ... geliehen
ihr hattet ... geliehen
sie hatten ... geliehen

Futur I
ich werde ... leihen
du wirst ... leihen
er/sie/es wird ... leihen
wir werden ... leihen
ihr werdet ... leihen
sie werden ... leihen

Futur II
ich werde ... geliehen haben
du wirst ... geliehen haben
er/sie/es wird ... geliehen haben
wir werden ... geliehen haben
ihr werdet ... geliehen haben
sie werden ... geliehen haben

Imperativ

Singular
leih(e)!

Plural
leiht!

Partizip

Partizip I
leihend

Partizip II
geliehen

starke Verben

Konjunktiv I

Präsens
ich leihe
du leihest
er/sie/es leihe
wir leihen
ihr leihet
sie leihen

Perfekt
ich habe ... geliehen
du habest ... geliehen
er/sie/es habe ... geliehen
wir haben ... geliehen
ihr habet ... geliehen
sie haben ... geliehen

Futur I
ich werde ... leihen
du werdest ... leihen
er/sie/es werde ... leihen
wir werden ... leihen
ihr werdet ... leihen
sie werden ... leihen

Futur II
ich werde ... geliehen haben
du werdest ... geliehen haben
er/sie/es werde ... geliehen haben
wir werden ... geliehen haben
ihr werdet ... geliehen haben
sie werden ... geliehen haben

Konjunktiv II

Präsens
ich liehe
du liehest
er/sie/es liehe
wir liehen
ihr liehet
sie liehen

Perfekt
ich hätte ... geliehen
du hättest ... geliehen
er/sie/es hätte ... geliehen
wir hätten ... geliehen
ihr hättet ... geliehen
sie hätten ... geliehen

würde + *Infinitiv*
ich würde ... leihen
du würdest ... leihen
er/sie/es würde ... leihen
wir würden ... leihen
ihr würdet ... leihen
sie würden ... leihen

würde + *Infinitiv Perfekt*
ich würde ... geliehen haben
du würdest ... geliehen haben
er/sie/es würde ... geliehen haben
wir würden ... geliehen haben
ihr würdet ... geliehen haben
sie würden ... geliehen haben

lesen

Indikativ

Präsens
ich lese
du liest
er/sie/es liest
wir lesen
ihr lest
sie lesen

Präteritum
ich las
du las(es)t
er/sie/es las
wir lasen
ihr last
sie lasen

Perfekt
ich habe ... gelesen
du hast ... gelesen
er/sie/es hat ... gelesen
wir haben ... gelesen
ihr habt ... gelesen
sie haben ... gelesen

Plusquamperfekt
ich hatte ... gelesen
du hattest ... gelesen
er/sie/es hatte ... gelesen
wir hatten ... gelesen
ihr hattet ... gelesen
sie hatten ... gelesen

Futur I
ich werde ... lesen
du wirst ... lesen
er/sie/es wird ... lesen
wir werden ... lesen
ihr werdet ... lesen
sie werden ... lesen

Futur II
ich werde ... gelesen haben
du wirst ... gelesen haben
er/sie/es wird ... gelesen haben
wir werden ... gelesen haben
ihr werdet ... gelesen haben
sie werden ... gelesen haben

Imperativ

Singular
lies!

Plural
lest!

Partizip

Partizip I
lesend

Partizip II
gelesen

starke Verben

Konjunktiv I

Präsens
ich lese
du lesest
er/sie/es lese
wir lesen
ihr leset
sie lesen

Perfekt
ich habe ... gelesen
du habest ... gelesen
er/sie/es habe ... gelesen
wir haben ... gelesen
ihr habet ... gelesen
sie haben ... gelesen

Futur I
ich werde ... lesen
du werdest ... lesen
er/sie/es werde ... lesen
wir werden ... lesen
ihr werdet ... lesen
sie werden ... lesen

Futur II
ich werde ... gelesen haben
du werdest ... gelesen haben
er/sie/es werde ... gelesen haben
wir werden ... gelesen haben
ihr werdet ... gelesen haben
sie werden ... gelesen haben

Konjunktiv II

Präsens
ich läse
du läsest
er/sie/es läse
wir läsen
ihr läset
sie läsen

Perfekt
ich hätte ... gelesen
du hättest ... gelesen
er/sie/es hätte ... gelesen
wir hätten ... gelesen
ihr hättet ... gelesen
sie hätten ... gelesen

würde + *Infinitiv*
ich würde ... lesen
du würdest ... lesen
er/sie/es würde ... lesen
wir würden ... lesen
ihr würdet ... lesen
sie würden ... lesen

würde + *Infinitiv Perfekt*
ich würde ... gelesen haben
du würdest ... gelesen haben
er/sie/es würde ... gelesen haben
wir würden ... gelesen haben
ihr würdet ... gelesen haben
sie würden ... gelesen haben

72 liegen*

Indikativ

Präsens

ich liege
du liegst
er/sie/es liegt
wir liegen
ihr liegt
sie liegen

Präteritum

ich lag
du lagst
er/sie/es lag
wir lagen
ihr lagt
sie lagen

Perfekt

ich habe ... gelegen
du hast ... gelegen
er/sie/es hat ... gelegen
wir haben ... gelegen
ihr habt ... gelegen
sie haben ... gelegen

Plusquamperfekt

ich hatte ... gelegen
du hattest ... gelegen
er/sie/es hatte ... gelegen
wir hatten ... gelegen
ihr hattet ... gelegen
sie hatten ... gelegen

Futur I

ich werde ... liegen
du wirst ... liegen
er/sie/es wird ... liegen
wir werden ... liegen
ihr werdet ... liegen
sie werden ... liegen

Futur II

ich werde ... gelegen haben
du wirst ... gelegen haben
er/sie/es wird ... gelegen haben
wir werden ... gelegen haben
ihr werdet ... gelegen haben
sie werden ... gelegen haben

Imperativ

Singular

lieg(e)!

Plural

liegt!

Partizip

Partizip I

liegend

Partizip II

gelegen

* mit Hilfsverb *haben* oder *sein*

Konjunktiv I

Präsens
ich liege
du liegest
er/sie/es liege
wir liegen
ihr lieget
sie liegen

Perfekt
ich habe ... gelegen
du habest ... gelegen
er/sie/es habe ... gelegen
wir haben ... gelegen
ihr habet ... gelegen
sie haben ... gelegen

Futur I
ich werde ... liegen
du werdest ... liegen
er/sie/es werde ... liegen
wir werden ... liegen
ihr werdet ... liegen
sie werden ... liegen

Futur II
ich werde ... gelegen haben
du werdest ... gelegen haben
er/sie/es werde ... gelegen haben
wir werden ... gelegen haben
ihr werdet ... gelegen haben
sie werden ... gelegen haben

Konjunktiv II

Präsens
ich läge
du läg(e)st
er/sie/es läge
wir lägen
ihr läg(e)t
sie lägen

Perfekt
ich hätte ... gelegen
du hättest ... gelegen
er/sie/es hätte ... gelegen
wir hätten ... gelegen
ihr hättet ... gelegen
sie hätten ... gelegen

würde + *Infinitiv*
ich würde ... liegen
du würdest ... liegen
er/sie/es würde ... liegen
wir würden ... liegen
ihr würdet ... liegen
sie würden ... liegen

würde + *Infinitiv Perfekt*
ich würde ... gelegen haben
du würdest ... gelegen haben
er/sie/es würde ... gelegen haben
wir würden ... gelegen haben
ihr würdet ... gelegen haben
sie würden ... gelegen haben

73 lügen

Indikativ

Präsens
ich lüge
du lügst
er/sie/es lügt
wir lügen
ihr lügt
sie lügen

Präteritum
ich log
du logst
er/sie/es log
wir logen
ihr logt
sie logen

Perfekt
ich habe ... gelogen
du hast ... gelogen
er/sie/es hat ... gelogen
wir haben ... gelogen
ihr habt ... gelogen
sie haben ... gelogen

Plusquamperfekt
ich hatte ... gelogen
du hattest ... gelogen
er/sie/es hatte ... gelogen
wir hatten ... gelogen
ihr hattet ... gelogen
sie hatten ... gelogen

Futur I
ich werde ... lügen
du wirst ... lügen
er/sie/es wird ... lügen
wir werden ... lügen
ihr werdet ... lügen
sie werden ... lügen

Futur II
ich werde ... gelogen haben
du wirst ... gelogen haben
er/sie/es wird ... gelogen haben
wir werden ... gelogen haben
ihr werdet ... gelogen haben
sie werden ... gelogen haben

Imperativ

Singular
lüg(e)!

Plural
lügt!

Partizip

Partizip I
lügend

Partizip II
gelogen

starke Verben

Konjunktiv I

Präsens
ich lüge
du lügest
er/sie/es lüge
wir lügen
ihr lüget
sie lügen

Perfekt
ich habe ... gelogen
du habest ... gelogen
er/sie/es habe ... gelogen
wir haben ... gelogen
ihr habet ... gelogen
sie haben ... gelogen

Futur I
ich werde ... lügen
du werdest ... lügen
er/sie/es werde ... lügen
wir werden ... lügen
ihr werdet ... lügen
sie werden ... lügen

Futur II
ich werde ... gelogen haben
du werdest ... gelogen haben
er/sie/es werde ... gelogen haben
wir werden ... gelogen haben
ihr werdet ... gelogen haben
sie werden ... gelogen haben

Konjunktiv II

Präsens
ich löge
du lögest
er/sie/es löge
wir lögen
ihr löget
sie lögen

Perfekt
ich hätte ... gelogen
du hättest ... gelogen
er/sie/es hätte ... gelogen
wir hätten ... gelogen
ihr hättet ... gelogen
sie hätten ... gelogen

würde + *Infinitiv*
ich würde ... lügen
du würdest ... lügen
er/sie/es würde ... lügen
wir würden ... lügen
ihr würdet ... lügen
sie würden ... lügen

würde + *Infinitiv Perfekt*
ich würde ... gelogen haben
du würdest ... gelogen haben
er/sie/es würde ... gelogen haben
wir würden ... gelogen haben
ihr würdet ... gelogen haben
sie würden ... gelogen haben

meiden

Indikativ

Präsens
ich meide
du meidest
er/sie/es meidet
wir meiden
ihr meidet
sie meiden

Präteritum
ich mied
du mied(e)st
er/sie/es mied
wir mieden
ihr miedet
sie mieden

Perfekt
ich habe ... gemieden
du hast ... gemieden
er/sie/es hat ... gemieden
wir haben ... gemieden
ihr habt ... gemieden
sie haben ... gemieden

Plusquamperfekt
ich hatte ... gemieden
du hattest ... gemieden
er/sie/es hatte ... gemieden
wir hatten ... gemieden
ihr hattet ... gemieden
sie hatten ... gemieden

Futur I
ich werde ... meiden
du wirst ... meiden
er/sie/es wird ... meiden
wir werden ... meiden
ihr werdet ... meiden
sie werden ... meiden

Futur II
ich werde ... gemieden haben
du wirst ... gemieden haben
er/sie/es wird ... gemieden haben
wir werden ... gemieden haben
ihr werdet ... gemieden haben
sie werden ... gemieden haben

Imperativ

Singular
meid(e)!

Plural
meidet!

Partizip

Partizip I
meidend

Partizip II
gemieden

starke Verben

Konjunktiv I

Präsens
ich meide
du meidest
er/sie/es meide
wir meiden
ihr meidet
sie meiden

Perfekt
ich habe ... gemieden
du habest ... gemieden
er/sie/es habe ... gemieden
wir haben ... gemieden
ihr habet ... gemieden
sie haben ... gemieden

Futur I
ich werde ... meiden
du werdest ... meiden
er/sie/es werde ... meiden
wir werden ... meiden
ihr werdet ... meiden
sie werden ... meiden

Futur II
ich werde ... gemieden haben
du werdest ... gemieden haben
er/sie/es werde ... gemieden haben
wir werden ... gemieden haben
ihr werdet ... gemieden haben
sie werden ... gemieden haben

Konjunktiv II

Präsens
ich miede
du miedest
er/sie/es miede
wir mieden
ihr miedet
sie mieden

Perfekt
ich hätte ... gemieden
du hättest ... gemieden
er/sie/es hätte ... gemieden
wir hätten ... gemieden
ihr hättet ... gemieden
sie hätten ... gemieden

würde + *Infinitiv*
ich würde ... meiden
du würdest ... meiden
er/sie/es würde ... meiden
wir würden ... meiden
ihr würdet ... meiden
sie würden ... meiden

würde + *Infinitiv Perfekt*
ich würde ... gemieden haben
du würdest ... gemieden haben
er/sie/es würde ... gemieden haben
wir würden ... gemieden haben
ihr würdet ... gemieden haben
sie würden ... gemieden haben

melken*

Indikativ

Präsens
ich melke
du milkst
er/sie/es milkt
wir melken
ihr melkt
sie melken

Präteritum
ich molk
du molkst
er/sie/es molk
wir molken
ihr molkt
sie molken

Perfekt
ich habe ... gemolken
du hast ... gemolken
er/sie/es hat ... gemolken
wir haben ... gemolken
ihr habt ... gemolken
sie haben ... gemolken

Plusquamperfekt
ich hatte ... gemolken
du hattest ... gemolken
er/sie/es hatte ... gemolken
wir hatten ... gemolken
ihr hattet ... gemolken
sie hatten ... gemolken

Futur I
ich werde ... melken
du wirst ... melken
er/sie/es wird ... melken
wir werden ... melken
ihr werdet ... melken
sie werden ... melken

Futur II
ich werde ... gemolken haben
du wirst ... gemolken haben
er/sie/es wird ... gemolken haben
wir werden ... gemolken haben
ihr werdet ... gemolken haben
sie werden ... gemolken haben

Imperativ

Singular
melk(e)/milk!

Plural
melkt!

Partizip

Partizip I
melkend

Partizip II
gemolken

* wird auch regelmäßig konjugiert

Konjunktiv I

Präsens

ich melke
du melkest
er/sie/es melke
wir melken
ihr melket
sie melken

Perfekt

ich habe ... gemolken
du habest ... gemolken
er/sie/es habe ... gemolken
wir haben ... gemolken
ihr habet ... gemolken
sie haben ... gemolken

Futur I

ich werde ... melken
du werdest ... melken
er/sie/es werde ... melken
wir werden ... melken
ihr werdet ... melken
sie werden ... melken

Futur II

ich werde ... gemolken haben
du werdest ... gemolken haben
er/sie/es werde ... gemolken haben
wir werden ... gemolken haben
ihr werdet ... gemolken haben
sie werden ... gemolken haben

Konjunktiv II

Präsens

ich mölke
du mölkest
er/sie/es mölke
wir mölken
ihr mölket
sie mölken

Perfekt

ich hätte ... gemolken
du hättest ... gemolken
er/sie/es hätte ... gemolken
wir hätten ... gemolken
ihr hättet ... gemolken
sie hätten ... gemolken

würde + *Infinitiv*

ich würde ... melken
du würdest ... melken
er/sie/es würde ... melken
wir würden ... melken
ihr würdet ... melken
sie würden ... melken

würde + *Infinitiv Perfekt*

ich würde ... gemolken haben
du würdest ... gemolken haben
er/sie/es würde ... gemolken haben
wir würden ... gemolken haben
ihr würdet ... gemolken haben
sie würden ... gemolken haben

messen

Indikativ

Präsens
ich messe
du misst
er/sie/es misst
wir messen
ihr messt
sie messen

Präteritum
ich maß
du maß(es)t
er/sie/es maß
wir maßen
ihr maßt
sie maßen

Perfekt
ich habe ... gemessen
du hast ... gemessen
er/sie/es hat ... gemessen
wir haben ... gemessen
ihr habt ... gemessen
sie haben ... gemessen

Plusquamperfekt
ich hatte ... gemessen
du hattest ... gemessen
er/sie/es hatte ... gemessen
wir hatten ... gemessen
ihr hattet ... gemessen
sie hatten ... gemessen

Futur I
ich werde ... messen
du wirst ... messen
er/sie/es wird ... messen
wir werden ... messen
ihr werdet ... messen
sie werden ... messen

Futur II
ich werde ... gemessen haben
du wirst ... gemessen haben
er/sie/es wird ... gemessen haben
wir werden ... gemessen haben
ihr werdet ... gemessen haben
sie werden ... gemessen haben

Imperativ

Singular
miss!

Plural
messt!

Partizip

Partizip I
messend

Partizip II
gemessen

Konjunktiv I

Präsens
ich messe
du messest
er/sie/es messe
wir messen
ihr messet
sie messen

Perfekt
ich habe ... gemessen
du habest ... gemessen
er/sie/es habe ... gemessen
wir haben ... gemessen
ihr habet ... gemessen
sie haben ... gemessen

Futur I
ich werde ... messen
du werdest ... messen
er/sie/es werde ... messen
wir werden ... messen
ihr werdet ... messen
sie werden ... messen

Futur II
ich werde ... gemessen haben
du werdest ... gemessen haben
er/sie/es werde ... gemessen haben
wir werden ... gemessen haben
ihr werdet ... gemessen haben
sie werden ... gemessen haben

Konjunktiv II

Präsens
ich mäße
du mäßest
er/sie/es mäße
wir mäßen
ihr mäßet
sie mäßen

Perfekt
ich hätte ... gemessen
du hättest ... gemessen
er/sie/es hätte ... gemessen
wir hätten ... gemessen
ihr hättet ... gemessen
sie hätten ... gemessen

würde + *Infinitiv*
ich würde ... messen
du würdest ... messen
er/sie/es würde ... messen
wir würden ... messen
ihr würdet ... messen
sie würden ... messen

würde + *Infinitiv Perfekt*
ich würde ... gemessen haben
du würdest ... gemessen haben
er/sie/es würde ... gemessen haben
wir würden ... gemessen haben
ihr würdet ... gemessen haben
sie würden ... gemessen haben

misslingen

Indikativ

Präsens
ich —
du —
er/sie/es misslingt
wir —
ihr —
sie misslingen

Präteritum
ich —
du —
er/sie/es misslang
wir —
ihr —
sie misslangen

Perfekt
ich —
du —
er/sie/es ist ... misslungen
wir —
ihr —
sie sind ... misslungen

Plusquamperfekt
ich —
du —
er/sie/es war ... misslungen
wir —
ihr —
sie waren ... misslungen

Futur I
ich —
du —
er/sie/es wird ... misslingen
wir —
ihr —
sie werden ... misslingen

Futur II
ich —
du —
er/sie/es wird ... misslungen sein
wir —
ihr —
sie werden ... misslungen sein

Imperativ

Singular
—

Plural
—

Partizip

Partizip I
misslingend

Partizip II
misslungen

Konjunktiv I

Präsens
ich —
du —
er/sie/es misslinge
wir —
ihr —
sie misslingen

Perfekt
ich —
du —
er/sie/es sei ... misslungen
wir —
ihr —
sie seien ... misslungen

Futur I
ich —
du —
er/sie/es werde ... misslingen
wir —
ihr —
sie werden ... misslingen

Futur II
ich —
du —
er/sie/es werde ... misslungen sein
wir —
ihr —
sie werden ... misslungen sein

Konjunktiv II

Präsens
ich —
du —
er/sie/es misslänge
wir —
ihr —
sie misslängen

Perfekt
ich —
du —
er/sie/es wäre ... misslungen
wir —
ihr —
sie wären ... misslungen

würde + *Infinitiv*
ich —
du —
er/sie/es würde ... misslingen
wir —
ihr —
sie würden ... misslingen

würde + *Infinitiv Perfekt*
ich —
du —
er/sie/es würde ... misslungen sein
wir —
ihr —
sie würden ... misslungen sein

mögen

Indikativ

Präsens
ich mag
du magst
er/sie/es mag
wir mögen
ihr mögt
sie mögen

Präteritum
ich mochte
du mochtest
er/sie/es mochte
wir mochten
ihr mochtet
sie mochten

Perfekt
ich habe ... gemocht
du hast ... gemocht
er/sie/es hat ... gemocht
wir haben ... gemocht
ihr habt ... gemocht
sie haben ... gemocht

Plusquamperfekt
ich hatte ... gemocht
du hattest ... gemocht
er/sie/es hatte ... gemocht
wir hatten ... gemocht
ihr hattet ... gemocht
sie hatten ... gemocht

Futur I
ich werde ... mögen
du wirst ... mögen
er/sie/es wird ... mögen
wir werden ... mögen
ihr werdet ... mögen
sie werden ... mögen

Futur II
ich werde ... gemocht haben
du wirst ... gemocht haben
er/sie/es wird ... gemocht haben
wir werden ... gemocht haben
ihr werdet ... gemocht haben
sie werden ... gemocht haben

Imperativ

Singular
—

Plural
—

Partizip

Partizip I
mögend

Partizip II
gemocht

Konjunktiv I

Präsens
ich möge
du mögest
er/sie/es möge
wir mögen
ihr möget
sie mögen

Perfekt
ich habe ... gemocht
du habest ... gemocht
er/sie/es habe ... gemocht
wir haben ... gemocht
ihr habet ... gemocht
sie haben ... gemocht

Futur I
ich werde ... mögen
du werdest ... mögen
er/sie/es werde ... mögen
wir werden ... mögen
ihr werdet ... mögen
sie werden ... mögen

Futur II
ich werde ... gemocht haben
du werdest ... gemocht haben
er/sie/es werde ... gemocht haben
wir werden ... gemocht haben
ihr werdet ... gemocht haben
sie werden ... gemocht haben

Konjunktiv II

Präsens
ich möchte
du möchtest
er/sie/es möchte
wir möchten
ihr möchtet
sie möchten

Perfekt
ich hätte ... gemocht
du hättest ... gemocht
er/sie/es hätte ... gemocht
wir hätten ... gemocht
ihr hättet ... gemocht
sie hätten ... gemocht

würde + *Infinitiv*
ich würde ... mögen
du würdest ... mögen
er/sie/es würde ... mögen
wir würden ... mögen
ihr würdet ... mögen
sie würden ... mögen

würde + *Infinitiv Perfekt*
ich würde ... gemocht haben
du würdest ... gemocht haben
er/sie/es würde ... gemocht haben
wir würden ... gemocht haben
ihr würdet ... gemocht haben
sie würden ... gemocht haben

müssen

Indikativ

Präsens
ich muss
du musst
er/sie/es muss
wir müssen
ihr müsst
sie müssen

Präteritum
ich musste
du musstest
er/sie/es musste
wir mussten
ihr musstet
sie mussten

Perfekt
ich habe ... gemusst
du hast ... gemusst
er/sie/es hat ... gemusst
wir haben ... gemusst
ihr habt ... gemusst
sie haben ... gemusst

Plusquamperfekt
ich hatte ... gemusst
du hattest ... gemusst
er/sie/es hatte ... gemusst
wir hatten ... gemusst
ihr hattet ... gemusst
sie hatten ... gemusst

Futur I
ich werde ... müssen
du wirst ... müssen
er/sie/es wird ... müssen
wir werden ... müssen
ihr werdet ... müssen
sie werden ... müssen

Futur II
ich werde ... gemusst haben
du wirst ... gemusst haben
er/sie/es wird ... gemusst haben
wir werden ... gemusst haben
ihr werdet ... gemusst haben
sie werden ... gemusst haben

Imperativ

Singular
—

Plural
—

Partizip

Partizip I
müssend

Partizip II
gemusst

Konjunktiv I

Präsens
ich müsse
du müssest
er/sie/es müsse
wir müssen
ihr müsset
sie müssen

Perfekt
ich habe ... gemusst
du habest ... gemusst
er/sie/es habe ... gemusst
wir haben ... gemusst
ihr habet ... gemusst
sie haben ... gemusst

Futur I
ich werde ... müssen
du werdest ... müssen
er/sie/es werde ... müssen
wir werden ... müssen
ihr werdet ... müssen
sie werden ... müssen

Futur II
ich werde ... gemusst haben
du werdest ... gemusst haben
er/sie/es werde ... gemusst haben
wir werden ... gemusst haben
ihr werdet ... gemusst haben
sie werden ... gemusst haben

Konjunktiv II

Präsens
ich müsste
du müsstest
er/sie/es müsste
wir müssten
ihr müsstet
sie müssten

Perfekt
ich hätte ... gemusst
du hättest ... gemusst
er/sie/es hätte ... gemusst
wir hätten ... gemusst
ihr hättet ... gemusst
sie hätten ... gemusst

würde + *Infinitiv*
ich würde ... müssen
du würdest ... müssen
er/sie/es würde ... müssen
wir würden ... müssen
ihr würdet ... müssen
sie würden ... müssen

würde + *Infinitiv Perfekt*
ich würde ... gemusst haben
du würdest ... gemusst haben
er/sie/es würde ... gemusst haben
wir würden ... gemusst haben
ihr würdet ... gemusst haben
sie würden ... gemusst haben

nehmen

Indikativ

Präsens
ich nehme
du nimmst
er/sie/es nimmt
wir nehmen
ihr nehmt
sie nehmen

Präteritum
ich nahm
du nahmst
er/sie/es nahm
wir nahmen
ihr nahmt
sie nahmen

Perfekt
ich habe ... genommen
du hast ... genommen
er/sie/es hat ... genommen
wir haben ... genommen
ihr habt ... genommen
sie haben ... genommen

Plusquamperfekt
ich hatte ... genommen
du hattest ... genommen
er/sie/es hatte ... genommen
wir hatten ... genommen
ihr hattet ... genommen
sie hatten ... genommen

Futur I
ich werde ... nehmen
du wirst ... nehmen
er/sie/es wird ... nehmen
wir werden ... nehmen
ihr werdet ... nehmen
sie werden ... nehmen

Futur II
ich werde ... genommen haben
du wirst ... genommen haben
er/sie/es wird ... genommen haben
wir werden ... genommen haben
ihr werdet ... genommen haben
sie werden ... genommen haben

Imperativ

Singular
nimm!

Plural
nehmt!

Partizip

Partizip I
nehmend

Partizip II
genommen

starke Verben

Konjunktiv I

Präsens
ich nehme
du nehmest
er/sie/es nehme
wir nehmen
ihr nehmet
sie nehmen

Perfekt
ich habe ... genommen
du habest ... genommen
er/sie/es habe ... genommen
wir haben ... genommen
ihr habet ... genommen
sie haben ... genommen

Futur I
ich werde ... nehmen
du werdest ... nehmen
er/sie/es werde ... nehmen
wir werden ... nehmen
ihr werdet ... nehmen
sie werden ... nehmen

Futur II
ich werde ... genommen haben
du werdest ... genommen haben
er/sie/es werde ... genommen haben
wir werden ... genommen haben
ihr werdet ... genommen haben
sie werden ... genommen haben

Konjunktiv II

Präsens
ich nähme
du nähm(e)st
er/sie/es nähme
wir nähmen
ihr nähm(e)t
sie nähmen

Perfekt
ich hätte ... genommen
du hättest ... genommen
er/sie/es hätte ... genommen
wir hätten ... genommen
ihr hättet ... genommen
sie hätten ... genommen

würde + Infinitiv
ich würde ... nehmen
du würdest ... nehmen
er/sie/es würde ... nehmen
wir würden ... nehmen
ihr würdet ... nehmen
sie würden ... nehmen

würde + Infinitiv Perfekt
ich würde ... genommen haben
du würdest ... genommen haben
er/sie/es würde ... genommen haben
wir würden ... genommen haben
ihr würdet ... genommen haben
sie würden ... genommen haben

81 nennen

Indikativ

Präsens
ich nenne
du nennst
er/sie/es nennt
wir nennen
ihr nennt
sie nennen

Präteritum
ich nannte
du nanntest
er/sie/es nannte
wir nannten
ihr nanntet
sie nannten

Perfekt
ich habe ... genannt
du hast ... genannt
er/sie/es hat ... genannt
wir haben ... genannt
ihr habt ... genannt
sie haben ... genannt

Plusquamperfekt
ich hatte ... genannt
du hattest ... genannt
er/sie/es hatte ... genannt
wir hatten ... genannt
ihr hattet ... genannt
sie hatten ... genannt

Futur I
ich werde ... nennen
du wirst ... nennen
er/sie/es wird ... nennen
wir werden ... nennen
ihr werdet ... nennen
sie werden ... nennen

Futur II
ich werde ... genannt haben
du wirst ... genannt haben
er/sie/es wird ... genannt haben
wir werden ... genannt haben
ihr werdet ... genannt haben
sie werden ... genannt haben

starke Verben

Imperativ

Singular
nenn(e)!

Plural
nennt!

Partizip

Partizip I
nennend

Partizip II
genannt

Konjunktiv I

Präsens
ich nenne
du nennest
er/sie/es nenne
wir nennen
ihr nennet
sie nennen

Perfekt
ich habe ... genannt
du habest ... genannt
er/sie/es habe ... genannt
wir haben ... genannt
ihr habet ... genannt
sie haben ... genannt

Futur I
ich werde ... nennen
du werdest ... nennen
er/sie/es werde ... nennen
wir werden ... nennen
ihr werdet ... nennen
sie werden ... nennen

Futur II
ich werde ... genannt haben
du werdest ... genannt haben
er/sie/es werde ... genannt haben
wir werden ... genannt haben
ihr werdet ... genannt haben
sie werden ... genannt haben

Konjunktiv II

Präsens
ich nennte
du nenntest
er/sie/es nennte
wir nennten
ihr nenntet
sie nennten

Perfekt
ich hätte ... genannt
du hättest ... genannt
er/sie/es hätte ... genannt
wir hätten ... genannt
ihr hättet ... genannt
sie hätten ... genannt

würde + *Infinitiv*
ich würde ... nennen
du würdest ... nennen
er/sie/es würde ... nennen
wir würden ... nennen
ihr würdet ... nennen
sie würden ... nennen

würde + *Infinitiv Perfekt*
ich würde ... genannt haben
du würdest ... genannt haben
er/sie/es würde ... genannt haben
wir würden ... genannt haben
ihr würdet ... genannt haben
sie würden ... genannt haben

82 pfeifen

Indikativ

Präsens
ich pfeife
du pfeifst
er/sie/es pfeift
wir pfeifen
ihr pfeift
sie pfeifen

Präteritum
ich pfiff
du pfiffst
er/sie/es pfiff
wir pfiffen
ihr pfifft
sie pfiffen

Perfekt
ich habe ... gepfiffen
du hast ... gepfiffen
er/sie/es hat ... gepfiffen
wir haben ... gepfiffen
ihr habt ... gepfiffen
sie haben ... gepfiffen

Plusquamperfekt
ich hatte ... gepfiffen
du hattest ... gepfiffen
er/sie/es hatte ... gepfiffen
wir hatten ... gepfiffen
ihr hattet ... gepfiffen
sie hatten ... gepfiffen

Futur I
ich werde ... pfeifen
du wirst ... pfeifen
er/sie/es wird ... pfeifen
wir werden ... pfeifen
ihr werdet ... pfeifen
sie werden ... pfeifen

Futur II
ich werde ... gepfiffen haben
du wirst ... gepfiffen haben
er/sie/es wird ... gepfiffen haben
wir werden ... gepfiffen haben
ihr werdet ... gepfiffen haben
sie werden ... gepfiffen haben

Imperativ

Singular
pfeif(e)!

Plural
pfeift!

Partizip

Partizip I
pfeifend

Partizip II
gepfiffen

starke Verben

Konjunktiv I

Präsens
ich pfeife
du pfeifest
er/sie/es pfeife
wir pfeifen
ihr pfeifet
sie pfeifen

Perfekt
ich habe ... gepfiffen
du habest ... gepfiffen
er/sie/es habe ... gepfiffen
wir haben ... gepfiffen
ihr habet ... gepfiffen
sie haben ... gepfiffen

Futur I
ich werde ... pfeifen
du werdest ... pfeifen
er/sie/es werde ... pfeifen
wir werden ... pfeifen
ihr werdet ... pfeifen
sie werden ... pfeifen

Futur II
ich werde ... gepfiffen haben
du werdest ... gepfiffen haben
er/sie/es werde ... gepfiffen haben
wir werden ... gepfiffen haben
ihr werdet ... gepfiffen haben
sie werden ... gepfiffen haben

Konjunktiv II

Präsens
ich pfiffe
du pfiffest
er/sie/es pfiffe
wir pfiffen
ihr pfiffet
sie pfiffen

Perfekt
ich hätte ... gepfiffen
du hättest ... gepfiffen
er/sie/es hätte ... gepfiffen
wir hätten ... gepfiffen
ihr hättet ... gepfiffen
sie hätten ... gepfiffen

würde + *Infinitiv*
ich würde ... pfeifen
du würdest ... pfeifen
er/sie/es würde ... pfeifen
wir würden ... pfeifen
ihr würdet ... pfeifen
sie würden ... pfeifen

würde + *Infinitiv Perfekt*
ich würde ... gepfiffen haben
du würdest ... gepfiffen haben
er/sie/es würde ... gepfiffen haben
wir würden ... gepfiffen haben
ihr würdet ... gepfiffen haben
sie würden ... gepfiffen haben

83 preisen

Indikativ

Präsens
ich preise
du preist
er/sie/es preist
wir preisen
ihr preist
sie preisen

Präteritum
ich pries
du priest
er/sie/es pries
wir priesen
ihr priest
sie priesen

Perfekt
ich habe ... gepriesen
du hast ... gepriesen
er/sie/es hat ... gepriesen
wir haben ... gepriesen
ihr habt ... gepriesen
sie haben ... gepriesen

Plusquamperfekt
ich hatte ... gepriesen
du hattest ... gepriesen
er/sie/es hatte ... gepriesen
wir hatten ... gepriesen
ihr hattet ... gepriesen
sie hatten ... gepriesen

Futur I
ich werde ... preisen
du wirst ... preisen
er/sie/es wird ... preisen
wir werden ... preisen
ihr werdet ... preisen
sie werden ... preisen

Futur II
ich werde ... gepriesen haben
du wirst ... gepriesen haben
er/sie/es wird ... gepriesen haben
wir werden ... gepriesen haben
ihr werdet ... gepriesen haben
sie werden ... gepriesen haben

Imperativ

Singular
preis(e)!

Plural
preist!

Partizip

Partizip I
preisend

Partizip II
gepriesen

Konjunktiv I

Präsens

ich preise
du preisest
er/sie/es preise
wir preisen
ihr preiset
sie preisen

Perfekt

ich habe ... gepriesen
du habest ... gepriesen
er/sie/es habe ... gepriesen
wir haben ... gepriesen
ihr habet ... gepriesen
sie haben ... gepriesen

Futur I

ich werde ... preisen
du werdest ... preisen
er/sie/es werde ... preisen
wir werden ... preisen
ihr werdet ... preisen
sie werden ... preisen

Futur II

ich werde ... gepriesen haben
du werdest ... gepriesen haben
er/sie/es werde ... gepriesen haben
wir werden ... gepriesen haben
ihr werdet ... gepriesen haben
sie werden ... gepriesen haben

Konjunktiv II

Präsens

ich priese
du priesest
er/sie/es priese
wir priesen
ihr prieset
sie priesen

Perfekt

ich hätte ... gepriesen
du hättest ... gepriesen
er/sie/es hätte ... gepriesen
wir hätten ... gepriesen
ihr hättet ... gepriesen
sie hätten ... gepriesen

würde + *Infinitiv*

ich würde ... preisen
du würdest ... preisen
er/sie/es würde ... preisen
wir würden ... preisen
ihr würdet ... preisen
sie würden ... preisen

würde + *Infinitiv Perfekt*

ich würde ... gepriesen haben
du würdest ... gepriesen haben
er/sie/es würde ... gepriesen haben
wir würden ... gepriesen haben
ihr würdet ... gepriesen haben
sie würden ... gepriesen haben

84 raten

Indikativ

Präsens
ich rate
du rätst
er/sie/es rät
wir raten
ihr ratet
sie raten

Präteritum
ich riet
du riet(e)st
er/sie/es riet
wir rieten
ihr rietet
sie rieten

Perfekt
ich habe ... geraten
du hast ... geraten
er/sie/es hat ... geraten
wir haben ... geraten
ihr habt ... geraten
sie haben ... geraten

Plusquamperfekt
ich hatte ... geraten
du hattest ... geraten
er/sie/es hatte ... geraten
wir hatten ... geraten
ihr hattet ... geraten
sie hatten ... geraten

Futur I
ich werde ... raten
du wirst ... raten
er/sie/es wird ... raten
wir werden ... raten
ihr werdet ... raten
sie werden ... raten

Futur II
ich werde ... geraten haben
du wirst ... geraten haben
er/sie/es wird ... geraten haben
wir werden ... geraten haben
ihr werdet ... geraten haben
sie werden ... geraten haben

Imperativ

Singular
rat(e)!

Plural
ratet!

Partizip

Partizip I
ratend

Partizip II
geraten

Konjunktiv I

Präsens
ich rate
du ratest
er/sie/es rate
wir raten
ihr ratet
sie raten

Perfekt
ich habe ... geraten
du habest ... geraten
er/sie/es habe ... geraten
wir haben ... geraten
ihr habet ... geraten
sie haben ... geraten

Futur I
ich werde ... raten
du werdest ... raten
er/sie/es werde ... raten
wir werden ... raten
ihr werdet ... raten
sie werden ... raten

Futur II
ich werde ... geraten haben
du werdest ... geraten haben
er/sie/es werde ... geraten haben
wir werden ... geraten haben
ihr werdet ... geraten haben
sie werden ... geraten haben

Konjunktiv II

Präsens
ich riete
du rietest
er/sie/es riete
wir rieten
ihr rietet
sie rieten

Perfekt
ich hätte ... geraten
du hättest ... geraten
er/sie/es hätte ... geraten
wir hätten ... geraten
ihr hättet ... geraten
sie hätten ... geraten

würde + *Infinitiv*
ich würde ... raten
du würdest ... raten
er/sie/es würde ... raten
wir würden ... raten
ihr würdet ... raten
sie würden ... raten

würde + *Infinitiv Perfekt*
ich würde ... geraten haben
du würdest ... geraten haben
er/sie/es würde ... geraten haben
wir würden ... geraten haben
ihr würdet ... geraten haben
sie würden ... geraten haben

85 reiben

Indikativ

Präsens
ich reibe
du reibst
er/sie/es reibt
wir reiben
ihr reibt
sie reiben

Präteritum
ich rieb
du riebst
er/sie/es rieb
wir rieben
ihr riebt
sie rieben

Perfekt
ich habe ... gerieben
du hast ... gerieben
er/sie/es hat ... gerieben
wir haben ... gerieben
ihr habt ... gerieben
sie haben ... gerieben

Plusquamperfekt
ich hatte ... gerieben
du hattest ... gerieben
er/sie/es hatte ... gerieben
wir hatten ... gerieben
ihr hattet ... gerieben
sie hatten ... gerieben

Futur I
ich werde ... reiben
du wirst ... reiben
er/sie/es wird ... reiben
wir werden ... reiben
ihr werdet ... reiben
sie werden ... reiben

Futur II
ich werde ... gerieben haben
du wirst ... gerieben haben
er/sie/es wird ... gerieben haben
wir werden ... gerieben haben
ihr werdet ... gerieben haben
sie werden ... gerieben haben

Imperativ

Singular
reib(e)!

Plural
reibt!

Partizip

Partizip I
reibend

Partizip II
gerieben

starke Verben

Konjunktiv I

Präsens
ich reibe
du reibest
er/sie/es reibe
wir reiben
ihr reibet
sie reiben

Perfekt
ich habe ... gerieben
du habest ... gerieben
er/sie/es habe ... gerieben
wir haben ... gerieben
ihr habet ... gerieben
sie haben ... gerieben

Futur I
ich werde ... reiben
du werdest ... reiben
er/sie/es werde ... reiben
wir werden ... reiben
ihr werdet ... reiben
sie werden ... reiben

Futur II
ich werde ... gerieben haben
du werdest ... gerieben haben
er/sie/es werde ... gerieben haben
wir werden ... gerieben haben
ihr werdet ... gerieben haben
sie werden ... gerieben haben

Konjunktiv II

Präsens
ich riebe
du riebest
er/sie/es riebe
wir rieben
ihr riebet
sie rieben

Perfekt
ich hätte ... gerieben
du hättest ... gerieben
er/sie/es hätte ... gerieben
wir hätten ... gerieben
ihr hättet ... gerieben
sie hätten ... gerieben

würde + *Infinitiv*
ich würde ... reiben
du würdest ... reiben
er/sie/es würde ... reiben
wir würden ... reiben
ihr würdet ... reiben
sie würden ... reiben

würde + *Infinitiv Perfekt*
ich würde ... gerieben haben
du würdest ... gerieben haben
er/sie/es würde ... gerieben haben
wir würden ... gerieben haben
ihr würdet ... gerieben haben
sie würden ... gerieben haben

86 reißen

Indikativ

Präsens
ich reiße
du reißt
er/sie/es reißt
wir reißen
ihr reißt
sie reißen

Präteritum
ich riss
du rissest
er/sie/es riss
wir rissen
ihr risst
sie rissen

Perfekt
ich habe ... gerissen
du hast ... gerissen
er/sie/es hat ... gerissen
wir haben ... gerissen
ihr habt ... gerissen
sie haben ... gerissen

Plusquamperfekt
ich hatte ... gerissen
du hattest ... gerissen
er/sie/es hatte ... gerissen
wir hatten ... gerissen
ihr hattet ... gerissen
sie hatten ... gerissen

Futur I
ich werde ... reißen
du wirst ... reißen
er/sie/es wird ... reißen
wir werden ... reißen
ihr werdet ... reißen
sie werden ... reiben

Futur II
ich werde ... gerissen haben
du wirst ... gerissen haben
er/sie/es wird ... gerissen haben
wir werden ... gerissen haben
ihr werdet ... gerissen haben
sie werden ... gerissen haben

starke Verben

Imperativ

Singular
reiß!

Plural
reißt!

Partizip

Partizip I
reißend

Partizip II
gerissen

Konjunktiv I

Präsens
ich reiße
du reißest
er/sie/es reiße
wir reißen
ihr reißet
sie reißen

Perfekt
ich habe ... gerissen
du habest ... gerissen
er/sie/es habe ... gerissen
wir haben ... gerissen
ihr habet ... gerissen
sie haben ... gerissen

Futur I
ich werde ... reißen
du werdest ... reißen
er/sie/es werde ... reißen
wir werden ... reißen
ihr werdet ... reißen
sie werden ... reißen

Futur II
ich werde ... gerissen haben
du werdest ... gerissen haben
er/sie/es werde ... gerissen haben
wir werden ... gerissen haben
ihr werdet ... gerissen haben
sie werden ... gerissen haben

Konjunktiv II

Präsens
ich risse
du rissest
er/sie/es risse
wir rissen
ihr risset
sie rissen

Perfekt
ich hätte ... gerissen
du hättest ... gerissen
er/sie/es hätte ... gerissen
wir hätten ... gerissen
ihr hättet ... gerissen
sie hätten ... gerissen

würde + *Infinitiv*
ich würde ... reißen
du würdest ... reißen
er/sie/es würde ... reißen
wir würden ... reißen
ihr würdet ... reißen
sie würden ... reißen

würde + *Infinitiv Perfekt*
ich würde ... gerissen haben
du würdest ... gerissen haben
er/sie/es würde ... gerissen haben
wir würden ... gerissen haben
ihr würdet ... gerissen haben
sie würden ... gerissen haben

87 reiten

Indikativ

starke Verben

Präsens
ich reite
du reitest
er/sie/es reitet
wir reiten
ihr reitet
sie reiten

Präteritum
ich ritt
du rittest
er/sie/es ritt
wir ritten
ihr rittet
sie ritten

Perfekt
ich bin ... geritten
du bist ... geritten
er/sie/es ist ... geritten
wir sind ... geritten
ihr seid ... geritten
sie sind ... geritten

Plusquamperfekt
ich war ... geritten
du warst ... geritten
er/sie/es war ... geritten
wir waren ... geritten
ihr wart ... geritten
sie waren ... geritten

Futur I
ich werde ... reiten
du wirst ... reiten
er/sie/es wird ... reiten
wir werden ... reiten
ihr werdet ... reiten
sie werden ... reiten

Futur II
ich werde ... geritten sein
du wirst ... geritten sein
er/sie/es wird ... geritten sein
wir werden ... geritten sein
ihr werdet ... geritten sein
sie werden ... geritten sein

Imperativ

Singular
reit(e)!

Plural
reitet!

Partizip

Partizip I
reitend

Partizip II
geritten

Konjunktiv I

Präsens
ich reite
du reitest
er/sie/es reite
wir reiten
ihr reitet
sie reiten

Perfekt
ich sei ... geritten
du sei(e)st ... geritten
er/sie/es sei ... geritten
wir seien ... geritten
ihr seiet ... geritten
sie seien ... geritten

Futur I
ich werde ... reiten
du werdest ... reiten
er/sie/es werde ... reiten
wir werden ... reiten
ihr werdet ... reiten
sie werden ... reiten

Futur II
ich werde ... geritten sein
du werdest ... geritten sein
er/sie/es werde ... geritten sein
wir werden ... geritten sein
ihr werdet ... geritten sein
sie werden ... geritten sein

Konjunktiv II

Präsens
ich ritte
du rittest
er/sie/es ritte
wir ritten
ihr rittet
sie ritten

Perfekt
ich wäre ... geritten
du wär(e)st ... geritten
er/sie/es wäre ... geritten
wir wären ... geritten
ihr wär(e)t ... geritten
sie wären ... geritten

würde + *Infinitiv*
ich würde ... reiten
du würdest ... reiten
er/sie/es würde ... reiten
wir würden ... reiten
ihr würdet ... reiten
sie würden ... reiten

würde + *Infinitiv Perfekt*
ich würde ... geritten sein
du würdest ... geritten sein
er/sie/es würde ... geritten sein
wir würden ... geritten sein
ihr würdet ... geritten sein
sie würden ... geritten sein

rennen

Indikativ

Präsens
ich renne
du rennst
er/sie/es rennt
wir rennen
ihr rennt
sie rennen

Präteritum
ich rannte
du ranntest
er/sie/es rannte
wir rannten
ihr ranntet
sie rannten

Perfekt
ich bin ... gerannt
du bist ... gerannt
er/sie/es ist ... gerannt
wir sind ... gerannt
ihr seid ... gerannt
sie sind ... gerannt

Plusquamperfekt
ich war ... gerannt
du warst ... gerannt
er/sie/es war ... gerannt
wir waren ... gerannt
ihr wart ... gerannt
sie waren ... gerannt

Futur I
ich werde ... rennen
du wirst ... rennen
er/sie/es wird ... rennen
wir werden ... rennen
ihr werdet ... rennen
sie werden ... rennen

Futur II
ich werde ... gerannt sein
du wirst ... gerannt sein
er/sie/es wird ... gerannt sein
wir werden ... gerannt sein
ihr werdet ... gerannt sein
sie werden ... gerannt sein

Imperativ

Singular
renn(e)!

Plural
rennt!

Partizip

Partizip I
rennend

Partizip II
gerannt

Konjunktiv I

Präsens
ich renne
du rennest
er/sie/es renne
wir rennen
ihr rennet
sie rennen

Perfekt
ich sei ... gerannt
du sei(e)st ... gerannt
er/sie/es sei ... gerannt
wir seien ... gerannt
ihr seiet ... gerannt
sie seien ... gerannt

Futur I
ich werde ... rennen
du werdest ... rennen
er/sie/es werde ... rennen
wir werden ... rennen
ihr werdet ... rennen
sie werden ... rennen

Futur II
ich werde ... gerannt sein
du werdest ... gerannt sein
er/sie/es werde ... gerannt sein
wir werden ... gerannt sein
ihr werdet ... gerannt sein
sie werden ... geritten sein

Konjunktiv II

Präsens
ich rennte
du renntest
er/sie/es rennte
wir rennten
ihr renntet
sie rennten

Perfekt
ich wäre ... gerannt
du wär(e)st ... gerannt
er/sie/es wäre ... gerannt
wir wären ... gerannt
ihr wär(e)t ... gerannt
sie wären ... gerannt

würde + *Infinitiv*
ich würde ... rennen
du würdest ... rennen
er/sie/es würde ... rennen
wir würden ... rennen
ihr würdet ... rennen
sie würden ... rennen

würde + *Infinitiv Perfekt*
ich würde ... gerannt sein
du würdest ... gerannt sein
er/sie/es würde ... gerannt sein
wir würden ... gerannt sein
ihr würdet ... gerannt sein
sie würden ... gerannt sein

89 riechen

Indikativ

Präsens
ich rieche
du riechst
er/sie/es riecht
wir riechen
ihr riecht
sie riechen

Präteritum
ich roch
du rochst
er/sie/es roch
wir rochen
ihr rocht
sie rochen

Perfekt
ich habe ... gerochen
du hast ... gerochen
er/sie/es hat ... gerochen
wir haben ... gerochen
ihr habt ... gerochen
sie haben ... gerochen

Plusquamperfekt
ich hatte ... gerochen
du hattest ... gerochen
er/sie/es hatte ... gerochen
wir hatten ... gerochen
ihr hattet ... gerochen
sie hatten ... gerochen

Futur I
ich werde ... riechen
du wirst ... riechen
er/sie/es wird ... riechen
wir werden ... riechen
ihr werdet ... riechen
sie werden ... riechen

Futur II
ich werde ... gerochen haben
du wirst ... gerochen haben
er/sie/es wird ... gerochen haben
wir werden ... gerochen haben
ihr werdet ... gerochen haben
sie werden ... gerochen haben

Imperativ

Singular
riech(e)!

Plural
riecht!

Partizip

Partizip I
riechend

Partizip II
gerochen

starke Verben

Konjunktiv I

Präsens
ich rieche
du riechest
er/sie/es rieche
wir riechen
ihr riechet
sie riechen

Perfekt
ich habe ... gerochen
du habest ... gerochen
er/sie/es habe ... gerochen
wir haben ... gerochen
ihr habet ... gerochen
sie haben ... gerochen

Futur I
ich werde ... riechen
du werdest ... riechen
er/sie/es werde ... riechen
wir werden ... riechen
ihr werdet ... riechen
sie werden ... riechen

Futur II
ich werde ... gerochen haben
du werdest ... gerochen haben
er/sie/es werde ... gerochen haben
wir werden ... gerochen haben
ihr werdet ... gerochen haben
sie werden ... gerochen haben

Konjunktiv II

Präsens
ich röche
du röchest
er/sie/es röche
wir röchen
ihr röchet
sie röchen

Perfekt
ich hätte ... gerochen
du hättest ... gerochen
er/sie/es hätte ... gerochen
wir hätten ... gerochen
ihr hättet ... gerochen
sie hätten ... gerochen

würde + Infinitiv
ich würde ... riechen
du würdest ... riechen
er/sie/es würde ... riechen
wir würden ... riechen
ihr würdet ... riechen
sie würden ... riechen

würde + Infinitiv Perfekt
ich würde ... gerochen haben
du würdest ... gerochen haben
er/sie/es würde ... gerochen haben
wir würden ... gerochen haben
ihr würdet ... gerochen haben
sie würden ... gerochen haben

ringen

starke Verben

Indikativ

Präsens
ich ringe
du ringst
er/sie/es ringt
wir ringen
ihr ringt
sie ringen

Präteritum
ich rang
du rangst
er/sie/es rang
wir rangen
ihr rangt
sie rangen

Perfekt
ich habe ... gerungen
du hast ... gerungen
er/sie/es hat ... gerungen
wir haben ... gerungen
ihr habt ... gerungen
sie haben ... gerungen

Plusquamperfekt
ich hatte ... gerungen
du hattest ... gerungen
er/sie/es hatte ... gerungen
wir hatten ... gerungen
ihr hattet ... gerungen
sie hatten ... gerungen

Futur I
ich werde ... ringen
du wirst ... ringen
er/sie/es wird ... ringen
wir werden ... ringen
ihr werdet ... ringen
sie werden ... ringen

Futur II
ich werde ... gerungen haben
du wirst ... gerungen haben
er/sie/es wird ... gerungen haben
wir werden ... gerungen haben
ihr werdet ... gerungen haben
sie werden ... gerungen haben

Imperativ

Singular
ring(e)!

Plural
ringt!

Partizip

Partizip I
ringend

Partizip II
gerungen

Konjunktiv I

Präsens
ich ringe
du ringest
er/sie/es ringe
wir ringen
ihr ringet
sie ringen

Perfekt
ich habe ... gerungen
du habest ... gerungen
er/sie/es habe ... gerungen
wir haben ... gerungen
ihr habet ... gerungen
sie haben ... gerungen

Futur I
ich werde ... ringen
du werdest ... ringen
er/sie/es werde ... ringen
wir werden ... ringen
ihr werdet ... ringen
sie werden ... ringen

Futur II
ich werde ... gerungen haben
du werdest ... gerungen haben
er/sie/es werde ... gerungen haben
wir werden ... gerungen haben
ihr werdet ... gerungen haben
sie werden ... gerungen haben

Konjunktiv II

Präsens
ich ränge
du rängest
er/sie/es ränge
wir rängen
ihr ränget
sie rängen

Perfekt
ich hätte ... gerungen
du hättest ... gerungen
er/sie/es hätte ... gerungen
wir hätten ... gerungen
ihr hättet ... gerungen
sie hätten ... gerungen

würde + *Infinitiv*
ich würde ... ringen
du würdest ... ringen
er/sie/es würde ... ringen
wir würden ... ringen
ihr würdet ... ringen
sie würden ... ringen

würde + *Infinitiv Perfekt*
ich würde ... gerungen haben
du würdest ... gerungen haben
er/sie/es würde ... gerungen haben
wir würden ... gerungen haben
ihr würdet ... gerungen haben
sie würden ... gerungen haben

rufen

Indikativ

Präsens
ich rufe
du rufst
er/sie/es ruft
wir rufen
ihr ruft
sie rufen

Präteritum
ich rief
du riefst
er/sie/es rief
wir riefen
ihr rieft
sie riefen

Perfekt
ich habe ... gerufen
du hast ... gerufen
er/sie/es hat ... gerufen
wir haben ... gerufen
ihr habt ... gerufen
sie haben ... gerufen

Plusquamperfekt
ich hatte ... gerufen
du hattest ... gerufen
er/sie/es hatte ... gerufen
wir hatten ... gerufen
ihr hattet ... gerufen
sie hatten ... gerufen

Futur I
ich werde ... rufen
du wirst ... rufen
er/sie/es wird ... rufen
wir werden ... rufen
ihr werdet ... rufen
sie werden ... rufen

Futur II
ich werde ... gerufen haben
du wirst ... gerufen haben
er/sie/es wird ... gerufen haben
wir werden ... gerufen haben
ihr werdet ... gerufen haben
sie werden ... gerufen haben

Imperativ

Singular
ruf(e)!

Plural
ruft!

Partizip

Partizip I
rufend

Partizip II
gerufen

Konjunktiv I

Präsens
ich rufe
du rufest
er/sie/es rufe
wir rufen
ihr rufet
sie rufen

Perfekt
ich habe ... gerufen
du habest ... gerufen
er/sie/es habe ... gerufen
wir haben ... gerufen
ihr habet ... gerufen
sie haben ... gerufen

Futur I
ich werde ... rufen
du werdest ... rufen
er/sie/es werde ... rufen
wir werden ... rufen
ihr werdet ... rufen
sie werden ... rufen

Futur II
ich werde ... gerufen haben
du werdest ... gerufen haben
er/sie/es werde ... gerufen haben
wir werden ... gerufen haben
ihr werdet ... gerufen haben
sie werden ... gerufen haben

Konjunktiv II

Präsens
ich riefe
du riefest
er/sie/es riefe
wir riefen
ihr riefet
sie riefen

Perfekt
ich hätte ... gerufen
du hättest ... gerufen
er/sie/es hätte ... gerufen
wir hätten ... gerufen
ihr hättet ... gerufen
sie hätten ... gerufen

würde + Infinitiv
ich würde ... rufen
du würdest ... rufen
er/sie/es würde ... rufen
wir würden ... rufen
ihr würdet ... rufen
sie würden ... rufen

würde + Infinitiv Perfekt
ich würde ... gerufen haben
du würdest ... gerufen haben
er/sie/es würde ... gerufen haben
wir würden ... gerufen haben
ihr würdet ... gerufen haben
sie würden ... gerufen haben

92 saufen

Indikativ

Präsens
ich saufe
du säufst
er/sie/es säuft
wir saufen
ihr sauft
sie saufen

Präteritum
ich soff
du soffst
er/sie/es soff
wir soffen
ihr sofft
sie soffen

Perfekt
ich habe ... gesoffen
du hast ... gesoffen
er/sie/es hat ... gesoffen
wir haben ... gesoffen
ihr habt ... gesoffen
sie haben ... gesoffen

Plusquamperfekt
ich hatte ... gesoffen
du hattest ... gesoffen
er/sie/es hatte ... gesoffen
wir hatten ... gesoffen
ihr hattet ... gesoffen
sie hatten ... gesoffen

Futur I
ich werde ... saufen
du wirst ... saufen
er/sie/es wird ... saufen
wir werden ... saufen
ihr werdet ... saufen
sie werden ... saufen

Futur II
ich werde ... gesoffen haben
du wirst ... gesoffen haben
er/sie/es wird ... gesoffen haben
wir werden ... gesoffen haben
ihr werdet ... gesoffen haben
sie werden ... gesoffen haben

Imperativ

Singular
sauf(e)!

Plural
sauft!

Partizip

Partizip I
saufend

Partizip II
gesoffen

starke Verben

Konjunktiv I

Präsens
ich saufe
du saufest
er/sie/es saufe
wir saufen
ihr saufet
sie saufen

Perfekt
ich habe ... gesoffen
du habest ... gesoffen
er/sie/es habe ... gesoffen
wir haben ... gesoffen
ihr habet ... gesoffen
sie haben ... gesoffen

Futur I
ich werde ... saufen
du werdest ... saufen
er/sie/es werde ... saufen
wir werden ... saufen
ihr werdet ... saufen
sie werden ... saufen

Futur II
ich werde ... gesoffen haben
du werdest ... gesoffen haben
er/sie/es werde ... gesoffen haben
wir werden ... gesoffen haben
ihr werdet ... gesoffen haben
sie werden ... gesoffen haben

Konjunktiv II

Präsens
ich söffe
du söffest
er/sie/es söffe
wir söffen
ihr söffet
sie söffen

Perfekt
ich hätte ... gesoffen
du hättest ... gesoffen
er/sie/es hätte ... gesoffen
wir hätten ... gesoffen
ihr hättet ... gesoffen
sie hätten ... gesoffen

würde + *Infinitiv*
ich würde ... saufen
du würdest ... saufen
er/sie/es würde ... saufen
wir würden ... saufen
ihr würdet ... saufen
sie würden ... saufen

würde + *Infinitiv Perfekt*
ich würde ... gesoffen haben
du würdest ... gesoffen haben
er/sie/es würde ... gesoffen haben
wir würden ... gesoffen haben
ihr würdet ... gesoffen haben
sie würden ... gesoffen haben

saugen*

Indikativ

Präsens
ich sauge
du saugst
er/sie/es saugt
wir saugen
ihr saugt
sie saugen

Präteritum
ich sog
du sogst
er/sie/es sog
wir sogen
ihr sogt
sie sogen

Perfekt
ich habe ... gesogen
du hast ... gesogen
er/sie/es hat ... gesogen
wir haben ... gesogen
ihr habt ... gesogen
sie haben ... gesogen

Plusquamperfekt
ich hatte ... gesogen
du hattest ... gesogen
er/sie/es hatte ... gesogen
wir hatten ... gesogen
ihr hattet ... gesogen
sie hatten ... gesogen

Futur I
ich werde ... saugen
du wirst ... saugen
er/sie/es wird ... saugen
wir werden ... saugen
ihr werdet ... saugen
sie werden ... saugen

Futur II
ich werde ... gesogen haben
du wirst ... gesogen haben
er/sie/es wird ... gesogen haben
wir werden ... gesogen haben
ihr werdet ... gesogen haben
sie werden ... gesogen haben

Imperativ

Singular
saug(e)!

Plural
saugt!

Partizip

Partizip I
saugend

Partizip II
gesogen

* wird meistens regelmäßig konjugiert

Konjunktiv I

Präsens
ich sauge
du saugest
er/sie/es sauge
wir saugen
ihr sauget
sie saugen

Perfekt
ich habe ... gesogen
du habest ... gesogen
er/sie/es habe ... gesogen
wir haben ... gesogen
ihr habet ... gesogen
sie haben ... gesogen

Futur I
ich werde ... saugen
du werdest ... saugen
er/sie/es werde ... saugen
wir werden ... saugen
ihr werdet ... saugen
sie werden ... saugen

Futur II
ich werde ... gesogen haben
du werdest ... gesogen haben
er/sie/es werde ... gesogen haben
wir werden ... gesogen haben
ihr werdet ... gesogen haben
sie werden ... gesogen haben

Konjunktiv II

Präsens
ich söge
du sögest
er/sie/es söge
wir sögen
ihr söget
sie sögen

Perfekt
ich hätte ... gesogen
du hättest ... gesogen
er/sie/es hätte ... gesogen
wir hätten ... gesogen
ihr hättet ... gesogen
sie hätten ... gesogen

würde + Infinitiv
ich würde ... saugen
du würdest ... saugen
er/sie/es würde ... saugen
wir würden ... saugen
ihr würdet ... saugen
sie würden ... saugen

würde + Infinitiv Perfekt
ich würde ... gesogen haben
du würdest ... gesogen haben
er/sie/es würde ... gesogen haben
wir würden ... gesogen haben
ihr würdet ... gesogen haben
sie würden ... gesogen haben

schaffen*

Indikativ

Präsens
ich schaffe
du schaffst
er/sie/es schafft
wir schaffen
ihr schafft
sie schaffen

Präteritum
ich schuf
du schufst
er/sie/es schuf
wir schufen
ihr schuft
sie schufen

Perfekt
ich habe ... geschaffen
du hast ... geschaffen
er/sie/es hat ... geschaffen
wir haben ... geschaffen
ihr habt ... geschaffen
sie haben ... geschaffen

Plusquamperfekt
ich hatte ... geschaffen
du hattest ... geschaffen
er/sie/es hatte ... geschaffen
wir hatten ... geschaffen
ihr hattet ... geschaffen
sie hatten ... geschaffen

Futur I
ich werde ... schaffen
du wirst ... schaffen
er/sie/es wird ... schaffen
wir werden ... schaffen
ihr werdet ... schaffen
sie werden ... schaffen

Futur II
ich werde ... geschaffen haben
du wirst ... geschaffen haben
er/sie/es wird ... geschaffen haben
wir werden ... geschaffen haben
ihr werdet ... geschaffen haben
sie werden ... geschaffen haben

starke Verben

Imperativ

Singular
schaff(e)!

Plural
schafft!

Partizip

Partizip I
schaffend

Partizip II
geschaffen

* wird im Sinne von „arbeiten" und mit den Vorsilben *an-*, *be-*, *ver-*, *hinaus-* u. a. regelmäßig konjugiert

Konjunktiv I

Präsens
ich schaffe
du schaffest
er/sie/es schaffe
wir schaffen
ihr schaffet
sie schaffen

Perfekt
ich habe ... geschaffen
du habest ... geschaffen
er/sie/es habe ... geschaffen
wir haben ... geschaffen
ihr habet ... geschaffen
sie haben ... geschaffen

Futur I
ich werde ... schaffen
du werdest ... schaffen
er/sie/es werde ... schaffen
wir werden ... schaffen
ihr werdet ... schaffen
sie werden ... schaffen

Futur II
ich werde ... geschaffen haben
du werdest ... geschaffen haben
er/sie/es werde ... geschaffen haben
wir werden ... geschaffen haben
ihr werdet ... geschaffen haben
sie werden ... geschaffen haben

Konjunktiv II

Präsens
ich schüfe
du schüfest
er/sie/es schüfe
wir schüfen
ihr schüfet
sie schüfen

Perfekt
ich hätte ... geschaffen
du hättest ... geschaffen
er/sie/es hätte ... geschaffen
wir hätten ... geschaffen
ihr hättet ... geschaffen
sie hätten ... geschaffen

würde + *Infinitiv*
ich würde ...schaffen
du würdest ... schaffen
er/sie/es würde ... schaffen
wir würden ... schaffen
ihr würdet ... schaffen
sie würden ... schaffen

würde + *Infinitiv Perfekt*
ich würde ... geschaffen haben
du würdest ... geschaffen haben
er/sie/es würde ... geschaffen haben
wir würden ... geschaffen haben
ihr würdet ... geschaffen haben
sie würden ... geschaffen haben

scheiden*

Indikativ

Präsens
ich scheide
du scheidest
er/sie/es scheidet
wir scheiden
ihr scheidet
sie scheiden

Präteritum
ich schied
du schied(e)st
er/sie/es schied
wir schieden
ihr schiedet
sie schieden

Perfekt
ich habe ... geschieden
du hast ... geschieden
er/sie/es hat ... geschieden
wir haben ... geschieden
ihr habt ... geschieden
sie haben ... geschieden

Plusquamperfekt
ich hatte ... geschieden
du hattest ... geschieden
er/sie/es hatte ... geschieden
wir hatten ... geschieden
ihr hattet ... geschieden
sie hatten ... geschieden

Futur I
ich werde ... scheiden
du wirst ... scheiden
er/sie/es wird ... scheiden
wir werden ... scheiden
ihr werdet ... scheiden
sie werden ... scheiden

Futur II
ich werde ... geschieden haben
du wirst ... geschieden haben
er/sie/es wird ... geschieden haben
wir werden ... geschieden haben
ihr werdet ... geschieden haben
sie werden ... geschieden haben

Imperativ

Singular
scheid(e)!

Plural
scheidet!

Partizip

Partizip I
scheidend

Partizip II
geschieden

* mit Hilfsverb *sein* bei intransitivem Gebrauch (er ist aus dem Amt geschieden)

Konjunktiv I

Präsens
ich scheide
du scheidest
er/sie/es scheide
wir scheiden
ihr scheidet
sie scheiden

Perfekt
ich habe ... geschieden
du habest ... geschieden
er/sie/es habe ... geschieden
wir haben ... geschieden
ihr habet ... geschieden
sie haben ... geschieden

Futur I
ich werde ... scheiden
du werdest ... scheiden
er/sie/es werde ... scheiden
wir werden ... scheiden
ihr werdet ... scheiden
sie werden ... scheiden

Futur II
ich werde ... geschieden haben
du werdest ... geschieden haben
er/sie/es werde ... geschieden haben
wir werden ... geschieden haben
ihr werdet ... geschieden haben
sie werden ... geschieden haben

Konjunktiv II

Präsens
ich schiede
du schiedest
er/sie/es schiede
wir schieden
ihr schiedet
sie schieden

Perfekt
ich hätte ... geschieden
du hättest ... geschieden
er/sie/es hätte ... geschieden
wir hätten ... geschieden
ihr hättet ... geschieden
sie hätten ... geschieden

würde + *Infinitiv*
ich würde ...scheiden
du würdest ... scheiden
er/sie/es würde ... scheiden
wir würden ... scheiden
ihr würdet ... scheiden
sie würden ... scheiden

würde + *Infinitiv Perfekt*
ich würde ... geschieden haben
du würdest ... geschieden haben
er/sie/es würde ... geschieden haben
wir würden ... geschieden haben
ihr würdet ... geschieden haben
sie würden ... geschieden haben

scheinen

Indikativ

Präsens
ich scheine
du scheinst
er/sie/es scheint
wir scheinen
ihr scheint
sie scheinen

Präteritum
ich schien
du schienst
er/sie/es schien
wir schienen
ihr schient
sie schienen

Perfekt
ich habe ... geschienen
du hast ... geschienen
er/sie/es hat ... geschienen
wir haben ... geschienen
ihr habt ... geschienen
sie haben ... geschienen

Plusquamperfekt
ich hatte ... geschienen
du hattest ... geschienen
er/sie/es hatte ... geschienen
wir hatten ... geschienen
ihr hattet ... geschienen
sie hatten ... geschienen

Futur I
ich werde ... scheinen
du wirst ... scheinen
er/sie/es wird ... scheinen
wir werden ... scheinen
ihr werdet ... scheinen
sie werden ... scheinen

Futur II
ich werde ... geschienen haben
du wirst ... geschienen haben
er/sie/es wird ... geschienen haben
wir werden ... geschienen haben
ihr werdet ... geschienen haben
sie werden ... geschienen haben

Imperativ

Singular
schein(e)!

Plural
scheint!

Partizip

Partizip I
scheinend

Partizip II
geschienen

starke Verben

Konjunktiv I

Präsens
ich scheine
du scheinest
er/sie/es scheine
wir scheinen
ihr scheinet
sie scheinen

Perfekt
ich habe ... geschienen
du habest ... geschienen
er/sie/es habe ... geschienen
wir haben ... geschienen
ihr habet ... geschienen
sie haben ... geschienen

Futur I
ich werde ... scheinen
du werdest ... scheinen
er/sie/es werde ... scheinen
wir werden ... scheinen
ihr werdet ... scheinen
sie werden ... scheinen

Futur II
ich werde ... geschienen haben
du werdest ... geschienen haben
er/sie/es werde ... geschienen haben
wir werden ... geschienen haben
ihr werdet ... geschienen haben
sie werden ... geschienen haben

Konjunktiv II

Präsens
ich schiene
du schienest
er/sie/es schiene
wir schienen
ihr schienet
sie schienen

Perfekt
ich hätte ... geschienen
du hättest ... geschienen
er/sie/es hätte ... geschienen
wir hätten ... geschienen
ihr hättet ... geschienen
sie hätten ... geschienen

würde + *Infinitiv*
ich würde ...scheinen
du würdest ... scheinen
er/sie/es würde ... scheinen
wir würden ... scheinen
ihr würdet ... scheinen
sie würden ... scheinen

würde + *Infinitiv Perfekt*
ich würde ... geschienen haben
du würdest ... geschienen haben
er/sie/es würde ... geschienen haben
wir würden ... geschienen haben
ihr würdet ... geschienen haben
sie würden ... geschienen haben

scheißen

Indikativ

Präsens
ich scheiße
du scheißt
er/sie/es scheißt
wir scheißen
ihr scheißt
sie scheißen

Präteritum
ich schiss
du schissest
er/sie/es schiss
wir schissen
ihr schisst
sie schissen

Perfekt
ich habe ... geschissen
du hast ... geschissen
er/sie/es hat ... geschissen
wir haben ... geschissen
ihr habt ... geschissen
sie haben ... geschissen

Plusquamperfekt
ich hatte ... geschissen
du hattest ... geschissen
er/sie/es hatte ... geschissen
wir hatten ... geschissen
ihr hattet ... geschissen
sie hatten ... geschissen

Futur I
ich werde ... scheißen
du wirst ... scheißen
er/sie/es wird ... scheißen
wir werden ... scheißen
ihr werdet ... scheißen
sie werden ... scheißen

Futur II
ich werde ... geschissen haben
du wirst ... geschissen haben
er/sie/es wird ... geschissen haben
wir werden ... geschissen haben
ihr werdet ... geschissen haben
sie werden ... geschissen haben

Imperativ

Singular
scheiß(e)!

Plural
scheißt!

Partizip

Partizip I
scheißend

Partizip II
geschissen

Konjunktiv I

Präsens
ich scheiße
du scheißest
er/sie/es scheiße
wir scheißen
ihr scheißet
sie scheißen

Perfekt
ich habe ... geschissen
du habest ... geschissen
er/sie/es habe ... geschissen
wir haben ... geschissen
ihr habet ... geschissen
sie haben ... geschissen

Futur I
ich werde ... scheißen
du werdest ... scheißen
er/sie/es werde ... scheißen
wir werden ... scheißen
ihr werdet ... scheißen
sie werden ... scheißen

Futur II
ich werde ... geschissen haben
du werdest ... geschissen haben
er/sie/es werde ... geschissen haben
wir werden ... geschissen haben
ihr werdet ... geschissen haben
sie werden ... geschissen haben

Konjunktiv II

Präsens
ich schisse
du schissest
er/sie/es schisse
wir schissen
ihr schisset
sie schissen

Perfekt
ich hätte ... geschissen
du hättest ... geschissen
er/sie/es hätte ... geschissen
wir hätten ... geschissen
ihr hättet ... geschissen
sie hätten ... geschissen

würde + *Infinitiv*
ich würde ...scheißen
du würdest ... scheißen
er/sie/es würde ... scheißen
wir würden ... scheißen
ihr würdet ... scheißen
sie würden ... scheißen

würde + *Infinitiv Perfekt*
ich würde ... geschissen haben
du würdest ... geschissen haben
er/sie/es würde ... geschissen haben
wir würden ... geschissen haben
ihr würdet ... geschissen haben
sie würden ... geschissen haben

scheren

Indikativ

Präsens
ich schere
du scherst
er/sie/es schert
wir scheren
ihr schert
sie scheren

Präteritum
ich schor
du schorst
er/sie/es schor
wir schoren
ihr schort
sie schoren

Perfekt
ich habe ... geschoren
du hast ... geschoren
er/sie/es hat ... geschoren
wir haben ... geschoren
ihr habt ... geschoren
sie haben ... geschoren

Plusquamperfekt
ich hatte ... geschoren
du hattest ... geschoren
er/sie/es hatte ... geschoren
wir hatten ... geschoren
ihr hattet ... geschoren
sie hatten ... geschoren

Futur I
ich werde ... scheren
du wirst ... scheren
er/sie/es wird ... scheren
wir werden ... scheren
ihr werdet ... scheren
sie werden ... scheren

Futur II
ich werde ... geschoren haben
du wirst ... geschoren haben
er/sie/es wird ... geschoren haben
wir werden ... geschoren haben
ihr werdet ... geschoren haben
sie werden ... geschoren haben

Imperativ

Singular
scher(e)!

Plural
schert!

Partizip

Partizip I
scherend

Partizip II
geschoren

Konjunktiv I

Präsens
ich schere
du scherest
er/sie/es schere
wir scheren
ihr scheret
sie scheren

Perfekt
ich habe ... geschoren
du habest ... geschoren
er/sie/es habe ... geschoren
wir haben ... geschoren
ihr habet ... geschoren
sie haben ... geschoren

Futur I
ich werde ... scheren
du werdest ... scheren
er/sie/es werde ... scheren
wir werden ... scheren
ihr werdet ... scheren
sie werden ... scheren

Futur II
ich werde ... geschoren haben
du werdest ... geschoren haben
er/sie/es werde ... geschoren haben
wir werden ... geschoren haben
ihr werdet ... geschoren haben
sie werden ... geschoren haben

Konjunktiv II

Präsens
ich schöre
du schörest
er/sie/es schöre
wir schören
ihr schöret
sie schören

Perfekt
ich hätte ... geschoren
du hättest ... geschoren
er/sie/es hätte ... geschoren
wir hätten ... geschoren
ihr hättet ... geschoren
sie hätten ... geschoren

würde + *Infinitiv*
ich würde ... scheren
du würdest ... scheren
er/sie/es würde ... scheren
wir würden ... scheren
ihr würdet ... scheren
sie würden ... scheren

würde + *Infinitiv Perfekt*
ich würde ... geschoren haben
du würdest ... geschoren haben
er/sie/es würde ... geschoren haben
wir würden ... geschoren haben
ihr würdet ... geschoren haben
sie würden ... geschoren haben

99 schieben

Indikativ

Präsens
ich schiebe
du schiebst
er/sie/es schiebt
wir schieben
ihr schiebt
sie schieben

Präteritum
ich schob
du schobst
er/sie/es schob
wir schoben
ihr schobt
sie schoben

Perfekt
ich habe ... geschoben
du hast ... geschoben
er/sie/es hat ... geschoben
wir haben ... geschoben
ihr habt ... geschoben
sie haben ... geschoben

Plusquamperfekt
ich hatte ... geschoben
du hattest ... geschoben
er/sie/es hatte ... geschoben
wir hatten ... geschoben
ihr hattet ... geschoben
sie hatten ... geschoben

Futur I
ich werde ... schieben
du wirst ... schieben
er/sie/es wird ... schieben
wir werden ... schieben
ihr werdet ... schieben
sie werden ... schieben

Futur II
ich werde ... geschoben haben
du wirst ... geschoben haben
er/sie/es wird ... geschoben haben
wir werden ... geschoben haben
ihr werdet ... geschoben haben
sie werden ... geschoben haben

Imperativ

Singular
schieb(e)!

Plural
schiebt!

Partizip

Partizip I
schiebend

Partizip II
geschoben

starke Verben

Konjunktiv I

Präsens
ich schiebe
du schiebest
er/sie/es schiebe
wir schieben
ihr schiebet
sie schieben

Perfekt
ich habe ... geschoben
du habest ... geschoben
er/sie/es habe ... geschoben
wir haben ... geschoben
ihr habet ... geschoben
sie haben ... geschoben

Futur I
ich werde ... schieben
du werdest ... schieben
er/sie/es werde ... schieben
wir werden ... schieben
ihr werdet ... schieben
sie werden ... schieben

Futur II
ich werde ... geschoben haben
du werdest ... geschoben haben
er/sie/es werde ... geschoben haben
wir werden ... geschoben haben
ihr werdet ... geschoben haben
sie werden ... geschoben haben

Konjunktiv II

Präsens
ich schöbe
du schöbest
er/sie/es schöbe
wir schöben
ihr schöbet
sie schöben

Perfekt
ich hätte ... geschoben
du hättest ... geschoben
er/sie/es hätte ... geschoben
wir hätten ... geschoben
ihr hättet ... geschoben
sie hätten ... geschoben

würde + *Infinitiv*
ich würde ... schieben
du würdest ... schieben
er/sie/es würde ... schieben
wir würden ... schieben
ihr würdet ... schieben
sie würden ... schieben

würde + *Infinitiv Perfekt*
ich würde ... geschoben haben
du würdest ... geschoben haben
er/sie/es würde ... geschoben haben
wir würden ... geschoben haben
ihr würdet ... geschoben haben
sie würden ... geschoben haben

schießen

Indikativ

Präsens
ich schieße
du schießt
er/sie/es schießt
wir schießen
ihr schießt
sie schießen

Präteritum
ich schoss
du schossest
er/sie/es schoss
wir schossen
ihr schosst
sie schossen

Perfekt
ich habe ... geschossen
du hast ... geschossen
er/sie/es hat ... geschossen
wir haben ... geschossen
ihr habt ... geschossen
sie haben ... geschossen

Plusquamperfekt
ich hatte ... geschossen
du hattest ... geschossen
er/sie/es hatte ... geschossen
wir hatten ... geschossen
ihr hattet ... geschossen
sie hatten ... geschossen

Futur I
ich werde ... schießen
du wirst ... schießen
er/sie/es wird ... schießen
wir werden ... schießen
ihr werdet ... schießen
sie werden ... schießen

Futur II
ich werde ... geschossen haben
du wirst ... geschossen haben
er/sie/es wird ... geschossen haben
wir werden ... geschossen haben
ihr werdet ... geschossen haben
sie werden ... geschossen haben

Imperativ

Singular
schieß(e)!

Plural
schießt!

Partizip

Partizip I
schießend

Partizip II
geschossen

starke Verben

* mit Hilfsverb *haben* oder *sein*

Konjunktiv I

Präsens
ich schieße
du schießest
er/sie/es schieße
wir schießen
ihr schießet
sie schießen

Perfekt
ich habe ... geschossen
du habest ... geschossen
er/sie/es habe ... geschossen
wir haben ... geschossen
ihr habet ... geschossen
sie haben ... geschossen

Futur I
ich werde ... schießen
du werdest ... schießen
er/sie/es werde ... schießen
wir werden ... schießen
ihr werdet ... schießen
sie werden ... schießen

Futur II
ich werde ... geschossen haben
du werdest ... geschossen haben
er/sie/es werde ... geschossen haben
wir werden ... geschossen haben
ihr werdet ... geschossen haben
sie werden ... geschossen haben

Konjunktiv II

Präsens
ich schösse
du schössest
er/sie/es schösse
wir schössen
ihr schösset
sie schössen

Perfekt
ich hätte ... geschossen
du hättest ... geschossen
er/sie/es hätte ... geschossen
wir hätten ... geschossen
ihr hättet ... geschossen
sie hätten ... geschossen

würde + *Infinitiv*
ich würde ... schießen
du würdest ... schießen
er/sie/es würde ... schießen
wir würden ... schießen
ihr würdet ... schießen
sie würden ... schießen

würde + *Infinitiv Perfekt*
ich würde ... geschossen haben
du würdest ... geschossen haben
er/sie/es würde ... geschossen haben
wir würden ... geschossen haben
ihr würdet ... geschossen haben
sie würden ... geschossen haben

101 schinden

Indikativ

Präsens
ich schinde
du schindest
er/sie/es schindet
wir schinden
ihr schindet
sie schinden

Präteritum
ich schund
du schund(e)st
er/sie/es schund
wir schunden
ihr schundet
sie schunden

Perfekt
ich habe ... geschunden
du hast ... geschunden
er/sie/es hat ... geschunden
wir haben ... geschunden
ihr habt ... geschunden
sie haben ... geschunden

Plusquamperfekt
ich hatte ... geschunden
du hattest ... geschunden
er/sie/es hatte ... geschunden
wir hatten ... geschunden
ihr hattet ... geschunden
sie hatten ... geschunden

Futur I
ich werde ... schinden
du wirst ... schinden
er/sie/es wird ... schinden
wir werden ... schinden
ihr werdet ... schinden
sie werden ... schinden

Futur II
ich werde ... geschunden haben
du wirst ... geschunden haben
er/sie/es wird ... geschunden haben
wir werden ... geschunden haben
ihr werdet ... geschunden haben
sie werden ... geschunden haben

Imperativ

Singular
schind(e)!

Plural
schindet!

Partizip

Partizip I
schindend

Partizip II
geschunden

starke Verben

Konjunktiv I

Präsens
ich schinde
du schindest
er/sie/es schinde
wir schinden
ihr schindet
sie schinden

Perfekt
ich habe ... geschunden
du habest ... geschunden
er/sie/es habe ... geschunden
wir haben ... geschunden
ihr habet ... geschunden
sie haben ... geschunden

Futur I
ich werde ... schinden
du werdest ... schinden
er/sie/es werde ... schinden
wir werden ... schinden
ihr werdet ... schinden
sie werden ... schinden

Futur II
ich werde ... geschunden haben
du werdest ... geschunden haben
er/sie/es werde ... geschunden haben
wir werden ... geschunden haben
ihr werdet ... geschunden haben
sie werden ... geschunden haben

Konjunktiv II

Präsens
ich schünde
du schündest
er/sie/es schünde
wir schünden
ihr schündet
sie schünden

Perfekt
ich hätte ... geschunden
du hättest ... geschunden
er/sie/es hätte ... geschunden
wir hätten ... geschunden
ihr hättet ... geschunden
sie hätten ... geschunden

würde + Infinitiv
ich würde ... schinden
du würdest ... schinden
er/sie/es würde ... schinden
wir würden ... schinden
ihr würdet ... schinden
sie würden ... schinden

würde + Infinitiv Perfekt
ich würde ... geschunden haben
du würdest ... geschunden haben
er/sie/es würde ... geschunden haben
wir würden ... geschunden haben
ihr würdet ... geschunden haben
sie würden ... geschunden haben

schlafen

Indikativ

Präsens
ich schlafe
du schläfst
er/sie/es schläft
wir schlafen
ihr schlaft
sie schlafen

Präteritum
ich schlief
du schliefst
er/sie/es schlief
wir schliefen
ihr schlieft
sie schliefen

Perfekt
ich habe ... geschlafen
du hast ... geschlafen
er/sie/es hat ... geschlafen
wir haben ... geschlafen
ihr habt ... geschlafen
sie haben ... geschlafen

Plusquamperfekt
ich hatte ... geschlafen
du hattest ... geschlafen
er/sie/es hatte ... geschlafen
wir hatten ... geschlafen
ihr hattet ... geschlafen
sie hatten ... geschlafen

Futur I
ich werde ... schlafen
du wirst ... schlafen
er/sie/es wird ... schlafen
wir werden ... schlafen
ihr werdet ... schlafen
sie werden ... schlafen

Futur II
ich werde ... geschlafen haben
du wirst ... geschlafen haben
er/sie/es wird ... geschlafen haben
wir werden ... geschlafen haben
ihr werdet ... geschlafen haben
sie werden ... geschlafen haben

Imperativ

Singular
schlaf(e)!

Plural
schlaft!

Partizip

Partizip I
schlafend

Partizip II
geschlafen

starke Verben

Konjunktiv I

Präsens
ich schlafe
du schlafest
er/sie/es schlafe
wir schlafen
ihr schlafet
sie schlafen

Perfekt
ich habe ... geschlafen
du habest ... geschlafen
er/sie/es habe ... geschlafen
wir haben ... geschlafen
ihr habet ... geschlafen
sie haben ... geschlafen

Futur I
ich werde ... schlafen
du werdest ... schlafen
er/sie/es werde ... schlafen
wir werden ... schlafen
ihr werdet ... schlafen
sie werden ... schlafen

Futur II
ich werde ... geschlafen haben
du werdest ... geschlafen haben
er/sie/es werde ... geschlafen haben
wir werden ... geschlafen haben
ihr werdet ... geschlafen haben
sie werden ... geschlafen haben

Konjunktiv II

Präsens
ich schliefe
du schliefest
er/sie/es schliefe
wir schliefen
ihr schliefet
sie schliefen

Perfekt
ich hätte ... geschlafen
du hättest ... geschlafen
er/sie/es hätte ... geschlafen
wir hätten ... geschlafen
ihr hättet ... geschlafen
sie hätten ... geschlafen

würde + *Infinitiv*
ich würde ... schlafen
du würdest ... schlafen
er/sie/es würde ... schlafen
wir würden ... schlafen
ihr würdet ... schlafen
sie würden ... schlafen

würde + *Infinitiv Perfekt*
ich würde ... geschlafen haben
du würdest ... geschlafen haben
er/sie/es würde ... geschlafen haben
wir würden ... geschlafen haben
ihr würdet ... geschlafen haben
sie würden ... geschlafen haben

schlagen

Indikativ

Präsens
ich schlage
du schlägst
er/sie/es schlägt
wir schlagen
ihr schlagt
sie schlagen

Präteritum
ich schlug
du schlugst
er/sie/es schlug
wir schlugen
ihr schlugt
sie schlugen

Perfekt
ich habe ... geschlagen
du hast ... geschlagen
er/sie/es hat ... geschlagen
wir haben ... geschlagen
ihr habt ... geschlagen
sie haben ... geschlagen

Plusquamperfekt
ich hatte ... geschlagen
du hattest ... geschlagen
er/sie/es hatte ... geschlagen
wir hatten ... geschlagen
ihr hattet ... geschlagen
sie hatten ... geschlagen

Futur I
ich werde ... schlagen
du wirst ... schlagen
er/sie/es wird ... schlagen
wir werden ... schlagen
ihr werdet ... schlagen
sie werden ... schlagen

Futur II
ich werde ... geschlagen haben
du wirst ... geschlagen haben
er/sie/es wird ... geschlagen haben
wir werden ... geschlagen haben
ihr werdet ... geschlagen haben
sie werden ... geschlagen haben

Imperativ

Singular
schlag(e)!

Plural
schlagt!

Partizip

Partizip I
schlagend

Partizip II
geschlagen

Konjunktiv I

Präsens
ich schlage
du schlagest
er/sie/es schlage
wir schlagen
ihr schlaget
sie schlagen

Perfekt
ich habe ... geschlagen
du habest ... geschlagen
er/sie/es habe ... geschlagen
wir haben ... geschlagen
ihr habet ... geschlagen
sie haben ... geschlagen

Futur I
ich werde ... schlagen
du werdest ... schlagen
er/sie/es werde ... schlagen
wir werden ... schlagen
ihr werdet ... schlagen
sie werden ... schlagen

Futur II
ich werde ... geschlagen haben
du werdest ... geschlagen haben
er/sie/es werde ... geschlagen haben
wir werden ... geschlagen haben
ihr werdet ... geschlagen haben
sie werden ... geschlagen haben

Konjunktiv II

Präsens
ich schlüge
du schlügest
er/sie/es schlüge
wir schlügen
ihr schlüget
sie schlügen

Perfekt
ich hätte ... geschlagen
du hättest ... geschlagen
er/sie/es hätte ... geschlagen
wir hätten ... geschlagen
ihr hättet ... geschlagen
sie hätten ... geschlagen

würde + *Infinitiv*
ich würde ... schlagen
du würdest ... schlagen
er/sie/es würde ... schlagen
wir würden ... schlagen
ihr würdet ... schlagen
sie würden ... schlagen

würde + *Infinitiv Perfekt*
ich würde ... geschlagen haben
du würdest ... geschlagen haben
er/sie/es würde ... geschlagen haben
wir würden ... geschlagen haben
ihr würdet ... geschlagen haben
sie würden ... geschlagen haben

104 schleichen

Indikativ

Präsens
ich schleiche
du schleichst
er/sie/es schleicht
wir schleichen
ihr schleicht
sie schleichen

Präteritum
ich schlich
du schlichst
er/sie/es schlich
wir schlichen
ihr schlicht
sie schlicht

Perfekt
ich bin ... geschlichen
du bist ... geschlichen
er/sie/es ist ... geschlichen
wir sind ... geschlichen
ihr seid ... geschlichen
sie sind ... geschlichen

Plusquamperfekt
ich war ... geschlichen
du warst ... geschlichen
er/sie/es war ... geschlichen
wir waren ... geschlichen
ihr wart ... geschlichen
sie waren ... geschlichen

Futur I
ich werde ... schleichen
du wirst ... schleichen
er/sie/es wird ... schleichen
wir werden ... schleichen
ihr werdet ... schleichen
sie werden ... schleichen

Futur II
ich werde ... geschlichen sein
du wirst ... geschlichen sein
er/sie/es wird ... geschlichen sein
wir werden ... geschlichen sein
ihr werdet ... geschlichen sein
sie werden ... geschlichen sein

Imperativ

Singular
schleich(e)!

Plural
schleicht!

Partizip

Partizip I
schleichend

Partizip II
geschlichen

starke Verben

Konjunktiv I

Präsens
ich schleiche
du schleichest
er/sie/es schleiche
wir schleichen
ihr schleichet
sie schleichen

Perfekt
ich sei ... geschlichen
du sei(e)st ... geschlichen
er/sie/es sei ... geschlichen
wir seien ... geschlichen
ihr seiet ... geschlichen
sie seien ... geschlichen

Futur I
ich werde ... schleichen
du werdest ... schleichen
er/sie/es werde ... schleichen
wir werden ... schleichen
ihr werdet ... schleichen
sie werden ... schleichen

Futur II
ich werde ... geschlichen sein
du werdest ... geschlichen sein
er/sie/es werde ... geschlichen sein
wir werden ... geschlichen sein
ihr werdet ... geschlichen sein
sie werden ... geschlichen sein

Konjunktiv II

Präsens
ich schliche
du schlichest
er/sie/es schliche
wir schlichen
ihr schlichet
sie schlichen

Perfekt
ich wäre ... geschlichen
du wär(e)st ... geschlichen
er/sie/es wäre ... geschlichen
wir wären ... geschlichen
ihr wär(e)t ... geschlichen
sie wären ... geschlichen

würde + Infinitiv
ich würde ... schleichen
du würdest ... schleichen
er/sie/es würde ... schleichen
wir würden ... schleichen
ihr würdet ... schleichen
sie würden ... schleichen

würde + Infinitiv Perfekt
ich würde ... geschlichen sein
du würdest ... geschlichen sein
er/sie/es würde ... geschlichen sein
wir würden ... geschlichen sein
ihr würdet ... geschlichen sein
sie würden ... geschlichen sein

105 schleifen*

Indikativ

Präsens
ich schleife
du schleifst
er/sie/es schleift
wir schleifen
ihr schleift
sie schleifen

Präteritum
ich schliff
du schliffst
er/sie/es schliff
wir schliffen
ihr schlifft
sie schliffen

Perfekt
ich habe ... geschliffen
du hast ... geschliffen
er/sie/es hat ... geschliffen
wir haben ... geschliffen
ihr habt ... geschliffen
sie haben ... geschliffen

Plusquamperfekt
ich hatte ... geschliffen
du hattest ... geschliffen
er/sie/es hatte ... geschliffen
wir hatten ... geschliffen
ihr hattet ... geschliffen
sie hatten ... geschliffen

Futur I
ich werde ... schleifen
du wirst ... schleifen
er/sie/es wird ... schleifen
wir werden ... schleifen
ihr werdet ... schleifen
sie werden ... schleifen

Futur II
ich werde ... geschliffen haben
du wirst ... geschliffen haben
er/sie/es wird ... geschliffen haben
wir werden ... geschliffen haben
ihr werdet ... geschliffen haben
sie werden ... geschliffen haben

Imperativ

Singular
schleif(e)!

Plural
schleift!

Partizip

Partizip I
schleifend

Partizip II
geschliffen

starke Verben

* wird manchmal auch regelmäßig konjugiert, z. B. „etwas über eine Fläche hinweg schleifen" („einen schweren Sack über den Boden schleifen")

Konjunktiv I

Präsens

ich schleife
du schleifest
er/sie/es schleife
wir schleifen
ihr schleifet
sie schleifen

Perfekt

ich habe ... geschliffen
du habest ... geschliffen
er/sie/es habe ... geschliffen
wir haben ... geschliffen
ihr habet ... geschliffen
sie haben ... geschliffen

Futur I

ich werde ... schleifen
du werdest ... schleifen
er/sie/es werde ... schleifen
wir werden ... schleifen
ihr werdet ... schleifen
sie werden ... schleifen

Futur II

ich werde ... geschliffen haben
du werdest ... geschliffen haben
er/sie/es werde ... geschliffen haben
wir werden ... geschliffen haben
ihr werdet ... geschliffen haben
sie werden ... geschliffen haben

Konjunktiv II

Präsens

ich schliffe
du schliffest
er/sie/es schliffe
wir schliffen
ihr schliffet
sie schliffen

Perfekt

ich hätte ... geschliffen
du hättest ... geschliffen
er/sie/es hätte ... geschliffen
wir hätten ... geschliffen
ihr hättet ... geschliffen
sie hätten ... geschliffen

würde + *Infinitiv*

ich würde ... schleifen
du würdest ... schleifen
er/sie/es würde ... schleifen
wir würden ... schleifen
ihr würdet ... schleifen
sie würden ... schleifen

würde + *Infinitiv Perfekt*

ich würde ... geschliffen haben
du würdest ... geschliffen haben
er/sie/es würde ... geschliffen haben
wir würden ... geschliffen haben
ihr würdet ... geschliffen haben
sie würden ... geschliffen haben

106 schließen

Indikativ

Präsens
ich schließe
du schließt
er/sie/es schließt
wir schließen
ihr schließt
sie schließen

Präteritum
ich schloss
du schloss(es)t
er/sie/es schloss
wir schlossen
ihr schlosst
sie schlossen

Perfekt
ich habe ... geschlossen
du hast ... geschlossen
er/sie/es hat ... geschlossen
wir haben ... geschlossen
ihr habt ... geschlossen
sie haben ... geschlossen

Plusquamperfekt
ich hatte ... geschlossen
du hattest ... geschlossen
er/sie/es hatte ... geschlossen
wir hatten ... geschlossen
ihr hattet ... geschlossen
sie hatten ... geschlossen

Futur I
ich werde ... schließen
du wirst ... schließen
er/sie/es wird ... schließen
wir werden ... schließen
ihr werdet ... schließen
sie werden ... schließen

Futur II
ich werde ... geschlossen haben
du wirst ... geschlossen haben
er/sie/es wird ... geschlossen haben
wir werden ... geschlossen haben
ihr werdet ... geschlossen haben
sie werden ... geschlossen haben

Imperativ

Singular
schließ(e)!

Plural
schließt!

Partizip

Partizip I
schließend

Partizip II
geschlossen

starke Verben

Konjunktiv I

Präsens
ich schließe
du schließest
er/sie/es schließe
wir schließen
ihr schließet
sie schließen

Perfekt
ich habe ... geschlossen
du habest ... geschlossen
er/sie/es habe ... geschlossen
wir haben ... geschlossen
ihr habet ... geschlossen
sie haben ... geschlossen

Futur I
ich werde ... schließen
du werdest ... schließen
er/sie/es werde ... schließen
wir werden ... schließen
ihr werdet ... schließen
sie werden ... schließen

Futur II
ich werde ... geschlossen haben
du werdest ... geschlossen haben
er/sie/es werde ... geschlossen haben
wir werden ... geschlossen haben
ihr werdet ... geschlossen haben
sie werden ... geschlossen haben

Konjunktiv II

Präsens
ich schlösse
du schlössest
er/sie/es schlösse
wir schlössen
ihr schlösset
sie schlössen

Perfekt
ich hätte ... geschlossen
du hättest ... geschlossen
er/sie/es hätte ... geschlossen
wir hätten ... geschlossen
ihr hättet ... geschlossen
sie hätten ... geschlossen

würde + *Infinitiv*
ich würde ... schließen
du würdest ... schließen
er/sie/es würde ... schließen
wir würden ... schließen
ihr würdet ... schließen
sie würden ... schließen

würde + *Infinitiv Perfekt*
ich würde ... geschlossen haben
du würdest ... geschlossen haben
er/sie/es würde ... geschlossen haben
wir würden ... geschlossen haben
ihr würdet ... geschlossen haben
sie würden ... geschlossen haben

107 schlingen

Indikativ

Präsens
ich schlinge
du schlingst
er/sie/es schlingt
wir schlingen
ihr schlingt
sie schlingen

Präteritum
ich schlang
du schlangst
er/sie/es schlang
wir schlangen
ihr schlangt
sie schlangen

Perfekt
ich habe ... geschlungen
du hast ... geschlungen
er/sie/es hat ... geschlungen
wir haben ... geschlungen
ihr habt ... geschlungen
sie haben ... geschlungen

Plusquamperfekt
ich hatte ... geschlungen
du hattest ... geschlungen
er/sie/es hatte ... geschlungen
wir hatten ... geschlungen
ihr hattet ... geschlungen
sie hatten ... geschlungen

Futur I
ich werde ... schlingen
du wirst ... schlingen
er/sie/es wird ... schlingen
wir werden ... schlingen
ihr werdet ... schlingen
sie werden ... schlingen

Futur II
ich werde ... geschlungen haben
du wirst ... geschlungen haben
er/sie/es wird ... geschlungen haben
wir werden ... geschlungen haben
ihr werdet ... geschlungen haben
sie werden ... geschlungen haben

Imperativ

Singular
schling(e)!

Plural
schlingt!

Partizip

Partizip I
schlingend

Partizip II
geschlungen

starke Verben

Konjunktiv I

Präsens
ich schlinge
du schlingest
er/sie/es schlinge
wir schlingen
ihr schlinget
sie schlingen

Perfekt
ich habe ... geschlungen
du habest ... geschlungen
er/sie/es habe ... geschlungen
wir haben ... geschlungen
ihr habet ... geschlungen
sie haben ... geschlossen

Futur I
ich werde ... schlingen
du werdest ... schlingen
er/sie/es werde ... schlingen
wir werden ... schlingen
ihr werdet ... schlingen
sie werden ... schlingen

Futur II
ich werde ... geschlungen haben
du werdest ... geschlungen haben
er/sie/es werde ... geschlungen haben
wir werden ... geschlungen haben
ihr werdet ... geschlungen haben
sie werden ... geschlungen haben

Konjunktiv II

Präsens
ich schlänge
du schlängest
er/sie/es schlänge
wir schlängen
ihr schlänget
sie schlängen

Perfekt
ich hätte ... geschlungen
du hättest ... geschlungen
er/sie/es hätte ... geschlungen
wir hätten ... geschlungen
ihr hättet ... geschlungen
sie hätten ... geschlungen

würde + *Infinitiv*
ich würde ... schlingen
du würdest ... schlingen
er/sie/es würde ... schlingen
wir würden ... schlingen
ihr würdet ... schlingen
sie würden ... schlingen

würde + *Infinitiv Perfekt*
ich würde ... geschlungen haben
du würdest ... geschlungen haben
er/sie/es würde ... geschlungen haben
wir würden ... geschlungen haben
ihr würdet ... geschlungen haben
sie würden ... geschlungen haben

108 schmeißen

Indikativ

Präsens
ich schmeiße
du schmeißt
er/sie/es schmeißt
wir scheißen
ihr schmeißt
sie schmeißen

Präteritum
ich schmiss
du schmiss(es)t
er/sie/es schmiss
wir schmissen
ihr schmisst
sie schmissen

Perfekt
ich habe ... geschmissen
du hast ... geschmissen
er/sie/es hat ... geschmissen
wir haben ... geschmissen
ihr habt ... geschmissen
sie haben ... geschmissen

Plusquamperfekt
ich hatte ... geschmissen
du hattest ... geschmissen
er/sie/es hatte ... geschmissen
wir hatten ... geschmissen
ihr hattet ... geschmissen
sie hatten ... geschmissen

Futur I
ich werde ... schmeißen
du wirst ... schmeißen
er/sie/es wird ... schmeißen
wir werden ... schmeißen
ihr werdet ... schmeißen
sie werden ... schmeißen

Futur II
ich werde ... geschmissen haben
du wirst ... geschmissen haben
er/sie/es wird ... geschmissen haben
wir werden ... geschmissen haben
ihr werdet ... geschmissen haben
sie werden ... geschmissen haben

Imperativ

Singular
schmeiß(e)!

Plural
schmeißt!

Partizip

Partizip I
schmeißend

Partizip II
geschmissen

starke Verben

Konjunktiv I

Präsens
ich schmeiße
du schmeißest
er/sie/es schmeiße
wir schmeißen
ihr schmeißet
sie schmeißen

Perfekt
ich habe ... geschmissen
du habest ... geschmissen
er/sie/es habe ... geschmissen
wir haben ... geschmissen
ihr habet ... geschmissen
sie haben ... geschmissen

Futur I
ich werde ... schmeißen
du werdest ... schmeißen
er/sie/es werde ... schmeißen
wir werden ... schmeißen
ihr werdet ... schmeißen
sie werden ... schmeißen

Futur II
ich werde ... geschmissen haben
du werdest ... geschmissen haben
er/sie/es werde ... geschmissen haben
wir werden ... geschmissen haben
ihr werdet ... geschmissen haben
sie werden ... geschmissen haben

Konjunktiv II

Präsens
ich schmisse
du schmissest
er/sie/es schmisse
wir schmissen
ihr schmisset
sie schmissen

Perfekt
ich hätte ... geschmissen
du hättest ... geschmissen
er/sie/es hätte ... geschmissen
wir hätten ... geschmissen
ihr hättet ... geschmissen
sie hätten ... geschmissen

würde + *Infinitiv*
ich würde ... schmeißen
du würdest ... schmeißen
er/sie/es würde ... schmeißen
wir würden ... schmeißen
ihr würdet ... schmeißen
sie würden ... schmeißen

würde + *Infinitiv Perfekt*
ich würde ... geschmissen haben
du würdest ... geschmissen haben
er/sie/es würde ... geschmissen haben
wir würden ... geschmissen haben
ihr würdet ... geschmissen haben
sie würden ... geschmissen haben

109 schmelzen*

Indikativ

Präsens
ich schmelze
du schmilzt
er/sie/es schmilzt
wir schmelzen
ihr schmelzt
sie schmelzen

Präteritum
ich schmolz
du schmolzest
er/sie/es schmolz
wir schmolzen
ihr schmolzt
sie schmolzen

Perfekt
ich habe ... geschmolzen
du hast ... geschmolzen
er/sie/es hat ... geschmolzen
wir haben ... geschmolzen
ihr habt ... geschmolzen
sie haben ... geschmolzen

Plusquamperfekt
ich hatte ... geschmolzen
du hattest ... geschmolzen
er/sie/es hatte ... geschmolzen
wir hatten ... geschmolzen
ihr hattet ... geschmolzen
sie hatten ... geschmolzen

Futur I
ich werde ... schmelzen
du wirst ... schmelzen
er/sie/es wird ... schmelzen
wir werden ... schmelzen
ihr werdet ... schmelzen
sie werden ... schmelzen

Futur II
ich werde ... geschmolzen haben
du wirst ... geschmolzen haben
er/sie/es wird ... geschmolzen haben
wir werden ... geschmolzen haben
ihr werdet ... geschmolzen haben
sie werden ... geschmolzen haben

Imperativ

Singular
schmilz!

Plural
schmelzt!

Partizip

Partizip I
schmelzend

Partizip II
geschmolzen

starke Verben

* mit Hilfsverb *haben* oder *sein*

Konjunktiv I

Präsens
ich schmelze
du schmelzest
er/sie/es schmelze
wir schmelzen
ihr schmelzet
sie schmelzen

Perfekt
ich habe ... geschmolzen
du habest ... geschmolzen
er/sie/es habe ... geschmolzen
wir haben ... geschmolzen
ihr habet ... geschmolzen
sie haben ... geschmolzen

Futur I
ich werde ... schmelzen
du werdest ... schmelzen
er/sie/es werde ... schmelzen
wir werden ... schmelzen
ihr werdet ... schmelzen
sie werden ... schmelzen

Futur II
ich werde ... geschmolzen haben
du werdest ... geschmolzen haben
er/sie/es werde ... geschmolzen haben
wir werden ... geschmolzen haben
ihr werdet ... geschmolzen haben
sie werden ... geschmolzen haben

Konjunktiv II

Präsens
ich schmölze
du schmölzest
er/sie/es schmölze
wir schmölzen
ihr schmölzet
sie schmölzen

Perfekt
ich hätte ... geschmolzen
du hättest ... geschmolzen
er/sie/es hätte ... geschmolzen
wir hätten ... geschmolzen
ihr hättet ... geschmolzen
sie hätten ... geschmolzen

würde + Infinitiv
ich würde ... schmelzen
du würdest ... schmelzen
er/sie/es würde ... schmelzen
wir würden ... schmelzen
ihr würdet ... schmelzen
sie würden ... schmelzen

würde + Infinitiv Perfekt
ich würde ... geschmolzen haben
du würdest ... geschmolzen haben
er/sie/es würde ... geschmolzen haben
wir würden ... geschmolzen haben
ihr würdet ... geschmolzen haben
sie würden ... geschmolzen haben

schnauben*

Indikativ

Präsens
ich schnaube
du schnaubst
er/sie/es schnaubt
wir schnauben
ihr schnaubt
sie schnauben

Präteritum
ich schnob
du schnobst
er/sie/es schnob
wir schnoben
ihr schnobt
sie schnoben

Perfekt
ich habe ... geschnoben
du hast ... geschnoben
er/sie/es hat ... geschnoben
wir haben ... geschnoben
ihr habt ... geschnoben
sie haben ... geschnoben

Plusquamperfekt
ich hatte ... geschnoben
du hattest ... geschnoben
er/sie/es hatte ... geschnoben
wir hatten ... geschnoben
ihr hattet ... geschnoben
sie hatten ... geschnoben

Futur I
ich werde ... schnauben
du wirst ... schnauben
er/sie/es wird ... schnauben
wir werden ... schnauben
ihr werdet ... schnauben
sie werden ... schnauben

Futur II
ich werde ... geschnoben haben
du wirst ... geschnoben haben
er/sie/es wird ... geschnoben haben
wir werden ... geschnoben haben
ihr werdet ... geschnoben haben
sie werden ... geschnoben haben

Imperativ

Singular
schnaub(e)!

Plural
schnaubt!

Partizip

Partizip I
schnaubend

Partizip II
geschnoben

* wird heute meist regelmäßig konjugiert

Konjunktiv I

Präsens
ich schnaube
du schnaubest
er/sie/es schnaube
wir schnauben
ihr schnaubet
sie schnauben

Perfekt
ich habe ... geschnoben
du habest ... geschnoben
er/sie/es habe ... geschnoben
wir haben ... geschnoben
ihr habet ... geschnoben
sie haben ... geschnoben

Futur I
ich werde ... schnauben
du werdest ... schnauben
er/sie/es werde ... schnauben
wir werden ... schnauben
ihr werdet ... schnauben
sie werden ... schnauben

Futur II
ich werde ... geschnoben haben
du werdest ... geschnoben haben
er/sie/es werde ... geschnoben haben
wir werden ... geschnoben haben
ihr werdet ... geschnoben haben
sie werden ... geschnoben haben

Konjunktiv II

Präsens
ich schnöbe
du schnöbest
er/sie/es schnöbe
wir schnöben
ihr schnöbet
sie schnöben

Perfekt
ich hätte ... geschnoben
du hättest ... geschnoben
er/sie/es hätte ... geschnoben
wir hätten ... geschnoben
ihr hättet ... geschnoben
sie hätten ... geschnoben

würde + Infinitiv
ich würde ... schnauben
du würdest ... schnauben
er/sie/es würde ... schnauben
wir würden ... schnauben
ihr würdet ... schnauben
sie würden ... schnauben

würde + Infinitiv Perfekt
ich würde ... geschnoben haben
du würdest ... geschnoben haben
er/sie/es würde ... geschnoben haben
wir würden ... geschnoben haben
ihr würdet ... geschnoben haben
sie würden ... geschnoben haben

schneiden

Indikativ

Präsens
ich schneide
du schneidest
er/sie/es schneidet
wir schneiden
ihr schneidet
sie schneiden

Präteritum
ich schnitt
du schnitt(e)st
er/sie/es schnitt
wir schnitten
ihr schnittet
sie schnitten

Perfekt
ich habe ... geschnitten
du hast ... geschnitten
er/sie/es hat ... geschnitten
wir haben ... geschnitten
ihr habt ... geschnitten
sie haben ... geschnitten

Plusquamperfekt
ich hatte ... geschnitten
du hattest ... geschnitten
er/sie/es hatte ... geschnitten
wir hatten ... geschnitten
ihr hattet ... geschnitten
sie hatten ... geschnitten

Futur I
ich werde ... schneiden
du wirst ... schneiden
er/sie/es wird ... schneiden
wir werden ... schneiden
ihr werdet ... schneiden
sie werden ... schneiden

Futur II
ich werde ... geschnitten haben
du wirst ... geschnitten haben
er/sie/es wird ... geschnitten haben
wir werden ... geschnitten haben
ihr werdet ... geschnitten haben
sie werden ... geschnitten haben

Imperativ

Singular
schneid(e)!

Plural
schneidet!

Partizip

Partizip I
schneidend

Partizip II
geschnitten

starke Verben

Konjunktiv I

Präsens
ich schneide
du schneidest
er/sie/es schneide
wir schneiden
ihr schneidet
sie schneiden

Perfekt
ich habe ... geschnitten
du habest ... geschnitten
er/sie/es habe ... geschnitten
wir haben ... geschnitten
ihr habet ... geschnitten
sie haben ... geschnitten

Futur I
ich werde ... schneiden
du werdest ... schneiden
er/sie/es werde ... schneiden
wir werden ... schneiden
ihr werdet ... schneiden
sie werden ... schneiden

Futur II
ich werde ... geschnitten haben
du werdest ... geschnitten haben
er/sie/es werde ... geschnitten haben
wir werden ... geschnitten haben
ihr werdet ... geschnitten haben
sie werden ... geschnitten haben

Konjunktiv II

Präsens
ich schnitte
du schnittest
er/sie/es schnitte
wir schnitten
ihr schnittet
sie schnitten

Perfekt
ich hätte ... geschnitten
du hättest ... geschnitten
er/sie/es hätte ... geschnitten
wir hätten ... geschnitten
ihr hättet ... geschnitten
sie hätten ... geschnitten

würde + *Infinitiv*
ich würde ... schneiden
du würdest ... schneiden
er/sie/es würde ... schneiden
wir würden ... schneiden
ihr würdet ... schneiden
sie würden ... schneiden

würde + *Infinitiv Perfekt*
ich würde ... geschnitten haben
du würdest ... geschnitten haben
er/sie/es würde ... geschnitten haben
wir würden ... geschnitten haben
ihr würdet ... geschnitten haben
sie würden ... geschnitten haben

schreiben

Indikativ

Präsens
ich schreibe
du schreibst
er/sie/es schreibt
wir schreiben
ihr schreibt
sie schreiben

Präteritum
ich schrieb
du schriebst
er/sie/es schrieb
wir schrieben
ihr schriebt
sie schrieben

Perfekt
ich habe ... geschrieben
du hast ... geschrieben
er/sie/es hat ... geschrieben
wir haben ... geschrieben
ihr habt ... geschrieben
sie haben ... geschrieben

Plusquamperfekt
ich hatte ... geschrieben
du hattest ... geschrieben
er/sie/es hatte ... geschrieben
wir hatten ... geschrieben
ihr hattet ... geschrieben
sie hatten ... geschrieben

Futur I
ich werde ... schreiben
du wirst ... schreiben
er/sie/es wird ... schreiben
wir werden ... schreiben
ihr werdet ... schreiben
sie werden ... schreiben

Futur II
ich werde ... geschrieben haben
du wirst ... geschrieben haben
er/sie/es wird ... geschrieben haben
wir werden ... geschrieben haben
ihr werdet ... geschrieben haben
sie werden ... geschrieben haben

Imperativ

Singular
schreib(e)!

Plural
schreibt!

Partizip

Partizip I
schreibend

Partizip II
geschrieben

Konjunktiv I

Präsens
ich schreibe
du schreibest
er/sie/es schreibe
wir schreiben
ihr schreibet
sie schreiben

Perfekt
ich habe ... geschrieben
du habest ... geschrieben
er/sie/es habe ... geschrieben
wir haben ... geschrieben
ihr habet ... geschrieben
sie haben ... geschrieben

Futur I
ich werde ... schreiben
du werdest ... schreiben
er/sie/es werde ... schreiben
wir werden ... schreiben
ihr werdet ... schreiben
sie werden ... schreiben

Futur II
ich werde ... geschrieben haben
du werdest ... geschrieben haben
er/sie/es werde ... geschrieben haben
wir werden ... geschrieben haben
ihr werdet ... geschrieben haben
sie werden ... geschrieben haben

Konjunktiv II

Präsens
ich schriebe
du schriebest
er/sie/es schriebe
wir schrieben
ihr schriebet
sie schrieben

Perfekt
ich hätte ... geschrieben
du hättest ... geschrieben
er/sie/es hätte ... geschrieben
wir hätten ... geschrieben
ihr hättet ... geschrieben
sie hätten ... geschrieben

würde + *Infinitiv*
ich würde ... schreiben
du würdest ... schreiben
er/sie/es würde ... schreiben
wir würden ... schreiben
ihr würdet ... schreiben
sie würden ... schreiben

würde + *Infinitiv Perfekt*
ich würde ... geschrieben haben
du würdest ... geschrieben haben
er/sie/es würde ... geschrieben haben
wir würden ... geschrieben haben
ihr würdet ... geschrieben haben
sie würden ... geschrieben haben

schreien

Indikativ

Präsens
ich schreie
du schreist
er/sie/es schreit
wir schreien
ihr schreit
sie schreien

Präteritum
ich schrie
du schriest
er/sie/es schrie
wir schrien
ihr schriet
sie schrien

Perfekt
ich habe ... geschrien
du hast ... geschrien
er/sie/es hat ... geschrien
wir haben ... geschrien
ihr habt ... geschrien
sie haben ... geschrien

Plusquamperfekt
ich hatte ... geschrien
du hattest ... geschrien
er/sie/es hatte ... geschrien
wir hatten ... geschrien
ihr hattet ... geschrien
sie hatten ... geschrien

Futur I
ich werde ... schreien
du wirst ... schreien
er/sie/es wird ... schreien
wir werden ... schreien
ihr werdet ... schreien
sie werden ... schreien

Futur II
ich werde ... geschrien haben
du wirst ... geschrien haben
er/sie/es wird ... geschrien haben
wir werden ... geschrien haben
ihr werdet ... geschrien haben
sie werden ... geschrien haben

Imperativ

Singular
schrei(e)!

Plural
schreit!

Partizip

Partizip I
schreiend

Partizip II
geschrien

Konjunktiv I

Präsens
ich schreie
du schreiest
er/sie/es schreie
wir schreien
ihr schreiet
sie schreien

Perfekt
ich habe ... geschrien
du habest ... geschrien
er/sie/es habe ... geschrien
wir haben ... geschrien
ihr habet ... geschrien
sie haben ... geschrien

Futur I
ich werde ... schreien
du werdest ... schreien
er/sie/es werde ... schreien
wir werden ... schreien
ihr werdet ... schreien
sie werden ... schreien

Futur II
ich werde ... geschrien haben
du werdest ... geschrien haben
er/sie/es werde ... geschrien haben
wir werden ... geschrien haben
ihr werdet ... geschrien haben
sie werden ... geschrien haben

Konjunktiv II

Präsens
ich schrie
du schriest
er/sie/es schrie
wir schrien
ihr schriet
sie schrien

Perfekt
ich hätte ... geschrien
du hättest ... geschrien
er/sie/es hätte ... geschrien
wir hätten ... geschrien
ihr hättet ... geschrien
sie hätten ... geschrien

würde + Infinitiv
ich würde ... schreien
du würdest ... schreien
er/sie/es würde ... schreien
wir würden ... schreien
ihr würdet ... schreien
sie würden ... schreien

würde + Infinitiv Perfekt
ich würde ... geschrien haben
du würdest ... geschrien haben
er/sie/es würde ... geschrien haben
wir würden ... geschrien haben
ihr würdet ... geschrien haben
sie würden ... geschrien haben

schreiten

Indikativ

Präsens
ich schreite
du schreitest
er/sie/es schreitet
wir schreiten
ihr schreitet
sie schreiten

Präteritum
ich schritt
du schritt(e)st
er/sie/es schritt
wir schritten
ihr schrittet
sie schritten

Perfekt
ich bin ... geschritten
du bist ... geschritten
er/sie/es ist ... geschritten
wir sind ... geschritten
ihr seid ... geschritten
sie sind ... geschritten

Plusquamperfekt
ich war ... geschritten
du warst ... geschritten
er/sie/es war ... geschritten
wir waren ... geschritten
ihr wart ... geschritten
sie waren ... geschritten

Futur I
ich werde ... schreiten
du wirst ... schreiten
er/sie/es wird ... schreiten
wir werden ... schreiten
ihr werdet ... schreiten
sie werden ... schreiten

Futur II
ich werde ... geschritten sein
du wirst ... geschritten sein
er/sie/es wird ... geschritten sein
wir werden ... geschritten sein
ihr werdet ... geschritten sein
sie werden ... geschritten sein

Imperativ

Singular
schreit(e)!

Plural
schreitet!

Partizip

Partizip I
schreitend

Partizip II
geschritten

Konjunktiv I

Präsens
ich schreite
du schreitest
er/sie/es schreite
wir schreiten
ihr schreitet
sie schreiten

Perfekt
ich sei ... geschritten
du sei(e)st ... geschritten
er/sie/es sei ... geschritten
wir seien ... geschritten
ihr seiet ... geschritten
sie seien ... geschritten

Futur I
ich werde ... schreiten
du werdest ... schreiten
er/sie/es werde ... schreiten
wir werden ... schreiten
ihr werdet ... schreiten
sie werden ... schreiten

Futur II
ich werde ... geschritten sein
du werdest ... geschritten sein
er/sie/es werde ... geschritten sein
wir werden ... geschritten sein
ihr werdet ... geschritten sein
sie werden ... geschritten sein

Konjunktiv II

Präsens
ich schritte
du schrittest
er/sie/es schritte
wir schritten
ihr schrittet
sie schritten

Perfekt
ich wäre ... geschritten
du wär(e)st ... geschritten
er/sie/es wäre ... geschritten
wir wären ... geschritten
ihr wär(e)t ... geschritten
sie wären ... geschritten

würde + *Infinitiv*
ich würde ... schreiten
du würdest ... schreiten
er/sie/es würde ... schreiten
wir würden ... schreiten
ihr würdet ... schreiten
sie würden ... schreiten

würde + *Infinitiv Perfekt*
ich würde ... geschritten sein
du würdest ... geschritten sein
er/sie/es würde ... geschritten sein
wir würden ... geschritten sein
ihr würdet ... geschritten sein
sie würden ... geschritten sein

# 115 schweigen

Indikativ

Präsens
ich schweige
du schweigst
er/sie/es schweigt
wir schweigen
ihr schweigt
sie schweigen

Präteritum
ich schwieg
du schwiegst
er/sie/es schwieg
wir schwiegen
ihr schwiegt
sie schwiegen

Perfekt
ich habe ... geschwiegen
du hast ... geschwiegen
er/sie/es hat ... geschwiegen
wir haben ... geschwiegen
ihr habt ... geschwiegen
sie haben ... geschwiegen

Plusquamperfekt
ich hatte ... geschwiegen
du hattest ... geschwiegen
er/sie/es hatte ... geschwiegen
wir hatten ... geschwiegen
ihr hattet ... geschwiegen
sie hatten ... geschwiegen

Futur I
ich werde ... schweigen
du wirst ... schweigen
er/sie/es wird ... schweigen
wir werden ... schweigen
ihr werdet ... schweigen
sie werden ... schweigen

Futur II
ich werde ... geschwiegen haben
du wirst ... geschwiegen haben
er/sie/es wird ... geschwiegen haben
wir werden ... geschwiegen haben
ihr werdet ... geschwiegen haben
sie werden ... geschwiegen haben

Imperativ

Singular
schweig(e)!

Plural
schweigt!

Partizip

Partizip I
schweigend

Partizip II
geschwiegen

starke Verben

Konjunktiv I

Präsens
ich schweige
du schweigest
er/sie/es schweige
wir schweigen
ihr schweiget
sie schweigen

Perfekt
ich habe ... geschwiegen
du habest ... geschwiegen
er/sie/es habe ... geschwiegen
wir haben ... geschwiegen
ihr habet ... geschwiegen
sie haben ... geschwiegen

Futur I
ich werde ... schweigen
du werdest ... schweigen
er/sie/es werde ... schweigen
wir werden ... schweigen
ihr werdet ... schweigen
sie werden ... schweigen

Futur II
ich werde ... geschwiegen haben
du werdest ... geschwiegen haben
er/sie/es werde ... geschwiegen haben
wir werden ... geschwiegen haben
ihr werdet ... geschwiegen haben
sie werden ... geschwiegen haben

Konjunktiv II

Präsens
ich schweige
du schwiegest
er/sie/es schweige
wir schwiegen
ihr schwieget
sie schwiegen

Perfekt
ich hätte ... geschwiegen
du hättest ... geschwiegen
er/sie/es hätte ... geschwiegen
wir hätten ... geschwiegen
ihr hättet ... geschwiegen
sie hätten ... geschwiegen

würde + Infinitiv
ich würde ... schweigen
du würdest ... schweigen
er/sie/es würde ... schweigen
wir würden ... schweigen
ihr würdet ... schweigen
sie würden ... schweigen

würde + Infinitiv Perfekt
ich würde ... geschwiegen haben
du würdest ... geschwiegen haben
er/sie/es würde ... geschwiegen haben
wir würden ... geschwiegen haben
ihr würdet ... geschwiegen haben
sie würden ... geschwiegen haben

schwimmen*

Indikativ

Präsens
ich schwimme
du schwimmst
er/sie/es schwimmt
wir schwimmen
ihr schwimmt
sie schwimmen

Präteritum
ich schwamm
du schwammst
er/sie/es schwamm
wir schwammen
ihr schwammt
sie schwammen

Perfekt
ich bin ... geschwommen
du bist ... geschwommen
er/sie/es ist ... geschwommen
wir sind ... geschwommen
ihr seid ... geschwommen
sie sind ... geschwommen

Plusquamperfekt
ich war ... geschwommen
du warst ... geschwommen
er/sie/es war ... geschwommen
wir waren ... geschwommen
ihr wart ... geschwommen
sie waren ... geschwommen

Futur I
ich werde ... schwimmen
du wirst ... schwimmen
er/sie/es wird ... schwimmen
wir werden ... schwimmen
ihr werdet ... schwimmen
sie werden ... schwimmen

Futur II
ich werde ... geschwommen sein
du wirst ... geschwommen sein
er/sie/es wird ... geschwommen sein
wir werden ... geschwommen sein
ihr werdet ... geschwommen sein
sie werden ... geschwommen sein

Imperativ

Singular
schwimm(e)!

Plural
schwimmt!

Partizip

Partizip I
schwimmend

Partizip II
geschwommen

* mit Hilfsverb *haben* oder *sein*

Konjunktiv I

Präsens
ich schwimme
du schwimmest
er/sie/es schwimme
wir schwimmen
ihr schwimmet
sie schwimmen

Perfekt
ich sei ... geschwommen
du sei(e)st ... geschwommen
er/sie/es sei ... geschwommen
wir seien ... geschwommen
ihr seiet ... geschwommen
sie seien ... geschwommen

Futur I
ich werde ... schwimmen
du werdest ... schwimmen
er/sie/es werde ... schwimmen
wir werden ... schwimmen
ihr werdet ... schwimmen
sie werden ... schwimmen

Futur II
ich werde ... geschwommen sein
du werdest ... geschwommen sein
er/sie/es werde ... geschwommen sein
wir werden ... geschwommen sein
ihr werdet ... geschwommen sein
sie werden ... geschwommen sein

Konjunktiv II

Präsens
ich schwämme/schwömme
du schwämmest/schwömmest
er/sie/es schwämme/schwömme
wir schwämmen/schwömmen
ihr schwämmet/schwömmet
sie schwämmen/schwömmen

Perfekt
ich wäre ... geschwommen
du wär(e)st ... geschwommen
er/sie/es wäre ... geschwommen
wir wären ... geschwommen
ihr wär(e)t ... geschwommen
sie wären ... geschwommen

würde + *Infinitiv*
ich würde ... schwimmen
du würdest ... schwimmen
er/sie/es würde ... schwimmen
wir würden ... schwimmen
ihr würdet ... schwimmen
sie würden ... schwimmen

würde + *Infinitiv Perfekt*
ich würde ... geschwommen sein
du würdest ... geschwommen sein
er/sie/es würde ... geschwommen sein
wir würden ... geschwommen sein
ihr würdet ... geschwommen sein
sie würden ... geschwommen sein

117 schwinden

Indikativ

Präsens
ich schwinde
du schwindest
er/sie/es schwindet
wir schwinden
ihr schwindet
sie schwinden

Präteritum
ich schwand
du schwand(e)st
er/sie/es schwand
wir schwanden
ihr schwandet
sie schwanden

Perfekt
ich bin ... geschwunden
du bist ... geschwunden
er/sie/es ist ... geschwunden
wir sind ... geschwunden
ihr seid ... geschwunden
sie sind ... geschwunden

Plusquamperfekt
ich war ... geschwunden
du warst ... geschwunden
er/sie/es war ... geschwunden
wir waren ... geschwunden
ihr wart ... geschwunden
sie waren ... geschwunden

Futur I
ich werde ... schwinden
du wirst ... schwinden
er/sie/es wird ... schwinden
wir werden ... schwinden
ihr werdet ... schwinden
sie werden ... schwinden

Futur II
ich werde ... geschwunden sein
du wirst ... geschwunden sein
er/sie/es wird ... geschwunden sein
wir werden ... geschwunden sein
ihr werdet ... geschwunden sein
sie werden ... geschwunden sein

Imperativ

Singular
schwind(e)!

Plural
schwindet!

Partizip

Partizip I
schwindend

Partizip II
geschwunden

starke Verben

Konjunktiv I

Präsens
ich schwinde
du schwindest
er/sie/es schwinde
wir schwinden
ihr schwindet
sie schwinden

Perfekt
ich sei ... geschwunden
du sei(e)st ... geschwunden
er/sie/es sei ... geschwunden
wir seien ... geschwunden
ihr seiet ... geschwunden
sie seien ... geschwunden

Futur I
ich werde ... schwinden
du werdest ... schwinden
er/sie/es werde ... schwinden
wir werden ... schwinden
ihr werdet ... schwinden
sie werden ... schwinden

Futur II
ich werde ... geschwunden sein
du werdest ... geschwunden sein
er/sie/es werde ... geschwunden sein
wir werden ... geschwunden sein
ihr werdet ... geschwunden sein
sie werden ... geschwunden sein

Konjunktiv II

Präsens
ich schwände
du schwändest
er/sie/es schwände
wir schwänden
ihr schwändet
sie schwänden

Perfekt
ich wäre ... geschwunden
du wär(e)st ... geschwunden
er/sie/es wäre ... geschwunden
wir wären ... geschwunden
ihr wär(e)t ... geschwunden
sie wären ... geschwunden

würde + Infinitiv
ich würde ... schwinden
du würdest ... schwinden
er/sie/es würde ... schwinden
wir würden ... schwinden
ihr würdet ... schwinden
sie würden ... schwinden

würde + Infinitiv Perfekt
ich würde ... geschwunden sein
du würdest ... geschwunden sein
er/sie/es würde ... geschwunden sein
wir würden ... geschwunden sein
ihr würdet ... geschwunden sein
sie würden ... geschwunden sein

schwingen

Indikativ

Präsens
ich schwinge
du schwingst
er/sie/es schwingt
wir schwingen
ihr schwingt
sie schwingen

Präteritum
ich schwang
du schwangst
er/sie/es schwang
wir schwangen
ihr schwangt
sie schwangen

Perfekt
ich habe ... geschwungen
du hast ... geschwungen
er/sie/es hat ... geschwungen
wir haben ... geschwungen
ihr habt ... geschwungen
sie haben ... geschwungen

Plusquamperfekt
ich hatte ... geschwungen
du hattest ... geschwungen
er/sie/es hatte ... geschwungen
wir hatten ... geschwungen
ihr hattet ... geschwungen
sie hatten ... geschwungen

Futur I
ich werde ... schwingen
du wirst ... schwingen
er/sie/es wird ... schwingen
wir werden ... schwingen
ihr werdet ... schwingen
sie werden ... schwingen

Futur II
ich werde ... geschwungen haben
du wirst ... geschwungen haben
er/sie/es wird ... geschwungen haben
wir werden ... geschwungen haben
ihr werdet ... geschwungen haben
sie werden ... geschwungen haben

Imperativ

Singular
schwing(e)!

Plural
schwingt!

Partizip

Partizip I
schwingend

Partizip II
geschwungen

Konjunktiv I

Präsens
ich schwinge
du schwingest
er/sie/es schwinge
wir schwingen
ihr schwinget
sie schwingen

Perfekt
ich habe ... geschwungen
du habest ... geschwungen
er/sie/es habe ... geschwungen
wir haben ... geschwungen
ihr habet ... geschwungen
sie haben ... geschwungen

Futur I
ich werde ... schwingen
du werdest ... schwingen
er/sie/es werde ... schwingen
wir werden ... schwingen
ihr werdet ... schwingen
sie werden ... schwingen

Futur II
ich werde ... geschwungen haben
du werdest ... geschwungen haben
er/sie/es werde ... geschwungen haben
wir werden ... geschwungen haben
ihr werdet ... geschwungen haben
sie werden ... geschwungen haben

Konjunktiv II

Präsens
ich schwänge
du schwängest
er/sie/es schwänge
wir schwängen
ihr schwänget
sie schwängen

Perfekt
ich hätte ... geschwungen
du hättest ... geschwungen
er/sie/es hätte ... geschwungen
wir hätten ... geschwungen
ihr hättet ... geschwungen
sie hätten ... geschwungen

würde + *Infinitiv*
ich würde ... schwingen
du würdest ... schwingen
er/sie/es würde ... schwingen
wir würden ... schwingen
ihr würdet ... schwingen
sie würden ... schwingen

würde + *Infinitiv Perfekt*
ich würde ... geschwungen haben
du würdest ... geschwungen haben
er/sie/es würde ... geschwungen haben
wir würden ... geschwungen haben
ihr würdet ... geschwungen haben
sie würden ... geschwungen haben

schwören

Indikativ

Präsens
ich schwöre
du schwörst
er/sie/es schwört
wir schwören
ihr schwört
sie schwören

Präteritum
ich schwur/schwor
du schwurst/schworst
er/sie/es schwur/schwor
wir schwuren/schworen
ihr schwurt/schwort
sie schwuren/schworen

Perfekt
ich habe ... geschworen
du hast ... geschworen
er/sie/es hat ... geschworen
wir haben ... geschworen
ihr habt ... geschworen
sie haben ... geschworen

Plusquamperfekt
ich hatte ... geschworen
du hattest ... geschworen
er/sie/es hatte ... geschworen
wir hatten ... geschworen
ihr hattet ... geschworen
sie hatten ... geschworen

Futur I
ich werde ... schwören
du wirst ... schwören
er/sie/es wird ... schwören
wir werden ... schwören
ihr werdet ... schwören
sie werden ... schwören

Futur II
ich werde ... geschworen haben
du wirst ... geschworen haben
er/sie/es wird ... geschworen haben
wir werden ... geschworen haben
ihr werdet ... geschworen haben
sie werden ... geschworen haben

Imperativ

Singular
schwör(e)!

Plural
schwört!

Partizip

Partizip I
schwörend

Partizip II
geschworen

Konjunktiv I

Präsens

ich schwöre
du schwörest
er/sie/es schwöre
wir schwören
ihr schwöret
sie schwören

Perfekt

ich habe ... geschworen
du habest ... geschworen
er/sie/es habe ... geschworen
wir haben ... geschworen
ihr habet ... geschworen
sie haben ... geschworen

Futur I

ich werde ... schwören
du werdest ... schwören
er/sie/es werde ... schwören
wir werden ... schwören
ihr werdet ... schwören
sie werden ... schwören

Futur II

ich werde ... geschworen haben
du werdest ... geschworen haben
er/sie/es werde ... geschworen haben
wir werden ... geschworen haben
ihr werdet ... geschworen haben
sie werden ... geschworen haben

Konjunktiv II

Präsens

ich schwöre/schwüre
du schwörest/schwürest
er/sie/es schwöre/schwüre
wir schwören/schwüren
ihr schwöret/schwüret
sie schwören/schwüren

Perfekt

ich hätte ... geschworen
du hättest ... geschworen
er/sie/es hätte ... geschworen
wir hätten ... geschworen
ihr hättet ... geschworen
sie hätten ... geschworen

würde + *Infinitiv*

ich würde ... schwören
du würdest ... schwören
er/sie/es würde ... schwören
wir würden ... schwören
ihr würdet ... schwören
sie würden ... schwören

würde + *Infinitiv Perfekt*

ich würde ... geschworen haben
du würdest ... geschworen haben
er/sie/es würde ... geschworen haben
wir würden ... geschworen haben
ihr würdet ... geschworen haben
sie würden ... geschworen haben

sehen

Indikativ

Präsens
ich sehe
du siehst
er/sie/es sieht
wir sehen
ihr seht
sie sehen

Präteritum
ich sah
du sahst
er/sie/es sah
wir sahen
ihr saht
sie sahen

Perfekt
ich habe ... gesehen
du hast ... gesehen
er/sie/es hat ... gesehen
wir haben ... gesehen
ihr habt ... gesehen
sie haben ... gesehen

Plusquamperfekt
ich hatte ... gesehen
du hattest ... gesehen
er/sie/es hatte ... gesehen
wir hatten ... gesehen
ihr hattet ... gesehen
sie hatten ... gesehen

Futur I
ich werde ... sehen
du wirst ... sehen
er/sie/es wird ... sehen
wir werden ... sehen
ihr werdet ... sehen
sie werden ... sehen

Futur II
ich werde ... gesehen haben
du wirst ... gesehen haben
er/sie/es wird ... gesehen haben
wir werden ... gesehen haben
ihr werdet ... gesehen haben
sie werden ... gesehen haben

Imperativ

Singular
sieh(e)!

Plural
seht!

Partizip

Partizip I
sehend

Partizip II
gesehen

starke Verben

Konjunktiv I

Präsens
ich sehe
du sehest
er/sie/es sehe
wir sehen
ihr sehet
sie sehen

Perfekt
ich habe ... gesehen
du habest ... gesehen
er/sie/es habe ... gesehen
wir haben ... gesehen
ihr habet ... gesehen
sie haben ... gesehen

Futur I
ich werde ... sehen
du werdest ... sehen
er/sie/es werde ... sehen
wir werden ... sehen
ihr werdet ... sehen
sie werden ... sehen

Futur II
ich werde ... gesehen haben
du werdest ... gesehen haben
er/sie/es werde ... gesehen haben
wir werden ... gesehen haben
ihr werdet ... gesehen haben
sie werden ... gesehen haben

Konjunktiv II

Präsens
ich sähe
du sähest
er/sie/es sähe
wir sähen
ihr sähet
sie sähen

Perfekt
ich hätte ... gesehen
du hättest ... gesehen
er/sie/es hätte ... gesehen
wir hätten ... gesehen
ihr hättet ... gesehen
sie hätten ... gesehen

würde + *Infinitiv*
ich würde ... sehen
du würdest ... sehen
er/sie/es würde ... sehen
wir würden ... sehen
ihr würdet ... sehen
sie würden ... sehen

würde + *Infinitiv Perfekt*
ich würde ... gesehen haben
du würdest ... gesehen haben
er/sie/es würde ... gesehen haben
wir würden ... gesehen haben
ihr würdet ... gesehen haben
sie würden ... gesehen haben

121 senden*

Indikativ

Präsens
ich sende
du sendest
er/sie/es sendet
wir senden
ihr sendet
sie senden

Präteritum
ich sandte
du sandtest
er/sie/es sandte
wir sandten
ihr sandtet
sie sandten

Perfekt
ich habe ... gesandt
du hast ... gesandt
er/sie/es hat ... gesandt
wir haben ... gesandt
ihr habt ... gesandt
sie haben ... gesandt

Plusquamperfekt
ich hatte ... gesandt
du hattest ... gesandt
er/sie/es hatte ... gesandt
wir hatten ... gesandt
ihr hattet ... gesandt
sie hatten ... gesandt

Futur I
ich werde ... senden
du wirst ... senden
er/sie/es wird ... senden
wir werden ... senden
ihr werdet ... senden
sie werden ... senden

Futur II
ich werde ... gesandt haben
du wirst ... gesandt haben
er/sie/es wird ... gesandt haben
wir werden ... gesandt haben
ihr werdet ... gesandt haben
sie werden ... gesandt haben

Imperativ

Singular
send(e)!

Plural
sendet!

Partizip

Partizip I
sendend

Partizip II
gesandt

starke Verben

* wird auch regelmäßig konjugiert, immer regelmäßig im Sinne von „ausstrahlen" (Rundfunk, Fernsehen)

Konjunktiv I

Präsens
ich sende
du sendest
er/sie/es sende
wir senden
ihr sendet
sie senden

Perfekt
ich habe ... gesandt
du habest ... gesandt
er/sie/es habe ... gesandt
wir haben ... gesandt
ihr habet ... gesandt
sie haben ... gesandt

Futur I
ich werde ... senden
du werdest ... senden
er/sie/es werde ... senden
wir werden ... senden
ihr werdet ... senden
sie werden ... senden

Futur II
ich werde ... gesandt haben
du werdest ... gesandt haben
er/sie/es werde ... gesandt haben
wir werden ... gesandt haben
ihr werdet ... gesandt haben
sie werden ... gesandt haben

Konjunktiv II

Präsens
ich sendete
du sendetest
er/sie/es sendete
wir sendeten
ihr sendetet
sie sendeten

Perfekt
ich hätte ... gesandt
du hättest ... gesandt
er/sie/es hätte ... gesandt
wir hätten ... gesandt
ihr hättet ... gesandt
sie hätten ... gesandt

würde + *Infinitiv*
ich würde ... senden
du würdest ... senden
er/sie/es würde ... senden
wir würden ... senden
ihr würdet ... senden
sie würden ... senden

würde + *Infinitiv Perfekt*
ich würde ... gesandt haben
du würdest ... gesandt haben
er/sie/es würde ... gesandt haben
wir würden ... gesandt haben
ihr würdet ... gesandt haben
sie würden ... gesandt haben

singen

starke Verben

Indikativ

Präsens
ich singe
du singst
er/sie/es singt
wir singen
ihr singt
sie singen

Präteritum
ich sang
du sangst
er/sie/es sang
wir sangen
ihr sangt
sie sangen

Perfekt
ich habe ... gesungen
du hast ... gesungen
er/sie/es hat ... gesungen
wir haben ... gesungen
ihr habt ... gesungen
sie haben ... gesungen

Plusquamperfekt
ich hatte ... gesungen
du hattest ... gesungen
er/sie/es hatte ... gesungen
wir hatten ... gesungen
ihr hattet ... gesungen
sie hatten ... gesungen

Futur I
ich werde ... singen
du wirst ... singen
er/sie/es wird ... singen
wir werden ... singen
ihr werdet ... singen
sie werden ... singen

Futur II
ich werde ... gesungen haben
du wirst ... gesungen haben
er/sie/es wird ... gesungen haben
wir werden ... gesungen haben
ihr werdet ... gesungen haben
sie werden ... gesungen haben

Imperativ

Singular
sing(e)!

Plural
singt!

Partizip

Partizip I
singend

Partizip II
gesungen

Konjunktiv I

Präsens
ich singe
du singest
er/sie/es singe
wir singen
ihr singet
sie singen

Perfekt
ich habe ... gesungen
du habest ... gesungen
er/sie/es habe ... gesungen
wir haben ... gesungen
ihr habet ... gesungen
sie haben ... gesungen

Futur I
ich werde ... singen
du werdest ... singen
er/sie/es werde ... singen
wir werden ... singen
ihr werdet ... singen
sie werden ... singen

Futur II
ich werde ... gesungen haben
du werdest ... gesungen haben
er/sie/es werde ... gesungen haben
wir werden ... gesungen haben
ihr werdet ... gesungen haben
sie werden ... gesungen haben

Konjunktiv II

Präsens
ich sänge
du sängest
er/sie/es sänge
wir sängen
ihr sänget
sie sängen

Perfekt
ich hätte ... gesungen
du hättest ... gesungen
er/sie/es hätte ... gesungen
wir hätten ... gesungen
ihr hättet ... gesungen
sie hätten ... gesungen

würde + *Infinitiv*
ich würde ... singen
du würdest ... singen
er/sie/es würde ... singen
wir würden ... singen
ihr würdet ... singen
sie würden ... singen

würde + *Infinitiv Perfekt*
ich würde ... gesungen haben
du würdest ... gesungen haben
er/sie/es würde ... gesungen haben
wir würden ... gesungen haben
ihr würdet ... gesungen haben
sie würden ... gesungen haben

sinken

Indikativ

Präsens
ich sinke
du sinkst
er/sie/es sinkt
wir sinken
ihr sinkt
sie sinken

Präteritum
ich sank
du sankst
er/sie/es sank
wir sanken
ihr sankt
sie sanken

Perfekt
ich bin ... gesunken
du bist ... gesunken
er/sie/es ist ... gesunken
wir sind ... gesunken
ihr seid ... gesunken
sie sind ... gesunken

Plusquamperfekt
ich war ... gesunken
du warst ... gesunken
er/sie/es war ... gesunken
wir waren ... gesunken
ihr wart ... gesunken
sie waren ... gesunken

Futur I
ich werde ... sinken
du wirst ... sinken
er/sie/es wird ... sinken
wir werden ... sinken
ihr werdet ... sinken
sie werden ... sinken

Futur II
ich werde ... gesunken sein
du wirst ... gesunken sein
er/sie/es wird ... gesunken sein
wir werden ... gesunken sein
ihr werdet ... gesunken sein
sie werden ... gesunken sein

Imperativ

Singular
sink(e)!

Plural
sinkt!

Partizip

Partizip I
sinkend

Partizip II
gesunken

Konjunktiv I

Präsens
ich sinke
du sinkest
er/sie/es sinke
wir sinken
ihr sinket
sie sinken

Perfekt
ich sei ... gesunken
du sei(e)st ... gesunken
er/sie/es sei ... gesunken
wir seien ... gesunken
ihr seiet ... gesunken
sie seien ... gesunken

Futur I
ich werde ... sinken
du werdest ... sinken
er/sie/es werde ... sinken
wir werden ... sinken
ihr werdet ... sinken
sie werden ... sinken

Futur II
ich werde ... gesunken sein
du werdest ... gesunken sein
er/sie/es werde ... gesunken sein
wir werden ... gesunken sein
ihr werdet ... gesunken sein
sie werden ... gesunken sein

Konjunktiv II

Präsens
ich sänke
du sänkest
er/sie/es sänke
wir sänken
ihr sänket
sie sänken

Perfekt
ich wäre ... gesunken
du wär(e)st ... gesunken
er/sie/es wäre ... gesunken
wir wären ... gesunken
ihr wär(e)t ... gesunken
sie wären ... gesunken

würde + *Infinitiv*
ich würde ... sinken
du würdest ... sinken
er/sie/es würde ... sinken
wir würden ... sinken
ihr würdet ... sinken
sie würden ... sinken

würde + *Infinitiv Perfekt*
ich würde ... gesunken sein
du würdest ... gesunken sein
er/sie/es würde ... gesunken sein
wir würden ... gesunken sein
ihr würdet ... gesunken sein
sie würden ... gesunken sein

sitzen*

Indikativ

Präsens
ich sitze
du sitzt
er/sie/es sitzt
wir sitzen
ihr sitzt
sie sitzen

Präteritum
ich saß
du saßt
er/sie/es saß
wir saßen
ihr saßt
sie saßen

Perfekt
ich habe ... gesessen
du hast ... gesessen
er/sie/es hat ... gesessen
wir haben ... gesessen
ihr habt ... gesessen
sie haben ... gesessen

Plusquamperfekt
ich hatte ... gesessen
du hattest ... gesessen
er/sie/es hatte ... gesessen
wir hatten ... gesessen
ihr hattet ... gesessen
sie hatten ... gesessen

Futur I
ich werde ... sitzen
du wirst ... sitzen
er/sie/es wird ... sitzen
wir werden ... sitzen
ihr werdet ... sitzen
sie werden ... sitzen

Futur II
ich werde ... gesessen haben
du wirst ... gesessen haben
er/sie/es wird ... gesessen haben
wir werden ... gesessen haben
ihr werdet ... gesessen haben
sie werden ... gesessen haben

Imperativ

Singular
sitz!

Plural
sitzt!

Partizip

Partizip I
sitzend

Partizip II
gesessen

starke Verben

* mit Hilfsverb *haben* oder *sein*

Konjunktiv I

Präsens
ich sitze
du sitzest
er/sie/es sitze
wir sitzen
ihr sitzet
sie sitzen

Perfekt
ich habe ... gesessen
du habest ... gesessen
er/sie/es habe ... gesessen
wir haben ... gesessen
ihr habet ... gesessen
sie haben ... gesessen

Futur I
ich werde ... sitzen
du werdest ... sitzen
er/sie/es werde ... sitzen
wir werden ... sitzen
ihr werdet ... sitzen
sie werden ... sitzen

Futur II
ich werde ... gesessen haben
du werdest ... gesessen haben
er/sie/es werde ... gesessen haben
wir werden ... gesessen haben
ihr werdet ... gesessen haben
sie werden ... gesessen haben

Konjunktiv II

Präsens
ich säße
du säßest
er/sie/es säße
wir säßen
ihr säßet
sie säßen

Perfekt
ich hätte ... gesessen
du hättest ... gesessen
er/sie/es hätte ... gesessen
wir hätten ... gesessen
ihr hättet ... gesessen
sie hätten ... gesessen

würde + *Infinitiv*
ich würde ... sitzen
du würdest ... sitzen
er/sie/es würde ... sitzen
wir würden ... sitzen
ihr würdet ... sitzen
sie würden ... sitzen

würde + *Infinitiv Perfekt*
ich würde ... gesessen haben
du würdest ... gesessen haben
er/sie/es würde ... gesessen haben
wir würden ... gesessen haben
ihr würdet ... gesessen haben
sie würden ... gesessen haben

speien

Indikativ

Präsens
ich speie
du speist
er/sie/es speit
wir speien
ihr speit
sie speien

Präteritum
ich spie
du spiest
er/sie/es spie
wir spien
ihr spiet
sie spien

Perfekt
ich habe ... gespien
du hast ... gespien
er/sie/es hat ... gespien
wir haben ... gespien
ihr habt ... gespien
sie haben ... gespien

Plusquamperfekt
ich hatte ... gespien
du hattest ... gespien
er/sie/es hatte ... gespien
wir hatten ... gespien
ihr hattet ... gespien
sie hatten ... gespien

Futur I
ich werde ... speien
du wirst ... speien
er/sie/es wird ... speien
wir werden ... speien
ihr werdet ... speien
sie werden ... speien

Futur II
ich werde ... gespien haben
du wirst ... gespien haben
er/sie/es wird ... gespien haben
wir werden ... gespien haben
ihr werdet ... gespien haben
sie werden ... gespien haben

Imperativ

Singular
spei(e)!

Plural
speit!

Partizip

Partizip I
speiend

Partizip II
gespien

Konjunktiv I

Präsens

ich speie
du speiest
er/sie/es speie
wir speien
ihr speiet
sie speien

Perfekt

ich habe ... gespien
du habest ... gespien
er/sie/es habe ... gespien
wir haben ... gespien
ihr habet ... gespien
sie haben ... gespien

Futur I

ich werde ... speien
du werdest ... speien
er/sie/es werde ... speien
wir werden ... speien
ihr werdet ... speien
sie werden ... speien

Futur II

ich werde ... gespien haben
du werdest ... gespien haben
er/sie/es werde ... gespien haben
wir werden ... gespien haben
ihr werdet ... gespien haben
sie werden ... gespien haben

Konjunktiv II

Präsens

ich spie
du spiest
er/sie/es spie
wir spien
ihr spiet
sie spien

Perfekt

ich hätte ... gespien
du hättest ... gespien
er/sie/es hätte ... gespien
wir hätten ... gespien
ihr hättet ... gespien
sie hätten ... gespien

würde + *Infinitiv*

ich würde ... speien
du würdest ... speien
er/sie/es würde ... speien
wir würden ... speien
ihr würdet ... speien
sie würden ... speien

würde + *Infinitiv Perfekt*

ich würde ... gespien haben
du würdest ... gespien haben
er/sie/es würde ... gespien haben
wir würden ... gespien haben
ihr würdet ... gespien haben
sie würden ... gespien haben

spinnen

Indikativ

Präsens
ich spinne
du spinnst
er/sie/es spinnt
wir spinnen
ihr spinnt
sie spinnen

Präteritum
ich spann
du spannst
er/sie/es spann
wir spannen
ihr spannt
sie spannen

Perfekt
ich habe ... gesponnen
du hast ... gesponnen
er/sie/es hat ... gesponnen
wir haben ... gesponnen
ihr habt ... gesponnen
sie haben ... gesponnen

Plusquamperfekt
ich hatte ... gesponnen
du hattest ... gesponnen
er/sie/es hatte ... gesponnen
wir hatten ... gesponnen
ihr hattet ... gesponnen
sie hatten ... gesponnen

Futur I
ich werde ... spinnen
du wirst ... spinnen
er/sie/es wird ... spinnen
wir werden ... spinnen
ihr werdet ... spinnen
sie werden ... spinnen

Futur II
ich werde ... gesponnen haben
du wirst ... gesponnen haben
er/sie/es wird ... gesponnen haben
wir werden ... gesponnen haben
ihr werdet ... gesponnen haben
sie werden ... gesponnen haben

Imperativ

Singular
spinn(e)!

Plural
spinnt!

Partizip

Partizip I
spinnend

Partizip II
gesponnen

Konjunktiv I

Präsens
ich spinne
du spinnest
er/sie/es spinne
wir spinnen
ihr spinnet
sie spinnen

Perfekt
ich habe ... gesponnen
du habest ... gesponnen
er/sie/es habe ... gesponnen
wir haben ... gesponnen
ihr habet ... gesponnen
sie haben ... gesponnen

Futur I
ich werde ... spinnen
du werdest ... spinnen
er/sie/es werde ... spinnen
wir werden ... spinnen
ihr werdet ... spinnen
sie werden ... spinnen

Futur II
ich werde ... gesponnen haben
du werdest ... gesponnen haben
er/sie/es werde ... gesponnen haben
wir werden ... gesponnen haben
ihr werdet ... gesponnen haben
sie werden ... gesponnen haben

Konjunktiv II

Präsens
ich spänne/spönne
du spännest/spönnest
er/sie/es spänne/spönne
wir spännen/spönnen
ihr spännet/spönnet
sie spännen/spönnen

Perfekt
ich hätte ... gesponnen
du hättest ... gesponnen
er/sie/es hätte ... gesponnen
wir hätten ... gesponnen
ihr hättet ... gesponnen
sie hätten ... gesponnen

würde + *Infinitiv*
ich würde ... spinnen
du würdest ... spinnen
er/sie/es würde ... spinnen
wir würden ... spinnen
ihr würdet ... spinnen
sie würden ... spinnen

würde + *Infinitiv Perfekt*
ich würde ... gesponnen haben
du würdest ... gesponnen haben
er/sie/es würde ... gesponnen haben
wir würden ... gesponnen haben
ihr würdet ... gesponnen haben
sie würden ... gesponnen haben

127 sprechen

Indikativ

Präsens
ich spreche
du sprichst
er/sie/es spricht
wir sprechen
ihr sprecht
sie sprechen

Präteritum
ich sprach
du sprachst
er/sie/es sprach
wir sprachen
ihr spracht
sie sprachen

Perfekt
ich habe ... gesprochen
du hast ... gesprochen
er/sie/es hat ... gesprochen
wir haben ... gesprochen
ihr habt ... gesprochen
sie haben ... gesprochen

Plusquamperfekt
ich hatte ... gesprochen
du hattest ... gesprochen
er/sie/es hatte ... gesprochen
wir hatten ... gesprochen
ihr hattet ... gesprochen
sie hatten ... gesprochen

Futur I
ich werde ... sprechen
du wirst ... sprechen
er/sie/es wird ... sprechen
wir werden ... sprechen
ihr werdet ... sprechen
sie werden ... sprechen

Futur II
ich werde ... gesprochen haben
du wirst ... gesprochen haben
er/sie/es wird ... gesprochen haben
wir werden ... gesprochen haben
ihr werdet ... gesprochen haben
sie werden ... gesprochen haben

Imperativ

Singular
sprich!

Plural
sprecht!

Partizip

Partizip I
sprechend

Partizip II
gesprochen

Konjunktiv I

Präsens
ich spreche
du sprechest
er/sie/es spreche
wir sprechen
ihr sprechet
sie sprechen

Perfekt
ich habe ... gesprochen
du habest ... gesprochen
er/sie/es habe ... gesprochen
wir haben ... gesprochen
ihr habet ... gesprochen
sie haben ... gesprochen

Futur I
ich werde ... sprechen
du werdest ... sprechen
er/sie/es werde ... sprechen
wir werden ... sprechen
ihr werdet ... sprechen
sie werden ... sprechen

Futur II
ich werde ... gesprochen haben
du werdest ... gesprochen haben
er/sie/es werde ... gesprochen haben
wir werden ... gesprochen haben
ihr werdet ... gesprochen haben
sie werden ... gesprochen haben

Konjunktiv II

Präsens
ich spräche
du sprächest
er/sie/es spräche
wir sprächen
ihr sprächet
sie sprächen

Perfekt
ich hätte ... gesprochen
du hättest ... gesprochen
er/sie/es hätte ... gesprochen
wir hätten ... gesprochen
ihr hättet ... gesprochen
sie hätten ... gesprochen

würde + *Infinitiv*
ich würde ... sprechen
du würdest ... sprechen
er/sie/es würde ... sprechen
wir würden ... sprechen
ihr würdet ... sprechen
sie würden ... sprechen

würde + *Infinitiv Perfekt*
ich würde ... gesprochen haben
du würdest ... gesprochen haben
er/sie/es würde ... gesprochen haben
wir würden ... gesprochen haben
ihr würdet ... gesprochen haben
sie würden ... gesprochen haben

sprießen

Indikativ

Präsens
ich sprieße
du sprieß(es)t
er/sie/es sprießt
wir sprießen
ihr sprießt
sie spießen

Präteritum
ich spross
du sprossest
er/sie/es spross
wir sprossen
ihr sprosst
sie sprossen

Perfekt
ich bin ... gesprossen
du bist ... gesprossen
er/sie/es ist ... gesprossen
wir sind ... gesprossen
ihr seid ... gesprossen
sie sind ... gesprossen

Plusquamperfekt
ich war ... gesprossen
du warst ... gesprossen
er/sie/es war ... gesprossen
wir waren ... gesprossen
ihr wart ... gesprossen
sie waren ... gesprossen

Futur I
ich werde ... sprießen
du wirst ... sprießen
er/sie/es wird ... sprießen
wir werden ... sprießen
ihr werdet ... sprießen
sie werden ... sprießen

Futur II
ich werde ... gesprossen sein
du wirst ... gesprossen sein
er/sie/es wird ... gesprossen sein
wir werden ... gesprossen sein
ihr werdet ... gesprossen sein
sie werden ... gesprossen sein

Imperativ

Singular
sprieß(e)!

Plural
sprießt!

Partizip

Partizip I
sprießend

Partizip II
gesprossen

Konjunktiv I

Präsens
ich sprieße
du sprießest
er/sie/es sprieße
wir sprießen
ihr sprießet
sie sprießen

Perfekt
ich sei ... gesprossen
du sei(e)st ... gesprossen
er/sie/es sei ... gesprossen
wir seien ... gesprossen
ihr seiet ... gesprossen
sie seien ... gesprossen

Futur I
ich werde ... sprießen
du werdest ... sprießen
er/sie/es werde ... sprießen
wir werden ... sprießen
ihr werdet ... sprießen
sie werden ... sprießen

Futur II
ich werde ... gesprossen sein
du werdest ... gesprossen sein
er/sie/es werde ... gesprossen sein
wir werden ... gesprossen sein
ihr werdet ... gesprossen sein
sie werden ... gesprossen sein

Konjunktiv II

Präsens
ich sprösse
du sprössest
er/sie/es sprösse
wir sprössen
ihr sprösset
sie sprössen

Perfekt
ich wäre ... gesprossen
du wär(e)st ... gesprossen
er/sie/es wäre ... gesprossen
wir wären ... gesprossen
ihr wär(e)t ... gesprossen
sie wären ... gesprossen

würde + *Infinitiv*
ich würde ... sprießen
du würdest ... sprießen
er/sie/es würde ... sprießen
wir würden ... sprießen
ihr würdet ... sprießen
sie würden ... sprießen

würde + *Infinitiv Perfekt*
ich würde ... gesprossen sein
du würdest ... gesprossen sein
er/sie/es würde ... gesprossen sein
wir würden ... gesprossen sein
ihr würdet ... gesprossen sein
sie würden ... gesprossen sein

springen*

Indikativ

Präsens
ich springe
du springst
er/sie/es springt
wir springen
ihr springt
sie springen

Präteritum
ich sprang
du sprangst
er/sie/es sprang
wir sprangen
ihr sprangt
sie sprangen

Perfekt
ich bin ... gesprungen
du bist ... gesprungen
er/sie/es ist ... gesprungen
wir sind ... gesprungen
ihr seid ... gesprungen
sie sind ... gesprungen

Plusquamperfekt
ich war ... gesprungen
du warst ... gesprungen
er/sie/es war ... gesprungen
wir waren ... gesprungen
ihr wart ... gesprungen
sie waren ... gesprungen

Futur I
ich werde ... springen
du wirst ... springen
er/sie/es wird ... springen
wir werden ... springen
ihr werdet ... springen
sie werden ... springen

Futur II
ich werde ... gesprungen sein
du wirst ... gesprungen sein
er/sie/es wird ... gesprungen sein
wir werden ... gesprungen sein
ihr werdet ... gesprungen sein
sie werden ... gesprungen sein

Imperativ

Singular
spring(e)!

Plural
springt!

Partizip

Partizip I
springend

Partizip II
gesprungen

* mit Hilfsverb *haben* oder *sein*

Konjunktiv I

Präsens
ich springe
du springest
er/sie/es springe
wir springen
ihr springet
sie springen

Perfekt
ich sei ... gesprungen
du sei(e)st ... gesprungen
er/sie/es sei ... gesprungen
wir seien ... gesprungen
ihr seiet ... gesprungen
sie seien ... gesprungen

Futur I
ich werde ... springen
du werdest ... springen
er/sie/es werde ... springen
wir werden ... springen
ihr werdet ... springen
sie werden ... springen

Futur II
ich werde ... gesprungen sein
du werdest ... gesprungen sein
er/sie/es werde ... gesprungen sein
wir werden ... gesprungen sein
ihr werdet ... gesprungen sein
sie werden ... gesprungen sein

Konjunktiv II

Präsens
ich spränge
du sprängest
er/sie/es spränge
wir sprängen
ihr spränget
sie sprängen

Perfekt
ich wäre ... gesprungen
du wär(e)st ... gesprungen
er/sie/es wäre ... gesprungen
wir wären ... gesprungen
ihr wär(e)t ... gesprungen
sie wären ... gesprungen

würde + *Infinitiv*
ich würde ... springen
du würdest ... springen
er/sie/es würde ... springen
wir würden ... springen
ihr würdet ... springen
sie würden ... springen

würde + *Infinitiv Perfekt*
ich würde ... gesprungen sein
du würdest ... gesprungen sein
er/sie/es würde ... gesprungen sein
wir würden ... gesprungen sein
ihr würdet ... gesprungen sein
sie würden ... gesprungen sein

stechen

Indikativ

Präsens
ich steche
du stichst
er/sie/es sticht
wir stechen
ihr stecht
sie stechen

Präteritum
ich stach
du stachst
er/sie/es stach
wir stachen
ihr stacht
sie stachen

Perfekt
ich habe ... gestochen
du hast ... gestochen
er/sie/es hat ... gestochen
wir haben ... gestochen
ihr habt ... gestochen
sie haben ... gestochen

Plusquamperfekt
ich hatte ... gestochen
du hattest ... gestochen
er/sie/es hatte ... gestochen
wir hatten ... gestochen
ihr hattet ... gestochen
sie hatten ... gestochen

Futur I
ich werde ... stechen
du wirst ... stechen
er/sie/es wird ... stechen
wir werden ... stechen
ihr werdet ... stechen
sie werden ... stechen

Futur II
ich werde ... gestochen haben
du wirst ... gestochen haben
er/sie/es wird ... gestochen haben
wir werden ... gestochen haben
ihr werdet ... gestochen haben
sie werden ... gestochen haben

Imperativ

Singular
stich!

Plural
stecht!

Partizip

Partizip I
stechend

Partizip II
gestochen

Konjunktiv I

Präsens

ich steche
du stechest
er/sie/es steche
wir stechen
ihr stechet
sie stechen

Perfekt

ich habe ... gestochen
du habest ... gestochen
er/sie/es habe ... gestochen
wir haben ... gestochen
ihr habet ... gestochen
sie haben ... gestochen

Futur I

ich werde ... stechen
du werdest ... stechen
er/sie/es werde ... stechen
wir werden ... stechen
ihr werdet ... stechen
sie werden ... stechen

Futur II

ich werde ... gestochen haben
du werdest ... gestochen haben
er/sie/es werde ... gestochen haben
wir werden ... gestochen haben
ihr werdet ... gestochen haben
sie werden ... gestochen haben

Konjunktiv II

Präsens

ich stäche
du stächest
er/sie/es stäche
wir stächen
ihr stächet
sie stächen

Perfekt

ich hätte ... gestochen
du hättest ... gestochen
er/sie/es hätte ... gestochen
wir hätten ... gestochen
ihr hättet ... gestochen
sie hätten ... gestochen

würde + *Infinitiv*

ich würde ... stechen
du würdest ... stechen
er/sie/es würde ... stechen
wir würden ... stechen
ihr würdet ... stechen
sie würden ... stechen

würde + *Infinitiv Perfekt*

ich würde ... gestochen haben
du würdest ... gestochen haben
er/sie/es würde ... gestochen haben
wir würden ... gestochen haben
ihr würdet ... gestochen haben
sie würden ... gestochen haben

131 stecken*

Indikativ

Präsens
ich stecke
du steckst
er/sie/es steckt
wir stecken
ihr steckt
sie stecken

Präteritum
ich stak
du stakst
er/sie/es stak
wir staken
ihr stakt
sie staken

Perfekt
ich habe ... gesteckt
du hast ... gesteckt
er/sie/es hat ... gesteckt
wir haben ... gesteckt
ihr habt ... gesteckt
sie haben ... gesteckt

Plusquamperfekt
ich hatte ... gesteckt
du hattest ... gesteckt
er/sie/es hatte ... gesteckt
wir hatten ... gesteckt
ihr hattet ... gesteckt
sie hatten ... gesteckt

Futur I
ich werde ... stecken
du wirst ... stecken
er/sie/es wird ... stecken
wir werden ... stecken
ihr werdet ... stecken
sie werden ... stecken

Futur II
ich werde ... gesteckt haben
du wirst ... gesteckt haben
er/sie/es wird ... gesteckt haben
wir werden ... gesteckt haben
ihr werdet ... gesteckt haben
sie werden ... gesteckt haben

Imperativ

Singular
steck(e)!

Plural
steckt!

Partizip

Partizip I
steckend

Partizip II
gesteckt

* wird auch (transitiv immer) regelmäßig konjugiert

Konjunktiv I

Präsens
ich stecke
du steckest
er/sie/es stecke
wir stecken
ihr stecket
sie stecken

Perfekt
ich habe ... gesteckt
du habest ... gesteckt
er/sie/es habe ... gesteckt
wir haben ... gesteckt
ihr habet ... gesteckt
sie haben ... gesteckt

Futur I
ich werde ... stecken
du werdest ... stecken
er/sie/es werde ... stecken
wir werden ... stecken
ihr werdet ... stecken
sie werden ... stecken

Futur II
ich werde ... gesteckt haben
du werdest ... gesteckt haben
er/sie/es werde ... gesteckt haben
wir werden ... gesteckt haben
ihr werdet ... gesteckt haben
sie werden ... gesteckt haben

Konjunktiv II

Präsens
ich stäke
du stäkest
er/sie/es stäke
wir stäken
ihr stäket
sie stäken

Perfekt
ich hätte ... gesteckt
du hättest ... gesteckt
er/sie/es hätte ... gesteckt
wir hätten ... gesteckt
ihr hättet ... gesteckt
sie hätten ... gesteckt

würde + Infinitiv
ich würde ... stecken
du würdest ... stecken
er/sie/es würde ... stecken
wir würden ... stecken
ihr würdet ... stecken
sie würden ... stecken

würde + Infinitiv Perfekt
ich würde ... gesteckt haben
du würdest ... gesteckt haben
er/sie/es würde ... gesteckt haben
wir würden ... gesteckt haben
ihr würdet ... gesteckt haben
sie würden ... gesteckt haben

stehen*

Indikativ

Präsens
ich stehe
du stehst
er/sie/es steht
wir stehen
ihr steht
sie stehen

Präteritum
ich stand
du stand(e)st
er/sie/es stand
wir standen
ihr stand(e)t
sie standen

Perfekt
ich habe ... gestanden
du hast ... gestanden
er/sie/es hat ... gestanden
wir haben ... gestanden
ihr habt ... gestanden
sie haben ... gestanden

Plusquamperfekt
ich hatte ... gestanden
du hattest ... gestanden
er/sie/es hatte ... gestanden
wir hatten ... gestanden
ihr hattet ... gestanden
sie hatten ... gestanden

Futur I
ich werde ... stehen
du wirst ... stehen
er/sie/es wird ... stehen
wir werden ... stehen
ihr werdet ... stehen
sie werden ... stehen

Futur II
ich werde ... gestanden haben
du wirst ... gestanden haben
er/sie/es wird ... gestanden haben
wir werden ... gestanden haben
ihr werdet ... gestanden haben
sie werden ... gestanden haben

Imperativ

Singular
steh(e)!

Plural
steht!

Partizip

Partizip I
stehend

Partizip II
gestanden

* mit Hilfsverb *haben* oder *sein*

Konjunktiv I

Präsens
ich stehe
du stehest
er/sie/es stehe
wir stehen
ihr stehet
sie stehen

Perfekt
ich habe ... gestanden
du habest ... gestanden
er/sie/es habe ... gestanden
wir haben ... gestanden
ihr habet ... gestanden
sie haben ... gestanden

Futur I
ich werde ... stehen
du werdest ... stehen
er/sie/es werde ... stehen
wir werden ... stehen
ihr werdet ... stehen
sie werden ... stehen

Futur II
ich werde ... gestanden haben
du werdest ... gestanden haben
er/sie/es werde ... gestanden haben
wir werden ... gestanden haben
ihr werdet ... gestanden haben
sie werden ... gestanden haben

Konjunktiv II

Präsens
ich stände/stünde
du ständest/stündest
er/sie/es stände/stünde
wir ständen/stünden
ihr ständet/stündet
sie ständen/stünden

Perfekt
ich hätte ... gestanden
du hättest ... gestanden
er/sie/es hätte ... gestanden
wir hätten ... gestanden
ihr hättet ... gestanden
sie hätten ... gestanden

würde + *Infinitiv*
ich würde ... stehen
du würdest ... stehen
er/sie/es würde ... stehen
wir würden ... stehen
ihr würdet ... stehen
sie würden ... stehen

würde + *Infinitiv Perfekt*
ich würde ... gestanden haben
du würdest ... gestanden haben
er/sie/es würde ... gestanden haben
wir würden ... gestanden haben
ihr würdet ... gestanden haben
sie würden ... gestanden haben

stehlen

Indikativ

Präsens
ich stehle
du stiehlst
er/sie/es stiehlt
wir stehlen
ihr stehlt
sie stehlen

Präteritum
ich stahl
du stahlst
er/sie/es stahl
wir stahlen
ihr stahlt
sie stahlen

Perfekt
ich habe ... gestohlen
du hast ... gestohlen
er/sie/es hat ... gestohlen
wir haben ... gestohlen
ihr habt ... gestohlen
sie haben ... gestohlen

Plusquamperfekt
ich hatte ... gestohlen
du hattest ... gestohlen
er/sie/es hatte ... gestohlen
wir hatten ... gestohlen
ihr hattet ... gestohlen
sie hatten ... gestohlen

Futur I
ich werde ... stehlen
du wirst ... stehlen
er/sie/es wird ... stehlen
wir werden ... stehlen
ihr werdet ... stehlen
sie werden ... stehlen

Futur II
ich werde ... gestohlen haben
du wirst ... gestohlen haben
er/sie/es wird ... gestohlen haben
wir werden ... gestohlen haben
ihr werdet ... gestohlen haben
sie werden ... gestohlen haben

Imperativ

Singular
stiehl!

Plural
stehlt!

Partizip

Partizip I
stehlend

Partizip II
gestohlen

Konjunktiv I

Präsens
ich stehle
du stehlest
er/sie/es stehle
wir stehlen
ihr stehlet
sie stehlen

Perfekt
ich habe ... gestohlen
du habest ... gestohlen
er/sie/es habe ... gestohlen
wir haben ... gestohlen
ihr habet ... gestohlen
sie haben ... gestohlen

Futur I
ich werde ... stehlen
du werdest ... stehlen
er/sie/es werde ... stehlen
wir werden ... stehlen
ihr werdet ... stehlen
sie werden ... stehlen

Futur II
ich werde ... gestohlen haben
du werdest ... gestohlen haben
er/sie/es werde ... gestohlen haben
wir werden ... gestohlen haben
ihr werdet ... gestohlen haben
sie werden ... gestohlen haben

Konjunktiv II

Präsens
ich stähle
du stählest
er/sie/es stähle
wir stählen
ihr stählet
sie stählen

Perfekt
ich hätte ... gestohlen
du hättest ... gestohlen
er/sie/es hätte ... gestohlen
wir hätten ... gestohlen
ihr hättet ... gestohlen
sie hätten ... gestohlen

würde + *Infinitiv*
ich würde ... stehlen
du würdest ... stehlen
er/sie/es würde ... stehlen
wir würden ... stehlen
ihr würdet ... stehlen
sie würden ... stehlen

würde + *Infinitiv Perfekt*
ich würde ... gestohlen haben
du würdest ... gestohlen haben
er/sie/es würde ... gestohlen haben
wir würden ... gestohlen haben
ihr würdet ... gestohlen haben
sie würden ... gestohlen haben

steigen

Indikativ

Präsens
ich steige
du steigst
er/sie/es steigt
wir steigen
ihr steigt
sie steigen

Präteritum
ich stieg
du stiegst
er/sie/es stieg
wir stiegen
ihr stiegt
sie stiegen

Perfekt
ich bin ... gestiegen
du bist ... gestiegen
er/sie/es ist ... gestiegen
wir sind ... gestiegen
ihr seid ... gestiegen
sie sind ... gestiegen

Plusquamperfekt
ich war ... gestiegen
du warst ... gestiegen
er/sie/es war ... gestiegen
wir waren ... gestiegen
ihr wart ... gestiegen
sie waren ... gestiegen

Futur I
ich werde ... steigen
du wirst ... steigen
er/sie/es wird ... steigen
wir werden ... steigen
ihr werdet ... steigen
sie werden ... steigen

Futur II
ich werde ... gestiegen sein
du wirst ... gestiegen sein
er/sie/es wird ... gestiegen sein
wir werden ... gestiegen sein
ihr werdet ... gestiegen sein
sie werden ... gestiegen sein

Imperativ

Singular
steig(e)!

Plural
steigt!

Partizip

Partizip I
steigend

Partizip II
gestiegen

Konjunktiv I

Präsens

ich steige
du steigest
er/sie/es steige
wir steigen
ihr steiget
sie steigen

Perfekt

ich sei ... gestiegen
du sei(e)st ... gestiegen
er/sie/es sei ... gestiegen
wir seien ... gestiegen
ihr seiet ... gestiegen
sie seien ... gestiegen

Futur I

ich werde ... steigen
du werdest ... steigen
er/sie/es werde ... steigen
wir werden ... steigen
ihr werdet ... steigen
sie werden ... steigen

Futur II

ich werde ... gestiegen sein
du werdest ... gestiegen sein
er/sie/es werde ... gestiegen sein
wir werden ... gestiegen sein
ihr werdet ... gestiegen sein
sie werden ... gestiegen sein

Konjunktiv II

Präsens

ich stiege
du stiegest
er/sie/es stiege
wir stiegen
ihr stieget
sie stiegen

Perfekt

ich wäre ... gestiegen
du wär(e)st ... gestiegen
er/sie/es wäre ... gestiegen
wir wären ... gestiegen
ihr wär(e)t ... gestiegen
sie wären ... gestiegen

würde + *Infinitiv*

ich würde ... steigen
du würdest ... steigen
er/sie/es würde ... steigen
wir würden ... steigen
ihr würdet ... steigen
sie würden ... steigen

würde + *Infinitiv Perfekt*

ich würde ... gestiegen sein
du würdest ... gestiegen sein
er/sie/es würde ... gestiegen sein
wir würden ... gestiegen sein
ihr würdet ... gestiegen sein
sie würden ... gestiegen sein

sterben

Indikativ

Präsens
ich sterbe
du stirbst
er/sie/es stirbt
wir sterben
ihr sterbt
sie sterben

Präteritum
ich starb
du starbst
er/sie/es starb
wir starben
ihr starbt
sie starben

Perfekt
ich bin ... gestorben
du bist ... gestorben
er/sie/es ist ... gestorben
wir sind ... gestorben
ihr seid ... gestorben
sie sind ... gestorben

Plusquamperfekt
ich war ... gestorben
du warst ... gestorben
er/sie/es war ... gestorben
wir waren ... gestorben
ihr wart ... gestorben
sie waren ... gestorben

Futur I
ich werde ... sterben
du wirst ... sterben
er/sie/es wird ... sterben
wir werden ... sterben
ihr werdet ... sterben
sie werden ... sterben

Futur II
ich werde ... gestorben sein
du wirst ... gestorben sein
er/sie/es wird ... gestorben sein
wir werden ... gestorben sein
ihr werdet ... gestorben sein
sie werden ... gestorben sein

Imperativ

Singular
stirb!

Plural
sterbt!

Partizip

Partizip I
sterbend

Partizip II
gestorben

starke Verben

Konjunktiv I

Präsens
ich sterbe
du sterbest
er/sie/es sterbe
wir sterben
ihr sterbet
sie sterben

Perfekt
ich sei ... gestorben
du sei(e)st ... gestorben
er/sie/es sei ... gestorben
wir seien ... gestorben
ihr seiet ... gestorben
sie seien ... gestorben

Futur I
ich werde ... sterben
du werdest ... sterben
er/sie/es werde ... sterben
wir werden ... sterben
ihr werdet ... sterben
sie werden ... sterben

Futur II
ich werde ... gestorben sein
du werdest ... gestorben sein
er/sie/es werde ... gestorben sein
wir werden ... gestorben sein
ihr werdet ... gestorben sein
sie werden ... gestorben sein

Konjunktiv II

Präsens
ich stürbe
du stürbest
er/sie/es stürbe
wir stürben
ihr stürbet
sie stürben

Perfekt
ich wäre ... gestorben
du wär(e)st ... gestorben
er/sie/es wäre ... gestorben
wir wären ... gestorben
ihr wär(e)t ... gestorben
sie wären ... gestorben

würde + *Infinitiv*
ich würde ... sterben
du würdest ... sterben
er/sie/es würde ... sterben
wir würden ... sterben
ihr würdet ... sterben
sie würden ... sterben

würde + *Infinitiv Perfekt*
ich würde ... gestorben sein
du würdest ... gestorben sein
er/sie/es würde ... gestorben sein
wir würden ... gestorben sein
ihr würdet ... gestorben sein
sie würden ... gestorben sein

stinken

Indikativ

Präsens
ich stinke
du stinkst
er/sie/es stinkt
wir stinken
ihr stinkt
sie stinken

Präteritum
ich stank
du stankst
er/sie/es stank
wir stanken
ihr stankt
sie stanken

Perfekt
ich habe ... gestunken
du hast ... gestunken
er/sie/es hat ... gestunken
wir haben ... gestunken
ihr habt ... gestunken
sie haben ... gestunken

Plusquamperfekt
ich hatte ... gestunken
du hattest ... gestunken
er/sie/es hatte ... gestunken
wir hatten ... gestunken
ihr hattet ... gestunken
sie hatten ... gestunken

Futur I
ich werde ... stinken
du wirst ... stinken
er/sie/es wird ... stinken
wir werden ... stinken
ihr werdet ... stinken
sie werden ... stinken

Futur II
ich werde ... gestunken haben
du wirst ... gestunken haben
er/sie/es wird ... gestunken haben
wir werden ... gestunken haben
ihr werdet ... gestunken haben
sie werden ... gestunken haben

Imperativ

Singular
stink(e)!

Plural
stinkt!

Partizip

Partizip I
stinkend

Partizip II
gestunken

Konjunktiv I

Präsens
ich stinke
du stinkest
er/sie/es stinke
wir stinken
ihr stinket
sie stinken

Perfekt
ich habe ... gestunken
du habest ... gestunken
er/sie/es habe ... gestunken
wir haben ... gestunken
ihr habet ... gestunken
sie haben ... gestunken

Futur I
ich werde ... stinken
du werdest ... stinken
er/sie/es werde ... stinken
wir werden ... stinken
ihr werdet ... stinken
sie werden ... stinken

Futur II
ich werde ... gestunken haben
du werdest ... gestunken haben
er/sie/es werde ... gestunken haben
wir werden ... gestunken haben
ihr werdet ... gestunken haben
sie werden ... gestunken haben

Konjunktiv II

Präsens
ich stänke
du stänkest
er/sie/es stänke
wir stänken
ihr stänket
sie stänken

Perfekt
ich hätte ... gestunken
du hättest ... gestunken
er/sie/es hätte ... gestunken
wir hätten ... gestunken
ihr hättet ... gestunken
sie hätten ... gestunken

würde + *Infinitiv*
ich würde ... stinken
du würdest ... stinken
er/sie/es würde ... stinken
wir würden ... stinken
ihr würdet ... stinken
sie würden ... stinken

würde + *Infinitiv Perfekt*
ich würde ... gestunken haben
du würdest ... gestunken haben
er/sie/es würde ... gestunken haben
wir würden ... gestunken haben
ihr würdet ... gestunken haben
sie würden ... gestunken haben

137 stoßen

Indikativ

Präsens
ich stoße
du stößt
er/sie/es stößt
wir stoßen
ihr stoßt
sie stoßen

Präteritum
ich stieß
du stieß(es)t
er/sie/es stieß
wir stießen
ihr stießt
sie stießen

Perfekt
ich habe ... gestoßen
du hast ... gestoßen
er/sie/es hat ... gestoßen
wir haben ... gestoßen
ihr habt ... gestoßen
sie haben ... gestoßen

Plusquamperfekt
ich hatte ... gestoßen
du hattest ... gestoßen
er/sie/es hatte ... gestoßen
wir hatten ... gestoßen
ihr hattet ... gestoßen
sie hatten ... gestoßen

Futur I
ich werde ... stoßen
du wirst ... stoßen
er/sie/es wird ... stoßen
wir werden ... stoßen
ihr werdet ... stoßen
sie werden ... stoßen

Futur II
ich werde ... gestoßen haben
du wirst ... gestoßen haben
er/sie/es wird ... gestoßen haben
wir werden ... gestoßen haben
ihr werdet ... gestoßen haben
sie werden ... gestoßen haben

Imperativ

Singular
stoß(e)!

Plural
stoßt!

Partizip

Partizip I
stoßend

Partizip II
gestoßen

Konjunktiv I

Präsens
ich stoße
du stoßest
er/sie/es stoße
wir stoßen
ihr stoßet
sie stoßen

Perfekt
ich habe ... gestoßen
du habest ... gestoßen
er/sie/es habe ... gestoßen
wir haben ... gestoßen
ihr habet ... gestoßen
sie haben ... gestoßen

Futur I
ich werde ... stoßen
du werdest ... stoßen
er/sie/es werde ... stoßen
wir werden ... stoßen
ihr werdet ... stoßen
sie werden ... stoßen

Futur II
ich werde ... gestoßen haben
du werdest ... gestoßen haben
er/sie/es werde ... gestoßen haben
wir werden ... gestoßen haben
ihr werdet ... gestoßen haben
sie werden ... gestoßen haben

Konjunktiv II

Präsens
ich stieße
du stießest
er/sie/es stieße
wir stießen
ihr stießet
sie stießen

Perfekt
ich hätte ... gestoßen
du hättest ... gestoßen
er/sie/es hätte ... gestoßen
wir hätten ... gestoßen
ihr hättet ... gestoßen
sie hätten ... gestoßen

würde + *Infinitiv*
ich würde ... stoßen
du würdest ... stoßen
er/sie/es würde ... stoßen
wir würden ... stoßen
ihr würdet ... stoßen
sie würden ... stoßen

würde + *Infinitiv Perfekt*
ich würde ... gestoßen haben
du würdest ... gestoßen haben
er/sie/es würde ... gestoßen haben
wir würden ... gestoßen haben
ihr würdet ... gestoßen haben
sie würden ... gestoßen haben

streichen

Indikativ

Präsens
ich streiche
du streichst
er/sie/es streicht
wir streichen
ihr streicht
sie streichen

Präteritum
ich strich
du strichst
er/sie/es strich
wir strichen
ihr stricht
sie strichen

Perfekt
ich habe ... gestrichen
du hast ... gestrichen
er/sie/es hat ... gestrichen
wir haben ... gestrichen
ihr habt ... gestrichen
sie haben ... gestrichen

Plusquamperfekt
ich hatte ... gestrichen
du hattest ... gestrichen
er/sie/es hatte ... gestrichen
wir hatten ... gestrichen
ihr hattet ... gestrichen
sie hatten ... gestrichen

Futur I
ich werde ... streichen
du wirst ... streichen
er/sie/es wird ... streichen
wir werden ... streichen
ihr werdet ... streichen
sie werden ... streichen

Futur II
ich werde ... gestrichen haben
du wirst ... gestrichen haben
er/sie/es wird ... gestrichen haben
wir werden ... gestrichen haben
ihr werdet ... gestrichen haben
sie werden ... gestrichen haben

Imperativ

Singular
streich(e)!

Plural
streicht!

Partizip

Partizip I
streichend

Partizip II
gestrichen

Konjunktiv I

Präsens
ich streiche
du streichest
er/sie/es streiche
wir streichen
ihr streichet
sie streichen

Perfekt
ich habe ... gestrichen
du habest ... gestrichen
er/sie/es habe ... gestrichen
wir haben ... gestrichen
ihr habet ... gestrichen
sie haben ... gestrichen

Futur I
ich werde ... streichen
du werdest ... streichen
er/sie/es werde ... streichen
wir werden ... streichen
ihr werdet ... streichen
sie werden ... streichen

Futur II
ich werde ... gestrichen haben
du werdest ... gestrichen haben
er/sie/es werde ... gestrichen haben
wir werden ... gestrichen haben
ihr werdet ... gestrichen haben
sie werden ... gestrichen haben

Konjunktiv II

Präsens
ich striche
du strichest
er/sie/es striche
wir strichen
ihr strichet
sie strichen

Perfekt
ich hätte ... gestrichen
du hättest ... gestrichen
er/sie/es hätte ... gestrichen
wir hätten ... gestrichen
ihr hättet ... gestrichen
sie hätten ... gestrichen

würde + *Infinitiv*
ich würde ... streichen
du würdest ... streichen
er/sie/es würde ... streichen
wir würden ... streichen
ihr würdet ... streichen
sie würden ... streichen

würde + *Infinitiv Perfekt*
ich würde ... gestrichen haben
du würdest ... gestrichen haben
er/sie/es würde ... gestrichen haben
wir würden ... gestrichen haben
ihr würdet ... gestrichen haben
sie würden ... gestrichen haben

streiten

Indikativ

Präsens
ich streite
du streitest
er/sie/es streitet
wir streiten
ihr streitet
sie streiten

Präteritum
ich stritt
du strittest
er/sie/es stritt
wir stritten
ihr strittet
sie stritten

Perfekt
ich habe ... gestritten
du hast ... gestritten
er/sie/es hat ... gestritten
wir haben ... gestritten
ihr habt ... gestritten
sie haben ... gestritten

Plusquamperfekt
ich hatte ... gestritten
du hattest ... gestritten
er/sie/es hatte ... gestritten
wir hatten ... gestritten
ihr hattet ... gestritten
sie hatten ... gestritten

Futur I
ich werde ... streiten
du wirst ... streiten
er/sie/es wird ... streiten
wir werden ... streiten
ihr werdet ... streiten
sie werden ... streiten

Futur II
ich werde ... gestritten haben
du wirst ... gestritten haben
er/sie/es wird ... gestritten haben
wir werden ... gestritten haben
ihr werdet ... gestritten haben
sie werden ... gestritten haben

Imperativ

Singular
streit(e)!

Plural
streitet!

Partizip

Partizip I
streitend

Partizip II
gestritten

Konjunktiv I

Präsens
ich streite
du streitest
er/sie/es streite
wir streiten
ihr streitet
sie streiten

Perfekt
ich habe ... gestritten
du habest ... gestritten
er/sie/es habe ... gestritten
wir haben ... gestritten
ihr habet ... gestritten
sie haben ... gestritten

Futur I
ich werde ... streiten
du werdest ... streiten
er/sie/es werde ... streiten
wir werden ... streiten
ihr werdet ... streiten
sie werden ... streiten

Futur II
ich werde ... gestritten haben
du werdest ... gestritten haben
er/sie/es werde ... gestritten haben
wir werden ... gestritten haben
ihr werdet ... gestritten haben
sie werden ... gestritten haben

Konjunktiv II

Präsens
ich stritte
du strittest
er/sie/es stritte
wir stritten
ihr strittet
sie stritten

Perfekt
ich hätte ... gestritten
du hättest ... gestritten
er/sie/es hätte ... gestritten
wir hätten ... gestritten
ihr hättet ... gestritten
sie hätten ... gestritten

würde + *Infinitiv*
ich würde ... streiten
du würdest ... streiten
er/sie/es würde ... streiten
wir würden ... streiten
ihr würdet ... streiten
sie würden ... streiten

würde + *Infinitiv Perfekt*
ich würde ... gestritten haben
du würdest ... gestritten haben
er/sie/es würde ... gestritten haben
wir würden ... gestritten haben
ihr würdet ... gestritten haben
sie würden ... gestritten haben

tragen

Indikativ

Präsens
ich trage
du trägst
er/sie/es trägt
wir tragen
ihr tragt
sie tragen

Präteritum
ich trug
du trugst
er/sie/es trug
wir trugen
ihr trugt
sie trugen

Perfekt
ich habe ... getragen
du hast ... getragen
er/sie/es hat ... getragen
wir haben ... getragen
ihr habt ... getragen
sie haben ... getragen

Plusquamperfekt
ich hatte ... getragen
du hattest ... getragen
er/sie/es hatte ... getragen
wir hatten ... getragen
ihr hattet ... getragen
sie hatten ... getragen

Futur I
ich werde ... tragen
du wirst ... tragen
er/sie/es wird ... tragen
wir werden ... tragen
ihr werdet ... tragen
sie werden ... tragen

Futur II
ich werde ... getragen haben
du wirst ... getragen haben
er/sie/es wird ... getragen haben
wir werden ... getragen haben
ihr werdet ... getragen haben
sie werden ... getragen haben

Imperativ

Singular
trag(e)!

Plural
tragt!

Partizip

Partizip I
tragend

Partizip II
getragen

Konjunktiv I

Präsens
ich trage
du tragest
er/sie/es trage
wir tragen
ihr traget
sie tragen

Perfekt
ich habe ... getragen
du habest ... getragen
er/sie/es habe ... getragen
wir haben ... getragen
ihr habet ... getragen
sie haben ... getragen

Futur I
ich werde ... tragen
du werdest ... tragen
er/sie/es werde ... tragen
wir werden ... tragen
ihr werdet ... tragen
sie werden ... tragen

Futur II
ich werde ... getragen haben
du werdest ... getragen haben
er/sie/es werde ... getragen haben
wir werden ... getragen haben
ihr werdet ... getragen haben
sie werden ... getragen haben

Konjunktiv II

Präsens
ich trüge
du trügest
er/sie/es trüge
wir trügen
ihr trüget
sie trügen

Perfekt
ich hätte ... getragen
du hättest ... getragen
er/sie/es hätte ... getragen
wir hätten ... getragen
ihr hättet ... getragen
sie hätten ... getragen

würde + Infinitiv
ich würde ... tragen
du würdest ... tragen
er/sie/es würde ... tragen
wir würden ... tragen
ihr würdet ... tragen
sie würden ... tragen

würde + Infinitiv Perfekt
ich würde ... getragen haben
du würdest ... getragen haben
er/sie/es würde ... getragen haben
wir würden ... getragen haben
ihr würdet ... getragen haben
sie würden ... getragen haben

treffen

Indikativ

Präsens
ich treffe
du triffst
er/sie/es trifft
wir treffen
ihr trefft
sie treffen

Präteritum
ich traf
du trafst
er/sie/es traf
wir trafen
ihr traft
sie trafen

Perfekt
ich habe ... getroffen
du hast ... getroffen
er/sie/es hat ... getroffen
wir haben ... getroffen
ihr habt ... getroffen
sie haben ... getroffen

Plusquamperfekt
ich hatte ... getroffen
du hattest ... getroffen
er/sie/es hatte ... getroffen
wir hatten ... getroffen
ihr hattet ... getroffen
sie hatten ... getroffen

Futur I
ich werde ... treffen
du wirst ... treffen
er/sie/es wird ... treffen
wir werden ... treffen
ihr werdet ... treffen
sie werden ... treffen

Futur II
ich werde ... getroffen haben
du wirst ... getroffen haben
er/sie/es wird ... getroffen haben
wir werden ... getroffen haben
ihr werdet ... getroffen haben
sie werden ... getroffen haben

Imperativ

Singular
triff!

Plural
trefft!

Partizip

Partizip I
treffend

Partizip II
getroffen

Konjunktiv I

Präsens

ich treffe
du treffest
er/sie/es treffe
wir treffen
ihr treffet
sie treffen

Perfekt

ich habe ... getroffen
du habest ... getroffen
er/sie/es habe ... getroffen
wir haben ... getroffen
ihr habet ... getroffen
sie haben ... getroffen

Futur I

ich werde ... treffen
du werdest ... treffen
er/sie/es werde ... treffen
wir werden ... treffen
ihr werdet ... treffen
sie werden ... treffen

Futur II

ich werde ... getroffen haben
du werdest ... getroffen haben
er/sie/es werde ... getroffen haben
wir werden ... getroffen haben
ihr werdet ... getroffen haben
sie werden ... getroffen haben

Konjunktiv II

Präsens

ich träfe
du träfest
er/sie/es träfe
wir träfen
ihr träfet
sie träfen

Perfekt

ich hätte ... getroffen
du hättest ... getroffen
er/sie/es hätte ... getroffen
wir hätten ... getroffen
ihr hättet ... getroffen
sie hätten ... getroffen

würde + *Infinitiv*

ich würde ... treffen
du würdest ... treffen
er/sie/es würde ... treffen
wir würden ... treffen
ihr würdet ... treffen
sie würden ... treffen

würde + *Infinitiv Perfekt*

ich würde ... getroffen haben
du würdest ... getroffen haben
er/sie/es würde ... getroffen haben
wir würden ... getroffen haben
ihr würdet ... getroffen haben
sie würden ... getroffen haben

142 treiben*

Indikativ

Präsens
ich treibe
du treibst
er/sie/es treibt
wir treiben
ihr treibt
sie treiben

Präteritum
ich trieb
du triebst
er/sie/es trieb
wir trieben
ihr triebt
sie trieben

Perfekt
ich habe ... getrieben
du hast ... getrieben
er/sie/es hat ... getrieben
wir haben ... getrieben
ihr habt ... getrieben
sie haben ... getrieben

Plusquamperfekt
ich hatte ... getrieben
du hattest ... getrieben
er/sie/es hatte ... getrieben
wir hatten ... getrieben
ihr hattet ... getrieben
sie hatten ... getrieben

Futur I
ich werde ... treiben
du wirst ... treiben
er/sie/es wird ... treiben
wir werden ... treiben
ihr werdet ... treiben
sie werden ... treiben

Futur II
ich werde ... getrieben haben
du wirst ... getrieben haben
er/sie/es wird ... getrieben haben
wir werden ... getrieben haben
ihr werdet ... getrieben haben
sie werden ... getrieben haben

starke Verben

Imperativ

Singular
treib(e)!

Plural
treibt!

Partizip

Partizip I
treibend

Partizip II
getrieben

* mit Hilfsverb *haben* oder *sein*

Konjunktiv I

Präsens
ich treibe
du treibest
er/sie/es treibe
wir treiben
ihr treibet
sie treiben

Perfekt
ich habe ... getrieben
du habest ... getrieben
er/sie/es habe ... getrieben
wir haben ... getrieben
ihr habet ... getrieben
sie haben ... getrieben

Futur I
ich werde ... treiben
du werdest ... treiben
er/sie/es werde ... treiben
wir werden ... treiben
ihr werdet ... treiben
sie werden ... treiben

Futur II
ich werde ... getrieben haben
du werdest ... getrieben haben
er/sie/es werde ... getrieben haben
wir werden ... getrieben haben
ihr werdet ... getrieben haben
sie werden ... getrieben haben

Konjunktiv II

Präsens
ich triebe
du triebest
er/sie/es triebe
wir trieben
ihr triebet
sie trieben

Perfekt
ich hätte ... getrieben
du hättest ... getrieben
er/sie/es hätte ... getrieben
wir hätten ... getrieben
ihr hättet ... getrieben
sie hätten ... getrieben

würde + *Infinitiv*
ich würde ... treiben
du würdest ... treiben
er/sie/es würde ... treiben
wir würden ... treiben
ihr würdet ... treiben
sie würden ... treiben

würde + *Infinitiv Perfekt*
ich würde ... getrieben haben
du würdest ... getrieben haben
er/sie/es würde ... getrieben haben
wir würden ... getrieben haben
ihr würdet ... getrieben haben
sie würden ... getrieben haben

143 treten*

Indikativ

Präsens
ich trete
du trittst
er/sie/es tritt
wir treten
ihr tretet
sie treten

Präteritum
ich trat
du tratst
er/sie/es trat
wir traten
ihr tratet
sie traten

Perfekt
ich habe ... getreten
du hast ... getreten
er/sie/es hat ... getreten
wir haben ... getreten
ihr habt ... getreten
sie haben ... getreten

Plusquamperfekt
ich hatte ... getreten
du hattest ... getreten
er/sie/es hatte ... getreten
wir hatten ... getreten
ihr hattet ... getreten
sie hatten ... getreten

Futur I
ich werde ... treten
du wirst ... treten
er/sie/es wird ... treten
wir werden ... treten
ihr werdet ... treten
sie werden ... treten

Futur II
ich werde ... getreten haben
du wirst ... getreten haben
er/sie/es wird ... getreten haben
wir werden ... getreten haben
ihr werdet ... getreten haben
sie werden ... getreten haben

Imperativ

Singular
tritt!

Plural
tretet!

Partizip

Partizip I
tretend

Partizip II
getreten

* mit Hilfsverb *haben* oder *sein*

Konjunktiv I

Präsens
ich trete
du tretest
er/sie/es trete
wir treten
ihr tretet
sie treten

Perfekt
ich habe ... getreten
du habest ... getreten
er/sie/es habe ... getreten
wir haben ... getreten
ihr habet ... getreten
sie haben ... getreten

Futur I
ich werde ... treten
du werdest ... treten
er/sie/es werde ... treten
wir werden ... treten
ihr werdet ... treten
sie werden ... treten

Futur II
ich werde ... getreten haben
du werdest ... getreten haben
er/sie/es werde ... getreten haben
wir werden ... getreten haben
ihr werdet ... getreten haben
sie werden ... getreten haben

Konjunktiv II

Präsens
ich träte
du trätest
er/sie/es träte
wir träten
ihr trätet
sie träten

Perfekt
ich hätte ... getreten
du hättest ... getreten
er/sie/es hätte ... getreten
wir hätten ... getreten
ihr hättet ... getreten
sie hätten ... getreten

würde + *Infinitiv*
ich würde ... treten
du würdest ... treten
er/sie/es würde ... treten
wir würden ... treten
ihr würdet ... treten
sie würden ... treten

würde + *Infinitiv Perfekt*
ich würde ... getreten haben
du würdest ... getreten haben
er/sie/es würde ... getreten haben
wir würden ... getreten haben
ihr würdet ... getreten haben
sie würden ... getreten haben

144 trinken

Indikativ

Präsens
ich trinke
du trinkst
er/sie/es trinkt
wir trinken
ihr trinkt
sie trinken

Präteritum
ich trank
du trankst
er/sie/es trank
wir tranken
ihr trankt
sie tranken

Perfekt
ich habe ... getrunken
du hast ... getrunken
er/sie/es hat ... getrunken
wir haben ... getrunken
ihr habt ... getrunken
sie haben ... getrunken

Plusquamperfekt
ich hatte ... getrunken
du hattest ... getrunken
er/sie/es hatte ... getrunken
wir hatten ... getrunken
ihr hattet ... getrunken
sie hatten ... getrunken

Futur I
ich werde ... trinken
du wirst ... trinken
er/sie/es wird ... trinken
wir werden ... trinken
ihr werdet ... trinken
sie werden ... trinken

Futur II
ich werde ... getrunken haben
du wirst ... getrunken haben
er/sie/es wird ... getrunken haben
wir werden ... getrunken haben
ihr werdet ... getrunken haben
sie werden ... getrunken haben

starke Verben

Imperativ

Singular
trink(e)!

Plural
trinkt!

Partizip

Partizip I
trinkend

Partizip II
getrunken

Konjunktiv I

Präsens
ich trinke
du trinkest
er/sie/es trinke
wir trinken
ihr trinket
sie trinken

Perfekt
ich habe ... getrunken
du habest ... getrunken
er/sie/es habe ... getrunken
wir haben ... getrunken
ihr habet ... getrunken
sie haben ... getrunken

Futur I
ich werde ... trinken
du werdest ... trinken
er/sie/es werde ... trinken
wir werden ... trinken
ihr werdet ... trinken
sie werden ... trinken

Futur II
ich werde ... getrunken haben
du werdest ... getrunken haben
er/sie/es werde ... getrunken haben
wir werden ... getrunken haben
ihr werdet ... getrunken haben
sie werden ... getrunken haben

Konjunktiv II

Präsens
ich tränke
du tränkest
er/sie/es tränke
wir tränken
ihr tränket
sie tränken

Perfekt
ich hätte ... getrunken
du hättest ... getrunken
er/sie/es hätte ... getrunken
wir hätten ... getrunken
ihr hättet ... getrunken
sie hätten ... getrunken

würde + *Infinitiv*
ich würde ... trinken
du würdest ... trinken
er/sie/es würde ... trinken
wir würden ... trinken
ihr würdet ... trinken
sie würden ... trinken

würde + *Infinitiv Perfekt*
ich würde ... getrunken haben
du würdest ... getrunken haben
er/sie/es würde ... getrunken haben
wir würden ... getrunken haben
ihr würdet ... getrunken haben
sie würden ... getrunken haben

145   tun

Indikativ

Präsens
ich tue
du tust
er/sie/es tut
wir tun
ihr tut
sie tun

Präteritum
ich tat
du tat(e)st
er/sie/es tat
wir taten
ihr tatet
sie taten

Perfekt
ich habe ... getan
du hast ... getan
er/sie/es hat ... getan
wir haben ... getan
ihr habt ... getan
sie haben ... getan

Plusquamperfekt
ich hatte ... getan
du hattest ... getan
er/sie/es hatte ... getan
wir hatten ... getan
ihr hattet ... getan
sie hatten ... getan

Futur I
ich werde ... tun
du wirst ... tun
er/sie/es wird ... tun
wir werden ... tun
ihr werdet ... tun
sie werden ... tun

Futur II
ich werde ... getan haben
du wirst ... getan haben
er/sie/es wird ... getan haben
wir werden ... getan haben
ihr werdet ... getan haben
sie werden ... getan haben

Imperativ

Singular
tu(e)!

Plural
tut!

Partizip

Partizip I
tuend

Partizip II
getan

Konjunktiv I

Präsens
ich tue
du tuest
er/sie/es tue
wir tuen
ihr tuet
sie tuen

Perfekt
ich habe ... getan
du habest ... getan
er/sie/es habe ... getan
wir haben ... getan
ihr habet ... getan
sie haben ... getan

Futur I
ich werde ... tun
du werdest ... tun
er/sie/es werde ... tun
wir werden ... tun
ihr werdet ... tun
sie werden ... tun

Futur II
ich werde ... getan haben
du werdest ... getan haben
er/sie/es werde ... getan haben
wir werden ... getan haben
ihr werdet ... getan haben
sie werden ... getan haben

Konjunktiv II

Präsens
ich täte
du tätest
er/sie/es täte
wir täten
ihr tätet
sie täten

Perfekt
ich hätte ... getan
du hättest ... getan
er/sie/es hätte ... getan
wir hätten ... getan
ihr hättet ... getan
sie hätten ... getan

würde + *Infinitiv*
ich würde ... tun
du würdest ... tun
er/sie/es würde ... tun
wir würden ... tun
ihr würdet ... tun
sie würden ... tun

würde + *Infinitiv Perfekt*
ich würde ... getan haben
du würdest ... getan haben
er/sie/es würde ... getan haben
wir würden ... getan haben
ihr würdet ... getan haben
sie würden ... getan haben

verderben

Indikativ

Präsens
ich verderbe
du verdirbst
er/sie/es verdirbt
wir verderben
ihr verderbt
sie verderben

Präteritum
ich verdarb
du verdarbst
er/sie/es verdarb
wir verdarben
ihr verdarbt
sie verdarben

Perfekt
ich habe ... verdorben
du hast ... verdorben
er/sie/es hat ... verdorben
wir haben ... verdorben
ihr habt ... verdorben
sie haben ... verdorben

Plusquamperfekt
ich hatte ... verdorben
du hattest ... verdorben
er/sie/es hatte ... verdorben
wir hatten ... verdorben
ihr hattet ... verdorben
sie hatten ... verdorben

Futur I
ich werde ... verderben
du wirst ... verderben
er/sie/es wird ... verderben
wir werden ... verderben
ihr werdet ... verderben
sie werden ... verderben

Futur II
ich werde ... verdorben haben
du wirst ... verdorben haben
er/sie/es wird ... verdorben haben
wir werden ... verdorben haben
ihr werdet ... verdorben haben
sie werden ... verdorben haben

Imperativ

Singular
verdirb!

Plural
verderbt!

Partizip

Partizip I
verderbend

Partizip II
verdorben

Konjunktiv I

Präsens
ich verderbe
du verderbest
er/sie/es verderbe
wir verderben
ihr verderbet
sie verderben

Perfekt
ich habe ... verdorben
du habest ... verdorben
er/sie/es habe ... verdorben
wir haben ... verdorben
ihr habet ... verdorben
sie haben ... verdorben

Futur I
ich werde ... verderben
du werdest ... verderben
er/sie/es werde ... verderben
wir werden ... verderben
ihr werdet ... verderben
sie werden ... verderben

Futur II
ich werde ... verdorben haben
du werdest ... verdorben haben
er/sie/es werde ... verdorben haben
wir werden ... verdorben haben
ihr werdet ... verdorben haben
sie werden ... verdorben haben

Konjunktiv II

Präsens
ich verdürbe
du verdürbest
er/sie/es verdürbe
wir verdürben
ihr verdürbet
sie verdürben

Perfekt
ich hätte ... verdorben
du hättest ... verdorben
er/sie/es hätte ... verdorben
wir hätten ... verdorben
ihr hättet ... verdorben
sie hätten ... verdorben

würde + *Infinitiv*
ich würde ... verderben
du würdest ... verderben
er/sie/es würde ... verderben
wir würden ... verderben
ihr würdet ... verderben
sie würden ... verderben

würde + *Infinitiv Perfekt*
ich würde ... verdorben haben
du würdest ... verdorben haben
er/sie/es würde ... verdorben haben
wir würden ... verdorben haben
ihr würdet ... verdorben haben
sie würden ... verdorben haben

verdrießen

Indikativ

Präsens
ich verdrieße
du verdrießt
er/sie/es verdrießt
wir verdrießen
ihr verdrießt
sie verdrießen

Präteritum
ich verdross
du verdross(es)t
er/sie/es verdross
wir verdrossen
ihr verdrosst
sie verdrossen

Perfekt
ich habe … verdrossen
du hast … verdrossen
er/sie/es hat … verdrossen
wir haben … verdrossen
ihr habt … verdrossen
sie haben … verdrossen

Plusquamperfekt
ich hatte … verdrossen
du hattest … verdrossen
er/sie/es hatte … verdrossen
wir hatten … verdrossen
ihr hattet … verdrossen
sie hatten … verdrossen

Futur I
ich werde … verdrießen
du wirst … verdrießen
er/sie/es wird … verdrießen
wir werden … verdrießen
ihr werdet … verdrießen
sie werden … verdrießen

Futur II
ich werde … verdrossen haben
du wirst … verdrossen haben
er/sie/es wird … verdrossen haben
wir werden … verdrossen haben
ihr werdet … verdrossen haben
sie werden … verdrossen haben

Imperativ

Singular
verdrieß(e)!

Plural
verdrießt!

Partizip

Partizip I
verdrießend

Partizip II
verdrossen

Konjunktiv I

Präsens
ich verdrieße
du verdrießest
er/sie/es verdrieße
wir verdrießen
ihr verdrießet
sie verdrießen

Perfekt
ich habe ... verdrossen
du habest ... verdrossen
er/sie/es habe ... verdrossen
wir haben ... verdrossen
ihr habet ... verdrossen
sie haben ... verdrossen

Futur I
ich werde ... verdrießen
du werdest ... verdrießen
er/sie/es werde ... verdrießen
wir werden ... verdrießen
ihr werdet ... verdrießen
sie werden ... verdrießen

Futur II
ich werde ... verdrossen haben
du werdest ... verdrossen haben
er/sie/es werde ... verdrossen haben
wir werden ... verdrossen haben
ihr werdet ... verdrossen haben
sie werden ... verdrossen haben

Konjunktiv II

Präsens
ich verdrösse
du verdrössest
er/sie/es verdrösse
wir verdrössen
ihr verdrösset
sie verdrössen

Perfekt
ich hätte ... verdrossen
du hättest ... verdrossen
er/sie/es hätte ... verdrossen
wir hätten ... verdrossen
ihr hättet ... verdrossen
sie hätten ... verdrossen

würde + *Infinitiv*
ich würde ... verdrießen
du würdest ... verdrießen
er/sie/es würde ... verdrießen
wir würden ... verdrießen
ihr würdet ... verdrießen
sie würden ... verdrießen

würde + *Infinitiv Perfekt*
ich würde ... verdrossen haben
du würdest ... verdrossen haben
er/sie/es würde ... verdrossen haben
wir würden ... verdrossen haben
ihr würdet ... verdrossen haben
sie würden ... verdrossen haben

vergessen

Indikativ

Präsens
ich vergesse
du vergisst
er/sie/es vergisst
wir vergessen
ihr vergesst
sie vergessen

Präteritum
ich vergaß
du vergaß(es)t
er/sie/es vergaß
wir vergaßen
ihr vergaßt
sie vergaßen

Perfekt
ich habe ... vergessen
du hast ... vergessen
er/sie/es hat ... vergessen
wir haben ... vergessen
ihr habt ... vergessen
sie haben ... vergessen

Plusquamperfekt
ich hatte ... vergessen
du hattest ... vergessen
er/sie/es hatte ... vergessen
wir hatten ... vergessen
ihr hattet ... vergessen
sie hatten ... vergessen

Futur I
ich werde ... vergessen
du wirst ... vergessen
er/sie/es wird ... vergessen
wir werden ... vergessen
ihr werdet ... vergessen
sie werden ... vergessen

Futur II
ich werde ... vergessen haben
du wirst ... vergessen haben
er/sie/es wird ... vergessen haben
wir werden ... vergessen haben
ihr werdet ... vergessen haben
sie werden ... vergessen haben

Imperativ

Singular
vergiss!

Plural
vergesst!

Partizip

Partizip I
vergessend

Partizip II
vergessen

Konjunktiv I

Präsens
ich vergesse
du vergessest
er/sie/es vergesse
wir vergessen
ihr vergesset
sie vergessen

Perfekt
ich habe ... vergessen
du habest ... vergessen
er/sie/es habe ... vergessen
wir haben ... vergessen
ihr habet ... vergessen
sie haben ... vergessen

Futur I
ich werde ... vergessen
du werdest ... vergessen
er/sie/es werde ... vergessen
wir werden ... vergessen
ihr werdet ... vergessen
sie werden ... vergessen

Futur II
ich werde ... vergessen haben
du werdest ... vergessen haben
er/sie/es werde ... vergessen haben
wir werden ... vergessen haben
ihr werdet ... vergessen haben
sie werden ... vergessen haben

Konjunktiv II

Präsens
ich vergäße
du vergäßest
er/sie/es vergäße
wir vergäßen
ihr vergäßet
sie vergäßen

Perfekt
ich hätte ... vergessen
du hättest ... vergessen
er/sie/es hätte ... vergessen
wir hätten ... vergessen
ihr hättet ... vergessen
sie hätten ... vergessen

würde + *Infinitiv*
ich würde ... vergessen
du würdest ... vergessen
er/sie/es würde ... vergessen
wir würden ... vergessen
ihr würdet ... vergessen
sie würden ... vergessen

würde + *Infinitiv Perfekt*
ich würde ... vergessen haben
du würdest ... vergessen haben
er/sie/es würde ... vergessen haben
wir würden ... vergessen haben
ihr würdet ... vergessen haben
sie würden ... vergessen haben

verlieren

Indikativ

Präsens
ich verliere
du verlierst
er/sie/es verliert
wir verlieren
ihr verliert
sie verlieren

Präteritum
ich verlor
du verlorst
er/sie/es verlor
wir verloren
ihr verlort
sie verloren

Perfekt
ich habe ... verloren
du hast ... verloren
er/sie/es hat ... verloren
wir haben ... verloren
ihr habt ... verloren
sie haben ... verloren

Plusquamperfekt
ich hatte ... verloren
du hattest ... verloren
er/sie/es hatte ... verloren
wir hatten ... verloren
ihr hattet ... verloren
sie hatten ... verloren

Futur I
ich werde ... verlieren
du wirst ... verlieren
er/sie/es wird ... verlieren
wir werden ... verlieren
ihr werdet ... verlieren
sie werden ... verlieren

Futur II
ich werde ... verloren haben
du wirst ... verloren haben
er/sie/es wird ... verloren haben
wir werden ... verloren haben
ihr werdet ... verloren haben
sie werden ... verloren haben

Imperativ

Singular
verlier(e)!

Plural
verliert!

Partizip

Partizip I
verlierend

Partizip II
verloren

Konjunktiv I

Präsens
ich verliere
du verlierest
er/sie/es verliere
wir verlieren
ihr verlieret
sie verlieren

Perfekt
ich habe ... verloren
du habest ... verloren
er/sie/es habe ... verloren
wir haben ... verloren
ihr habet ... verloren
sie haben ... verloren

Futur I
ich werde ... verlieren
du werdest ... verlieren
er/sie/es werde ... verlieren
wir werden ... verlieren
ihr werdet ... verlieren
sie werden ... verlieren

Futur II
ich werde ... verloren haben
du werdest ... verloren haben
er/sie/es werde ... verloren haben
wir werden ... verloren haben
ihr werdet ... verloren haben
sie werden ... verloren haben

Konjunktiv II

Präsens
ich verlöre
du verlörest
er/sie/es verlöre
wir verlören
ihr verlöret
sie verlören

Perfekt
ich hätte ... verloren
du hättest ... verloren
er/sie/es hätte ... verloren
wir hätten ... verloren
ihr hättet ... verloren
sie hätten ... verloren

würde + *Infinitiv*
ich würde ... verlieren
du würdest ... verlieren
er/sie/es würde ... verlieren
wir würden ... verlieren
ihr würdet ... verlieren
sie würden ... verlieren

würde + *Infinitiv* Perfekt
ich würde ... verloren haben
du würdest ... verloren haben
er/sie/es würde ... verloren haben
wir würden ... verloren haben
ihr würdet ... verloren haben
sie würden ... verloren haben

verzeihen

Indikativ

Präsens
ich verzeihe
du verzeihst
er/sie/es verzeiht
wir verzeihen
ihr verzeiht
sie verzeihen

Präteritum
ich verzieh
du verziehst
er/sie/es verzieh
wir verziehen
ihr verzieht
sie verziehen

Perfekt
ich habe ... verziehen
du hast ... verziehen
er/sie/es hat ... verziehen
wir haben ... verziehen
ihr habt ... verziehen
sie haben ... verziehen

Plusquamperfekt
ich hatte ... verziehen
du hattest ... verziehen
er/sie/es hatte ... verziehen
wir hatten ... verziehen
ihr hattet ... verziehen
sie hatten ... verziehen

Futur I
ich werde ... verzeihen
du wirst ... verzeihen
er/sie/es wird ... verzeihen
wir werden ... verzeihen
ihr werdet ... verzeihen
sie werden ... verzeihen

Futur II
ich werde ... verziehen haben
du wirst ... verziehen haben
er/sie/es wird ... verziehen haben
wir werden ... verziehen haben
ihr werdet ... verziehen haben
sie werden ... verziehen haben

Imperativ

Singular
verzeih(e)!

Plural
verzeiht!

Partizip

Partizip I
verzeihend

Partizip II
verziehen

Konjunktiv I

Präsens
ich verzeihe
du verzeihest
er/sie/es verzeihe
wir verzeihen
ihr verzeihet
sie verzeihen

Perfekt
ich habe ... verziehen
du habest ... verziehen
er/sie/es habe ... verziehen
wir haben ... verziehen
ihr habet ... verziehen
sie haben ... verziehen

Futur I
ich werde ... verzeihen
du werdest ... verzeihen
er/sie/es werde ... verzeihen
wir werden ... verzeihen
ihr werdet ... verzeihen
sie werden ... verzeihen

Futur II
ich werde ... verziehen haben
du werdest ... verziehen haben
er/sie/es werde ... verziehen haben
wir werden ... verziehen haben
ihr werdet ... verziehen haben
sie werden ... verziehen haben

Konjunktiv II

Präsens
ich verziehe
du verziehest
er/sie/es verziehe
wir verziehen
ihr verziehet
sie verziehen

Perfekt
ich hätte ... verziehen
du hättest ... verziehen
er/sie/es hätte ... verziehen
wir hätten ... verziehen
ihr hättet ... verziehen
sie hätten ... verziehen

würde + *Infinitiv*
ich würde ... verzeihen
du würdest ... verzeihen
er/sie/es würde ... verzeihen
wir würden ... verzeihen
ihr würdet ... verzeihen
sie würden ... verzeihen

würde + *Infinitiv Perfekt*
ich würde ... verziehen haben
du würdest ... verziehen haben
er/sie/es würde ... verziehen haben
wir würden ... verziehen haben
ihr würdet ... verziehen haben
sie würden ... verziehen haben

wachsen

Indikativ

Präsens
ich wachse
du wächst
er/sie/es wächst
wir wachsen
ihr wachst
sie wachsen

Präteritum
ich wuchs
du wuchs(es)t
er/sie/es wuchs
wir wuchsen
ihr wuchst
sie wuchsen

Perfekt
ich bin ... gewachsen
du bist ... gewachsen
er/sie/es ist ... gewachsen
wir sind ... gewachsen
ihr seid ... gewachsen
sie sind ... gewachsen

Plusquamperfekt
ich war ... gewachsen
du warst ... gewachsen
er/sie/es war ... gewachsen
wir waren ... gewachsen
ihr wart ... gewachsen
sie waren ... gewachsen

Futur I
ich werde ... wachsen
du wirst ... wachsen
er/sie/es wird ... wachsen
wir werden ... wachsen
ihr werdet ... wachsen
sie werden ... wachsen

Futur II
ich werde ... gewachsen sein
du wirst ... gewachsen sein
er/sie/es wird ... gewachsen sein
wir werden ... gewachsen sein
ihr werdet ... gewachsen sein
sie werden ... gewachsen sein

Imperativ

Singular
wachs(e)!

Plural
wachst!

Partizip

Partizip I
wachsend

Partizip II
gewachsen

* im Sinne von „mit Wachs behandeln" mit dem Hilfsverb *haben* und regelmäßig

Konjunktiv I

Präsens
ich wachse
du wachsest
er/sie/es wachse
wir wachsen
ihr wachset
sie wachsen

Perfekt
ich sei ... gewachsen
du sei(e)st ... gewachsen
er/sie/es sei ... gewachsen
wir seien ... gewachsen
ihr seiet ... gewachsen
sie seien ... gewachsen

Futur I
ich werde ... wachsen
du werdest ... wachsen
er/sie/es werde ... wachsen
wir werden ... wachsen
ihr werdet ... wachsen
sie werden ... wachsen

Futur II
ich werde ... gewachsen sein
du werdest ... gewachsen sein
er/sie/es werde ... gewachsen sein
wir werden ... gewachsen sein
ihr werdet ... gewachsen sein
sie werden ... gewachsen sein

Konjunktiv II

Präsens
ich wüchse
du wüchsest
er/sie/es wüchse
wir wüchsen
ihr wüchset
sie wüchsen

Perfekt
ich wäre ... gewachsen
du wär(e)st ... gewachsen
er/sie/es wäre ... gewachsen
wir wären ... gewachsen
ihr wär(e)t ... gewachsen
sie wären ... gewachsen

würde + *Infinitiv*
ich würde ... wachsen
du würdest ... wachsen
er/sie/es würde ... wachsen
wir würden ... wachsen
ihr würdet ... wachsen
sie würden ... wachsen

würde + *Infinitiv Perfekt*
ich würde ... gewachsen sein
du würdest ... gewachsen sein
er/sie/es würde ... gewachsen sein
wir würden ... gewachsen sein
ihr würdet ... gewachsen sein
sie würden ... gewachsen sein

waschen

Indikativ

Präsens
ich wasche
du wäschst
er/sie/es wäscht
wir waschen
ihr wascht
sie waschen

Präteritum
ich wusch
du wuschst
er/sie/es wusch
wir wuschen
ihr wuscht
sie wuschen

Perfekt
ich habe ... gewaschen
du hast ... gewaschen
er/sie/es hat ... gewaschen
wir haben ... gewaschen
ihr habt ... gewaschen
sie haben ... gewaschen

Plusquamperfekt
ich hatte ... gewaschen
du hattest ... gewaschen
er/sie/es hatte ... gewaschen
wir hatten ... gewaschen
ihr hattet ... gewaschen
sie hatten ... gewaschen

Futur I
ich werde ... waschen
du wirst ... waschen
er/sie/es wird ... waschen
wir werden ... waschen
ihr werdet ... waschen
sie werden ... waschen

Futur II
ich werde ... gewaschen haben
du wirst ... gewaschen haben
er/sie/es wird ... gewaschen haben
wir werden ... gewaschen haben
ihr werdet ... gewaschen haben
sie werden ... gewaschen haben

Imperativ

Singular
wasch(e)!

Plural
wascht!

Partizip

Partizip I
waschend

Partizip II
gewaschen

starke Verben

Konjunktiv I

Präsens
ich wasche
du waschest
er/sie/es wasche
wir waschen
ihr waschet
sie waschen

Perfekt
ich habe ... gewaschen
du habest ... gewaschen
er/sie/es habe ... gewaschen
wir haben ... gewaschen
ihr habet ... gewaschen
sie haben ... gewaschen

Futur I
ich werde ... waschen
du werdest ... waschen
er/sie/es werde ... waschen
wir werden ... waschen
ihr werdet ... waschen
sie werden ... waschen

Futur II
ich werde ... gewaschen haben
du werdest ... gewaschen haben
er/sie/es werde ... gewaschen haben
wir werden ... gewaschen haben
ihr werdet ... gewaschen haben
sie werden ... gewaschen haben

Konjunktiv II

Präsens
ich wüsche
du wüschest
er/sie/es wüsche
wir wüschen
ihr wüschet
sie wüschen

Perfekt
ich hätte ... gewaschen
du hättest ... gewaschen
er/sie/es hätte ... gewaschen
wir hätten ... gewaschen
ihr hättet ... gewaschen
sie hätten ... gewaschen

würde + *Infinitiv*
ich würde ... waschen
du würdest ... waschen
er/sie/es würde ... waschen
wir würden ... waschen
ihr würdet ... waschen
sie würden ... waschen

würde + *Infinitiv Perfekt*
ich würde ... gewaschen haben
du würdest ... gewaschen haben
er/sie/es würde ... gewaschen haben
wir würden ... gewaschen haben
ihr würdet ... gewaschen haben
sie würden ... gewaschen haben

weben*

Indikativ

Präsens
ich webe
du webst
er/sie/es webt
wir weben
ihr webt
sie weben

Präteritum
ich wob
du wobst
er/sie/es wob
wir woben
ihr wobt
sie woben

Perfekt
ich habe ... gewoben
du hast ... gewoben
er/sie/es hat ... gewoben
wir haben ... gewoben
ihr habt ... gewoben
sie haben ... gewoben

Plusquamperfekt
ich hatte ... gewoben
du hattest ... gewoben
er/sie/es hatte ... gewoben
wir hatten ... gewoben
ihr hattet ... gewoben
sie hatten ... gewoben

Futur I
ich werde ... weben
du wirst ... weben
er/sie/es wird ... weben
wir werden ... weben
ihr werdet ... weben
sie werden ... weben

Futur II
ich werde ... gewoben haben
du wirst ... gewoben haben
er/sie/es wird ... gewoben haben
wir werden ... gewoben haben
ihr werdet ... gewoben haben
sie werden ... gewoben haben

Imperativ

Singular
web(e)!

Plural
webt!

Partizip

Partizip I
webend

Partizip II
gewoben

* wird auch regelmäßig konjugiert

Konjunktiv I

Präsens
ich webe
du webest
er/sie/es webe
wir weben
ihr webet
sie weben

Perfekt
ich habe ... gewoben
du habest ... gewoben
er/sie/es habe ... gewoben
wir haben ... gewoben
ihr habet ... gewoben
sie haben ... gewoben

Futur I
ich werde ... weben
du werdest ... weben
er/sie/es werde ... weben
wir werden ... weben
ihr werdet ... weben
sie werden ... weben

Futur II
ich werde ... gewoben haben
du werdest ... gewoben haben
er/sie/es werde ... gewoben haben
wir werden ... gewoben haben
ihr werdet ... gewoben haben
sie werden ... gewoben haben

Konjunktiv II

Präsens
ich wöbe
du wöbest
er/sie/es wöbe
wir wöben
ihr wöbet
sie wöben

Perfekt
ich hätte ... gewoben
du hättest ... gewoben
er/sie/es hätte ... gewoben
wir hätten ... gewoben
ihr hättet ... gewoben
sie hätten ... gewoben

würde + *Infinitiv*
ich würde ... weben
du würdest ... weben
er/sie/es würde ... weben
wir würden ... weben
ihr würdet ... weben
sie würden ... weben

würde + *Infinitiv Perfekt*
ich würde ... gewoben haben
du würdest ... gewoben haben
er/sie/es würde ... gewoben haben
wir würden ... gewoben haben
ihr würdet ... gewoben haben
sie würden ... gewoben haben

154 weichen

Indikativ

Präsens
ich weiche
du weichst
er/sie/es weicht
wir weichen
ihr weicht
sie weichen

Präteritum
ich wich
du wichst
er/sie/es wich
wir wichen
ihr wicht
sie wichen

Perfekt
ich bin ... gewichen
du bist ... gewichen
er/sie/es ist ... gewichen
wir sind ... gewichen
ihr seid ... gewichen
sie sind ... gewichen

Plusquamperfekt
ich war ... gewichen
du warst ... gewichen
er/sie/es war ... gewichen
wir waren ... gewichen
ihr wart ... gewichen
sie waren ... gewichen

Futur I
ich werde ... weichen
du wirst ... weichen
er/sie/es wird ... weichen
wir werden ... weichen
ihr werdet ... weichen
sie werden ... weichen

Futur II
ich werde ... gewichen sein
du wirst ... gewichen sein
er/sie/es wird ... gewichen sein
wir werden ... gewichen sein
ihr werdet ... gewichen sein
sie werden ... gewichen sein

Imperativ

Singular
weich(e)!

Plural
weicht!

Partizip

Partizip I
weichend

Partizip II
gewichen

starke Verben

Konjunktiv I

Präsens
ich weiche
du weichest
er/sie/es weiche
wir weichen
ihr weichet
sie weichen

Perfekt
ich sei ... gewichen
du sei(e)st ... gewichen
er/sie/es sei ... gewichen
wir seien ... gewichen
ihr seiet ... gewichen
sie seien ... gewichen

Futur I
ich werde ... weichen
du werdest ... weichen
er/sie/es werde ... weichen
wir werden ... weichen
ihr werdet ... weichen
sie werden ... weichen

Futur II
ich werde ... gewichen sein
du werdest ... gewichen sein
er/sie/es werde ... gewichen sein
wir werden ... gewichen sein
ihr werdet ... gewichen sein
sie werden ... gewichen sein

Konjunktiv II

Präsens
ich wiche
du wichest
er/sie/es wiche
wir wichen
ihr wichet
sie wichen

Perfekt
ich wäre ... gewichen
du wär(e)st ... gewichen
er/sie/es wäre ... gewichen
wir wären ... gewichen
ihr wär(e)t ... gewichen
sie wären ... gewichen

würde + *Infinitiv*
ich würde ... weichen
du würdest ... weichen
er/sie/es würde ... weichen
wir würden ... weichen
ihr würdet ... weichen
sie würden ... weichen

würde + *Infinitiv Perfekt*
ich würde ... gewichen sein
du würdest ... gewichen sein
er/sie/es würde ... gewichen sein
wir würden ... gewichen sein
ihr würdet ... gewichen sein
sie würden ... gewichen sein

weisen

Indikativ

Präsens
ich weise
du weist
er/sie/es weist
wir weisen
ihr weist
sie weisen

Präteritum
ich wies
du wies(es)t
er/sie/es wies
wir wiesen
ihr wiest
sie wiesen

Perfekt
ich habe ... gewiesen
du hast ... gewiesen
er/sie/es hat ... gewiesen
wir haben ... gewiesen
ihr habt ... gewiesen
sie haben ... gewiesen

Plusquamperfekt
ich hatte ... gewiesen
du hattest ... gewiesen
er/sie/es hatte ... gewiesen
wir hatten ... gewiesen
ihr hattet ... gewiesen
sie hatten ... gewiesen

Futur I
ich werde ... weisen
du wirst ... weisen
er/sie/es wird ... weisen
wir werden ... weisen
ihr werdet ... weisen
sie werden ... weisen

Futur II
ich werde ... gewiesen haben
du wirst ... gewiesen haben
er/sie/es wird ... gewiesen haben
wir werden ... gewiesen haben
ihr werdet ... gewiesen haben
sie werden ... gewiesen haben

Imperativ

Singular
weis(e)!

Plural
weist!

Partizip

Partizip I
weisend

Partizip II
gewiesen

Konjunktiv I

Präsens
ich weise
du weisest
er/sie/es weise
wir weisen
ihr weiset
sie weisen

Perfekt
ich habe ... gewiesen
du habest ... gewiesen
er/sie/es habe ... gewiesen
wir haben ... gewiesen
ihr habet ... gewiesen
sie haben ... gewiesen

Futur I
ich werde ... weisen
du werdest ... weisen
er/sie/es werde ... weisen
wir werden ... weisen
ihr werdet ... weisen
sie werden ... weisen

Futur II
ich werde ... gewiesen haben
du werdest ... gewiesen haben
er/sie/es werde ... gewiesen haben
wir werden ... gewiesen haben
ihr werdet ... gewiesen haben
sie werden ... gewiesen haben

Konjunktiv II

Präsens
ich wiese
du wiesest
er/sie/es wiese
wir wiesen
ihr wieset
sie wiesen

Perfekt
ich hätte ... gewiesen
du hättest ... gewiesen
er/sie/es hätte ... gewiesen
wir hätten ... gewiesen
ihr hättet ... gewiesen
sie hätten ... gewiesen

würde + *Infinitiv*
ich würde ... weisen
du würdest ... weisen
er/sie/es würde ... weisen
wir würden ... weisen
ihr würdet ... weisen
sie würden ... weisen

würde + *Infinitiv Perfekt*
ich würde ... gewiesen haben
du würdest ... gewiesen haben
er/sie/es würde ... gewiesen haben
wir würden ... gewiesen haben
ihr würdet ... gewiesen haben
sie würden ... gewiesen haben

wenden*

Indikativ

Präsens
ich wende
du wendest
er/sie/es wendet
wir wenden
ihr wendet
sie wenden

Präteritum
ich wandte
du wandtest
er/sie/es wandte
wir wandten
ihr wandtet
sie wandten

Perfekt
ich habe ... gewandt
du hast ... gewandt
er/sie/es hat ... gewandt
wir haben ... gewandt
ihr habt ... gewandt
sie haben ... gewandt

Plusquamperfekt
ich hatte ... gewandt
du hattest ... gewandt
er/sie/es hatte ... gewandt
wir hatten ... gewandt
ihr hattet ... gewandt
sie hatten ... gewandt

Futur I
ich werde ... wenden
du wirst ... wenden
er/sie/es wird ... wenden
wir werden ... wenden
ihr werdet ... wenden
sie werden ... wenden

Futur II
ich werde ... gewandt haben
du wirst ... gewandt haben
er/sie/es wird ... gewandt haben
wir werden ... gewandt haben
ihr werdet ... gewandt haben
sie werden ... gewandt haben

Imperativ

Singular
wend(e)!

Plural
wendet!

Partizip

Partizip I
wendend

Partizip II
gewandt

* wird auch (transitiv immer) regelmäßig konjugiert

Konjunktiv I

Präsens
ich wende
du wendest
er/sie/es wende
wir wenden
ihr wendet
sie wenden

Perfekt
ich habe ... gewandt
du habest ... gewandt
er/sie/es habe ... gewandt
wir haben ... gewandt
ihr habet ... gewandt
sie haben ... gewandt

Futur I
ich werde ... wenden
du werdest ... wenden
er/sie/es werde ... wenden
wir werden ... wenden
ihr werdet ... wenden
sie werden ... wenden

Futur II
ich werde ... gewandt haben
du werdest ... gewandt haben
er/sie/es werde ... gewandt haben
wir werden ... gewandt haben
ihr werdet ... gewandt haben
sie werden ... gewandt haben

Konjunktiv II

Präsens
ich wendete
du wendetest
er/sie/es wendete
wir wendeten
ihr wendetet
sie wendeten

Perfekt
ich hätte ... gewandt
du hättest ... gewandt
er/sie/es hätte ... gewandt
wir hätten ... gewandt
ihr hättet ... gewandt
sie hätten ... gewandt

würde + *Infinitiv*
ich würde ... wenden
du würdest ... wenden
er/sie/es würde ... wenden
wir würden ... wenden
ihr würdet ... wenden
sie würden ... wenden

würde + *Infinitiv Perfekt*
ich würde ... gewandt haben
du würdest ... gewandt haben
er/sie/es würde ... gewandt haben
wir würden ... gewandt haben
ihr würdet ... gewandt haben
sie würden ... gewandt haben

werben

Indikativ

Präsens
ich werbe
du wirbst
er/sie/es wirbt
wir werben
ihr werbt
sie werben

Präteritum
ich warb
du warbst
er/sie/es warb
wir warben
ihr warbt
sie warben

Perfekt
ich habe ... geworben
du hast ... geworben
er/sie/es hat ... geworben
wir haben ... geworben
ihr habt ... geworben
sie haben ... geworben

Plusquamperfekt
ich hatte ... geworben
du hattest ... geworben
er/sie/es hatte ... geworben
wir hatten ... geworben
ihr hattet ... geworben
sie hatten ... geworben

Futur I
ich werde ... werben
du wirst ... werben
er/sie/es wird ... werben
wir werden ... werben
ihr werdet ... werben
sie werden ... werben

Futur II
ich werde ... geworben haben
du wirst ... geworben haben
er/sie/es wird ... geworben haben
wir werden ... geworben haben
ihr werdet ... geworben haben
sie werden ... geworben haben

Imperativ

Singular
wirb!

Plural
werbt!

Partizip

Partizip I
werbend

Partizip II
geworben

Konjunktiv I

Präsens

ich werbe
du werbest
er/sie/es werbe
wir werben
ihr werbet
sie werben

Perfekt

ich habe ... geworben
du habest ... geworben
er/sie/es habe ... geworben
wir haben ... geworben
ihr habet ... geworben
sie haben ... geworben

Futur I

ich werde ... werben
du werdest ... werben
er/sie/es werde ... werben
wir werden ... werben
ihr werdet ... werben
sie werden ... werben

Futur II

ich werde ... geworben haben
du werdest ... geworben haben
er/sie/es werde ... geworben haben
wir werden ... geworben haben
ihr werdet ... geworben haben
sie werden ... geworben haben

Konjunktiv II

Präsens

ich würbe
du würbest
er/sie/es würbe
wir würben
ihr würbet
sie würben

Perfekt

ich hätte ... geworben
du hättest ... geworben
er/sie/es hätte ... geworben
wir hätten ... geworben
ihr hättet ... geworben
sie hätten ... geworben

würde + Infinitiv

ich würde ... werben
du würdest ... werben
er/sie/es würde ... werben
wir würden ... werben
ihr würdet ... werben
sie würden ... werben

würde + Infinitiv Perfekt

ich würde ... geworben haben
du würdest ... geworben haben
er/sie/es würde ... geworben haben
wir würden ... geworben haben
ihr würdet ... geworben haben
sie würden ... geworben haben

werden

Indikativ

Präsens
ich werde
du wirst
er/sie/es wird
wir werden
ihr werdet
sie werden

Präteritum
ich wurde
du wurdest
er/sie/es wurde
wir wurden
ihr wurdet
sie wurden

Perfekt
ich bin ... geworden
du bist ... geworden
er/sie/es ist ... geworden
wir sind ... geworden
ihr seid ... geworden
sie sind ... geworden

Plusquamperfekt
ich war ... geworden
du warst ... geworden
er/sie/es war ... geworden
wir waren ... geworden
ihr wart ... geworden
sie waren ... geworden

Futur I
ich werde ... werden
du wirst ... werden
er/sie/es wird ... werden
wir werden ... werden
ihr werdet ... werden
sie werden ... werden

Futur II
ich werde ... geworden sein
du wirst ... geworden sein
er/sie/es wird ... geworden sein
wir werden ... geworden sein
ihr werdet ... geworden sein
sie werden ... geworden sein

Imperativ

Singular
werd(e)!

Plural
werdet!

Partizip

Partizip I
werdend

Partizip II
geworden

Konjunktiv I

Präsens

ich werde
du werdest
er/sie/es werde
wir werden
ihr werdet
sie werden

Perfekt

ich sei ... geworden
du sei(e)st ... geworden
er/sie/es sei ... geworden
wir seien ... geworden
ihr seiet ... geworden
sie seien ... geworden

Futur I

ich werde ... werden
du werdest ... werden
er/sie/es werde ... werden
wir werden ... werden
ihr werdet ... werden
sie werden ... werden

Futur II

ich werde ... geworden sein
du werdest ... geworden sein
er/sie/es werde ... geworden sein
wir werden ... geworden sein
ihr werdet ... geworden sein
sie werden ... geworden sein

Konjunktiv II

Präsens

ich würde
du würdest
er/sie/es würde
wir würden
ihr würdet
sie würden

Perfekt

ich wäre ... geworden
du wär(e)st ... geworden
er/sie/es wäre ... geworden
wir wären ... geworden
ihr wär(e)t ... geworden
sie wären ... geworden

würde + *Infinitiv*

ich würde ... werden
du würdest ... werden
er/sie/es würde ... werden
wir würden ... werden
ihr würdet ... werden
sie würden ... werden

würde + *Infinitiv Perfekt*

ich würde ... geworden sein
du würdest ... geworden sein
er/sie/es würde ... geworden sein
wir würden ... geworden sein
ihr würdet ... geworden sein
sie würden ... geworden sein

werfen

Indikativ

Präsens
ich werfe
du wirfst
er/sie/es wirft
wir werfen
ihr werft
sie werfen

Präteritum
ich warf
du warfst
er/sie/es warf
wir warfen
ihr warft
sie warfen

Perfekt
ich habe ... geworfen
du hast ... geworfen
er/sie/es hat ... geworfen
wir haben ... geworfen
ihr habt ... geworfen
sie haben ... geworfen

Plusquamperfekt
ich hatte ... geworfen
du hattest ... geworfen
er/sie/es hatte ... geworfen
wir hatten ... geworfen
ihr hattet ... geworfen
sie hatten ... geworfen

Futur I
ich werde ... werfen
du wirst ... werfen
er/sie/es wird ... werfen
wir werden ... werfen
ihr werdet ... werfen
sie werden ... werfen

Futur II
ich werde ... geworfen haben
du wirst ... geworfen haben
er/sie/es wird ... geworfen haben
wir werden ... geworfen haben
ihr werdet ... geworfen haben
sie werden ... geworfen haben

Imperativ

Singular
wirf!

Plural
werft!

Partizip

Partizip I
werfend

Partizip II
geworfen

starke Verben

Konjunktiv I

Präsens

ich werfe
du werfest
er/sie/es werfe
wir werfen
ihr werfet
sie werfen

Perfekt

ich habe ... geworfen
du habest ... geworfen
er/sie/es habe ... geworfen
wir haben ... geworfen
ihr habet ... geworfen
sie haben ... geworfen

Futur I

ich werde ... werfen
du werdest ... werfen
er/sie/es werde ... werfen
wir werden ... werfen
ihr werdet ... werfen
sie werden ... werfen

Futur II

ich werde ... geworfen haben
du werdest ... geworfen haben
er/sie/es werde ... geworfen haben
wir werden ... geworfen haben
ihr werdet ... geworfen haben
sie werden ... geworfen haben

Konjunktiv II

Präsens

ich würfe
du würfest
er/sie/es würfe
wir würfen
ihr würfet
sie würfen

Perfekt

ich hätte ... geworfen
du hättest ... geworfen
er/sie/es hätte ... geworfen
wir hätten ... geworfen
ihr hättet ... geworfen
sie hätten ... geworfen

würde + *Infinitiv*

ich würde ... werfen
du würdest ... werfen
er/sie/es würde ... werfen
wir würden ... werfen
ihr würdet ... werfen
sie würden ... werfen

würde + *Infinitiv Perfekt*

ich würde ... geworfen haben
du würdest ... geworfen haben
er/sie/es würde ... geworfen haben
wir würden ... geworfen haben
ihr würdet ... geworfen haben
sie würden ... geworfen haben

wiegen

Indikativ

Präsens
ich wiege
du wiegst
er/sie/es wiegt
wir wiegen
ihr wiegt
sie wiegen

Präteritum
ich wog
du wogst
er/sie/es wog
wir wogen
ihr wogt
sie wogen

Perfekt
ich habe ... gewogen
du hast ... gewogen
er/sie/es hat ... gewogen
wir haben ... gewogen
ihr habt ... gewogen
sie haben ... gewogen

Plusquamperfekt
ich hatte ... gewogen
du hattest ... gewogen
er/sie/es hatte ... gewogen
wir hatten ... gewogen
ihr hattet ... gewogen
sie hatten ... gewogen

Futur I
ich werde ... wiegen
du wirst ... wiegen
er/sie/es wird ... wiegen
wir werden ... wiegen
ihr werdet ... wiegen
sie werden ... wiegen

Futur II
ich werde ... gewogen haben
du wirst ... gewogen haben
er/sie/es wird ... gewogen haben
wir werden ... gewogen haben
ihr werdet ... gewogen haben
sie werden ... gewogen haben

Imperativ

Singular
wieg(e)!

Plural
wiegt!

Partizip

Partizip I
wiegend

Partizip II
gewogen

starke Verben

Konjunktiv I

Präsens
ich wiege
du wiegest
er/sie/es wiege
wir wiegen
ihr wieget
sie wiegen

Perfekt
ich habe ... gewogen
du habest ... gewogen
er/sie/es habe ... gewogen
wir haben ... gewogen
ihr habet ... gewogen
sie haben ... gewogen

Futur I
ich werde ... wiegen
du werdest ... wiegen
er/sie/es werde ... wiegen
wir werden ... wiegen
ihr werdet ... wiegen
sie werden ... wiegen

Futur II
ich werde ... gewogen haben
du werdest ... gewogen haben
er/sie/es werde ... gewogen haben
wir werden ... gewogen haben
ihr werdet ... gewogen haben
sie werden ... gewogen haben

Konjunktiv II

Präsens
ich wöge
du wögest
er/sie/es wöge
wir wögen
ihr wöget
sie wögen

Perfekt
ich hätte ... gewogen
du hättest ... gewogen
er/sie/es hätte ... gewogen
wir hätten ... gewogen
ihr hättet ... gewogen
sie hätten ... gewogen

würde + Infinitiv
ich würde ... wiegen
du würdest ... wiegen
er/sie/es würde ... wiegen
wir würden ... wiegen
ihr würdet ... wiegen
sie würden ... wiegen

würde + Infinitiv Perfekt
ich würde ... gewogen haben
du würdest ... gewogen haben
er/sie/es würde ... gewogen haben
wir würden ... gewogen haben
ihr würdet ... gewogen haben
sie würden ... gewogen haben

161 winden

Indikativ

Präsens
ich winde
du windest
er/sie/es windet
wir winden
ihr windet
sie winden

Präteritum
ich wand
du wand(e)st
er/sie/es wand
wir wanden
ihr wandet
sie wanden

Perfekt
ich habe ... gewunden
du hast ... gewunden
er/sie/es hat ... gewunden
wir haben ... gewunden
ihr habt ... gewunden
sie haben ... gewunden

Plusquamperfekt
ich hatte ... gewunden
du hattest ... gewunden
er/sie/es hatte ... gewunden
wir hatten ... gewunden
ihr hattet ... gewunden
sie hatten ... gewunden

Futur I
ich werde ... winden
du wirst ... winden
er/sie/es wird ... winden
wir werden ... winden
ihr werdet ... winden
sie werden ... winden

Futur II
ich werde ... gewunden haben
du wirst ... gewunden haben
er/sie/es wird ... gewunden haben
wir werden ... gewunden haben
ihr werdet ... gewunden haben
sie werden ... gewunden haben

Imperativ

Singular
wind(e)!

Plural
windet!

Partizip

Partizip I
windend

Partizip II
gewunden

Konjunktiv I

Präsens
ich winde
du windest
er/sie/es winde
wir winden
ihr windet
sie winden

Perfekt
ich habe ... gewunden
du habest ... gewunden
er/sie/es habe ... gewunden
wir haben ... gewunden
ihr habet ... gewunden
sie haben ... gewunden

Futur I
ich werde ... winden
du werdest ... winden
er/sie/es werde ... winden
wir werden ... winden
ihr werdet ... winden
sie werden ... winden

Futur II
ich werde ... gewunden haben
du werdest ... gewunden haben
er/sie/es werde ... gewunden haben
wir werden ... gewunden haben
ihr werdet ... gewunden haben
sie werden ... gewunden haben

Konjunktiv II

Präsens
ich wände
du wändest
er/sie/es wände
wir wänden
ihr wändet
sie wänden

Perfekt
ich hätte ... gewunden
du hättest ... gewunden
er/sie/es hätte ... gewunden
wir hätten ... gewunden
ihr hättet ... gewunden
sie hätten ... gewunden

würde + *Infinitiv*
ich würde ... winden
du würdest ... winden
er/sie/es würde ... winden
wir würden ... winden
ihr würdet ... winden
sie würden ... winden

würde + *Infinitiv Perfekt*
ich würde ... gewunden haben
du würdest ... gewunden haben
er/sie/es würde ... gewunden haben
wir würden ... gewunden haben
ihr würdet ... gewunden haben
sie würden ... gewunden haben

wissen

Indikativ

Präsens
ich weiß
du weißt
er/sie/es weiß
wir wissen
ihr wisst
sie wissen

Präteritum
ich wusste
du wusstest
er/sie/es wusste
wir wussten
ihr wusstet
sie wussten

Perfekt
ich habe ... gewusst
du hast ... gewusst
er/sie/es hat ... gewusst
wir haben ... gewusst
ihr habt ... gewusst
sie haben ... gewusst

Plusquamperfekt
ich hatte ... gewusst
du hattest ... gewusst
er/sie/es hatte ... gewusst
wir hatten ... gewusst
ihr hattet ... gewusst
sie hatten ... gewusst

Futur I
ich werde ... wissen
du wirst ... wissen
er/sie/es wird ... wissen
wir werden ... wissen
ihr werdet ... wissen
sie werden ... wissen

Futur II
ich werde ... gewusst haben
du wirst ... gewusst haben
er/sie/es wird ... gewusst haben
wir werden ... gewusst haben
ihr werdet ... gewusst haben
sie werden ... gewusst haben

Imperativ

Singular
wisse!

Plural
wisst!

Partizip

Partizip I
wissend

Partizip II
gewusst

starke Verben

Konjunktiv I

Präsens
ich wisse
du wissest
er/sie/es wisse
wir wissen
ihr wisset
sie wissen

Perfekt
ich habe ... gewusst
du habest ... gewusst
er/sie/es habe ... gewusst
wir haben ... gewusst
ihr habet ... gewusst
sie haben ... gewusst

Futur I
ich werde ... wissen
du werdest ... wissen
er/sie/es werde ... wissen
wir werden ... wissen
ihr werdet ... wissen
sie werden ... wissen

Futur II
ich werde ... gewusst haben
du werdest ... gewusst haben
er/sie/es werde ... gewusst haben
wir werden ... gewusst haben
ihr werdet ... gewusst haben
sie werden ... gewusst haben

Konjunktiv II

Präsens
ich wüsste
du wüsstest
er/sie/es wüsste
wir wüssten
ihr wüsstet
sie wüssten

Perfekt
ich hätte ... gewusst
du hättest ... gewusst
er/sie/es hätte ... gewusst
wir hätten ... gewusst
ihr hättet ... gewusst
sie hätten ... gewusst

würde + Infinitiv
ich würde ... wissen
du würdest ... wissen
er/sie/es würde ... wissen
wir würden ... wissen
ihr würdet ... wissen
sie würden ... wissen

würde + Infinitiv Perfekt
ich würde ... gewusst haben
du würdest ... gewusst haben
er/sie/es würde ... gewusst haben
wir würden ... gewusst haben
ihr würdet ... gewusst haben
sie würden ... gewusst haben

wollen

Indikativ

Präsens
ich will
du willst
er/sie/es will
wir wollen
ihr wollt
sie wollen

Präteritum
ich wollte
du wolltest
er/sie/es wollte
wir wollten
ihr wolltet
sie wollten

Perfekt
ich habe ... gewollt
du hast ... gewollt
er/sie/es hat ... gewollt
wir haben ... gewollt
ihr habt ... gewollt
sie haben ... gewollt

Plusquamperfekt
ich hatte ... gewollt
du hattest ... gewollt
er/sie/es hatte ... gewollt
wir hatten ... gewollt
ihr hattet ... gewollt
sie hatten ... gewollt

Futur I
ich werde ... wollen
du wirst ... wollen
er/sie/es wird ... wollen
wir werden ... wollen
ihr werdet ... wollen
sie werden ... wollen

Futur II
ich werde ... gewollt haben
du wirst ... gewollt haben
er/sie/es wird ... gewollt haben
wir werden ... gewollt haben
ihr werdet ... gewollt haben
sie werden ... gewollt haben

Imperativ

Singular
wolle!

Plural
wollt!

Partizip

Partizip I
wollend

Partizip II
gewollt

Konjunktiv I

Präsens
ich wolle
du wollest
er/sie/es wolle
wir wollen
ihr wollet
sie wollen

Perfekt
ich habe ... gewollt
du habest ... gewollt
er/sie/es habe ... gewollt
wir haben ... gewollt
ihr habet ... gewollt
sie haben ... gewollt

Futur I
ich werde ... wollen
du werdest ... wollen
er/sie/es werde ... wollen
wir werden ... wollen
ihr werdet ... wollen
sie werden ... wollen

Futur II
ich werde ... gewollt haben
du werdest ... gewollt haben
er/sie/es werde ... gewollt haben
wir werden ... gewollt haben
ihr werdet ... gewollt haben
sie werden ... gewollt haben

Konjunktiv II

Präsens
ich wollte
du wolltest
er/sie/es wollte
wir wollten
ihr wolltet
sie wollten

Perfekt
ich hätte ... gewollt
du hättest ... gewollt
er/sie/es hätte ... gewollt
wir hätten ... gewollt
ihr hättet ... gewollt
sie hätten ... gewollt

würde + *Infinitiv*
ich würde ... wollen
du würdest ... wollen
er/sie/es würde ... wollen
wir würden ... wollen
ihr würdet ... wollen
sie würden ... wollen

würde + *Infinitiv Perfekt*
ich würde ... gewollt haben
du würdest ... gewollt haben
er/sie/es würde ... gewollt haben
wir würden ... gewollt haben
ihr würdet ... gewollt haben
sie würden ... gewollt haben

164 ziehen*

Indikativ

Präsens
ich ziehe
du ziehst
er/sie/es zieht
wir ziehen
ihr zieht
sie ziehen

Präteritum
ich zog
du zogst
er/sie/es zog
wir zogen
ihr zogt
sie zogen

Perfekt
ich habe ... gezogen
du hast ... gezogen
er/sie/es hat ... gezogen
wir haben ... gezogen
ihr habt ... gezogen
sie haben ... gezogen

Plusquamperfekt
ich hatte ... gezogen
du hattest ... gezogen
er/sie/es hatte ... gezogen
wir hatten ... gezogen
ihr hattet ... gezogen
sie hatten ... gezogen

Futur I
ich werde ... ziehen
du wirst ... ziehen
er/sie/es wird ... ziehen
wir werden ... ziehen
ihr werdet ... ziehen
sie werden ... ziehen

Futur II
ich werde ... gezogen haben
du wirst ... gezogen haben
er/sie/es wird ... gezogen haben
wir werden ... gezogen haben
ihr werdet ... gezogen haben
sie werden ... gezogen haben

Imperativ

Singular
zieh(e)!

Plural
zieht!

Partizip

Partizip I
ziehend

Partizip II
gezogen

starke Verben

* mit Hilfsverb *haben* oder *sein*

Konjunktiv I

Präsens
ich ziehe
du ziehest
er/sie/es ziehe
wir ziehen
ihr ziehet
sie ziehen

Perfekt
ich habe ... gezogen
du habest ... gezogen
er/sie/es habe ... gezogen
wir haben ... gezogen
ihr habet ... gezogen
sie haben ... gezogen

Futur I
ich werde ... ziehen
du werdest ... ziehen
er/sie/es werde ... ziehen
wir werden ... ziehen
ihr werdet ... ziehen
sie werden ... ziehen

Futur II
ich werde ... gezogen haben
du werdest ... gezogen haben
er/sie/es werde ... gezogen haben
wir werden ... gezogen haben
ihr werdet ... gezogen haben
sie werden ... gezogen haben

Konjunktiv II

Präsens
ich zöge
du zögest
er/sie/es zöge
wir zögen
ihr zöget
sie zögen

Perfekt
ich hätte ... gezogen
du hättest ... gezogen
er/sie/es hätte ... gezogen
wir hätten ... gezogen
ihr hättet ... gezogen
sie hätten ... gezogen

würde + *Infinitiv*
ich würde ... ziehen
du würdest ... ziehen
er/sie/es würde ... ziehen
wir würden ... ziehen
ihr würdet ... ziehen
sie würden ... ziehen

würde + *Infinitiv Perfekt*
ich würde ... gezogen haben
du würdest ... gezogen haben
er/sie/es würde ... gezogen haben
wir würden ... gezogen haben
ihr würdet ... gezogen haben
sie würden ... gezogen haben

zwingen

Indikativ

Präsens
ich zwinge
du zwingst
er/sie/es zwingt
wir zwingen
ihr zwingt
sie zwingen

Präteritum
ich zwang
du zwangst
er/sie/es zwang
wir zwangen
ihr zwangt
sie zwangen

Perfekt
ich habe ... gezwungen
du hast ... gezwungen
er/sie/es hat ... gezwungen
wir haben ... gezwungen
ihr habt ... gezwungen
sie haben ... gezwungen

Plusquamperfekt
ich hatte ... gezwungen
du hattest ... gezwungen
er/sie/es hatte ... gezwungen
wir hatten ... gezwungen
ihr hattet ... gezwungen
sie hatten ... gezwungen

Futur I
ich werde ... zwingen
du wirst ... zwingen
er/sie/es wird ... zwingen
wir werden ... zwingen
ihr werdet ... zwingen
sie werden ... zwingen

Futur II
ich werde ... gezwungen haben
du wirst ... gezwungen haben
er/sie/es wird ... gezwungen haben
wir werden ... gezwungen haben
ihr werdet ... gezwungen haben
sie werden ... gezwungen haben

Imperativ

Singular
zwing(e)!

Plural
zwingt!

Partizip

Partizip I
zwingend

Partizip II
gezwungen

Konjunktiv I

Präsens
ich zwinge
du zwingest
er/sie/es zwinge
wir zwingen
ihr zwinget
sie zwingen

Perfekt
ich habe ... gezwungen
du habest ... gezwungen
er/sie/es habe ... gezwungen
wir haben ... gezwungen
ihr habet ... gezwungen
sie haben ... gezwungen

Futur I
ich werde ... zwingen
du werdest ... zwingen
er/sie/es werde ... zwingen
wir werden ... zwingen
ihr werdet ... zwingen
sie werden ... zwingen

Futur II
ich werde ... gezwungen haben
du werdest ... gezwungen haben
er/sie/es werde ... gezwungen haben
wir werden ... gezwungen haben
ihr werdet ... gezwungen haben
sie werden ... gezwungen haben

Konjunktiv II

Präsens
ich zwänge
du zwäng(e)st
er/sie/es zwänge
wir zwängen
ihr zwäng(e)t
sie zwängen

Perfekt
ich hätte ... gezwungen
du hättest ... gezwungen
er/sie/es hätte ... gezwungen
wir hätten ... gezwungen
ihr hättet ... gezwungen
sie hätten ... gezwungen

würde + Infinitiv
ich würde ... zwingen
du würdest ... zwingen
er/sie/es würde ... zwingen
wir würden ... zwingen
ihr würdet ... zwingen
sie würden ... zwingen

würde + Infinitiv Perfekt
ich würde ... gezwungen haben
du würdest ... gezwungen haben
er/sie/es würde ... gezwungen haben
wir würden ... gezwungen haben
ihr würdet ... gezwungen haben
sie würden ... gezwungen haben

sich bewegen

Indikativ

Präsens

ich bewege mich
du bewegst dich
er/sie/es bewegt sich
wir bewegen uns
ihr bewegt euch
sie bewegen sich

Präteritum

ich bewegte mich
du bewegtest dich
er/sie/es bewegte sich
wir bewegten uns
ihr bewegtet euch
sie bewegten sich

Perfekt

ich habe ... mich bewegt
du hast ... dich bewegt
er/sie/es hat ... sich bewegt
wir haben ... uns bewegt
ihr habt ... euch bewegt
sie haben ... sich bewegt

Plusquamperfekt

ich hatte ... mich bewegt
du hattest ... dich bewegt
er/sie/es hatte ... sich bewegt
wir hatten ... uns bewegt
ihr hattet ... euch bewegt
sie hatten ... sich bewegt

Futur I

ich werde ... mich bewegen
du wirst ... dich bewegen
er/sie/es wird ... sich bewegen
wir werden ... uns bewegen
ihr werdet ... euch bewegen
sie werden ... sich bewegen

Futur II

ich werde ... mich bewegt haben
du wirst ... dich bewegt haben
er/sie/es wird ... sich bewegt haben
wir werden ... uns bewegt haben
ihr werdet ... euch bewegt haben
sie werden ... sich bewegt haben

Imperativ

Singular

beweg(e) dich!

Plural

bewegt euch!

Partizip

Partizip I

sich bewegend

Partizip II

bewegt

Konjunktiv I

Präsens

ich bewege mich
du bewegest dich
er/sie/es bewege sich
wir bewegen uns
ihr beweget euch
sie bewegen sich

Perfekt

ich habe ... mich bewegt
du habest ... dich bewegt
er/sie/es habe ... sich bewegt
wir haben ... uns bewegt
ihr habet ... euch bewegt
sie haben ... sich bewegt

Futur I

ich werde ... mich bewegen
du werdest ... dich bewegen
er/sie/es werde ... sich bewegen
wir werden ... uns bewegen
ihr werdet ... euch bewegen
sie werden ... sich bewegen

Futur II

ich werde ... mich bewegt haben
du werdest ... dich bewegt haben
er/sie/es werde ... sich bewegt haben
wir werden ... uns bewegt haben
ihr werdet ... euch bewegt haben
sie werden ... sich bewegt haben

Konjunktiv II

Präsens

ich bewegte mich
du bewegtest dich
er/sie/es bewegte sich
wir bewegten uns
ihr bewegtet euch
sie bewegten sich

Perfekt

ich hätte ... mich bewegt
du hättest ... dich bewegt
er/sie/es hätte ... sich bewegt
wir hätten ... uns bewegt
ihr hättet ... euch bewegt
sie hätten ... sich bewegt

würde + Infinitiv

ich würde ... mich bewegen
du würdest ... dich bewegen
er/sie/es würde ... sich bewegen
wir würden ... uns bewegen
ihr würdet ... euch bewegen
sie würden ... sich bewegen

würde + Infinitiv Perfekt

ich würde ... mich bewegt haben
du würdest ... dich bewegt haben
er/sie/es würde ... sich bewegt haben
wir würden ... uns bewegt haben
ihr würdet ... euch bewegt haben
sie würden ... sich bewegt haben

3 Häufige Verben und ihre Verwendung

A

anbieten Auf dem Markt wird heute frisches Gemüse angeboten. Er hat mir seine Hilfe angeboten. Sie bot sich als Übersetzerin an. Die Universität bietet verschiedene Studiengänge an. Es bietet sich an, dass wir mit dem Zug fahren.

anfangen Im Herbst werde ich mit dem Studium anfangen. Er fing an, laut zu lachen. Der Film fängt um acht Uhr an. Mit seiner Art kann ich nicht viel anfangen.

ansehen Lass uns die Ausstellung ansehen! Die Zuschauer sahen sich das Spiel an. Man sieht dir an, dass du schlecht geschlafen hast. Er sah ihn immer als Konkurrenten an. Ich kann dieses Durcheinander nicht länger mit ansehen! Diese Landschaft ist schön anzusehen.

arbeiten Er arbeitet in einer Fabrik. Sie arbeitete 30 Jahre als Lehrerin. Der Autor arbeitet an der Fertigstellung seines Romans. Er arbeitet für seine Ideale. Das gefällt mir nicht. Ich muss stärker an mir arbeiten. Ich musste mich durch einen Berg von Papieren arbeiten. Sie hat sich nach oben gearbeitet und ist nun Chefin des Betriebs.

aussehen In deinem neuen Anzug siehst du sehr schön aus. Er sah so aus, als hätte er viel getrunken. Du siehst wie deine Mutter aus. Es sieht heute nach Regen aus. Mit der Finanzierung sieht es nicht gut aus.

B

bedeuten Was bedeutete dieses Wort ursprünglich? Das bedeutet für mich, dass ich meinen Job verliere. Viel Geld bedeutet ihm nichts. Du bedeutest mir sehr viel!

beginnen Das neue Semester beginnt im Oktober. Hinter der Kirche beginnt der Park. Die Vorführung hat zehn Minuten später begonnen. Sie hat mit der Arbeit begonnen. Unser Urlaub begann mit einem Besuch unserer Verwandten.

bekommen Zu ihrer Hochzeit haben sie viele Geschenke bekommen. Er hat eine gute Note bekommen. Ich bekomme jeden Tag viele E-Mails. Er hat von ihr eine Ohrfeige bekommen. Als Kind bekam er viel Taschengeld. Sie haben die Möglichkeit bekommen, vier Wochen Urlaub zu machen. Wenn er zu Hause ist, wird er Ärger bekommen. Der Kellner bekommt noch 14 Euro. Sie hat ein Baby bekommen. Das Essen bekommt ihr nicht gut.

bestehen Diese Firma besteht bereits seit hundert Jahren. Hier besteht die Möglichkeit, sich Fahrräder auszuleihen. Das Buch besteht aus fünf Bänden. Seine Aufgabe besteht darin, für Recht und Ordnung zu sorgen. Er hat sein Abitur bestanden. Sie bestand darauf, dass ich sie begleite.

betreffen Diese Regelung der Behörde betrifft besonders Familien mit Kindern. Ihr Schicksal hat mich sehr betroffen. Was ihn betrifft, würde ich mir keine Sorgen machen.

bieten Er hat mir hundert Euro für den Tisch geboten. Ihm bot sich die Möglichkeit, ein halbes Jahr im Ausland zu verbringen. Was hat diese Stadt zu bieten? Er hat ihr große Hilfe geboten. So etwas lasse ich mir doch nicht bieten! Vom Turm aus bot sich mir ein wunderbarer Ausblick.

bilden Unsere internationale Schule möchte Jugendliche auch politisch bilden. Wie bildet man den Plural dieses Wortes? Die Pflanze bildete innerhalb kurzer Zeit Ableger. Ich habe mir bereits eine Meinung zu diesem Thema gebildet.

bleiben Sie ist zwei Wochen bei ihrer Großmutter geblieben. Er ist krank und bleibt heute im Bett. Bleib so, wie du bist! Uns bleibt nicht viel Zeit übrig. Bleibt es bei unserem Treffen? Wo bleibt er denn? Das Gespräch bleibt unter uns.

brauchen Für diese Entscheidung brauche ich noch etwas Zeit. Ich bräuchte deine Hilfe. Die Pflanze braucht viel Licht. Seine provokanten Bemerkungen kann ich nicht brauchen. Du brauchst keine Angst zu haben. Sie hat dich wirklich gebraucht, aber nun ist es zu spät.

bringen Bringst du bitte das Paket zur Post? Er brachte sie nach Hause. Im Fernsehen wurde gestern eine interessante Reportage gebracht. Mein bester Freund hat mich immer zum Lachen gebracht. Sie brachte es nicht über sich, ihm die ganze Wahrheit zu sagen. Er hat einen schlimmen Fehler begangen, aber jetzt alles wieder in Ordnung gebracht. Mein Onkel hat es bis zum Chef der Firma gebracht. Das bringt's nicht!

D

darstellen Die Schauspieler stellen eine Szene aus einem Werk von Goethe dar. Das Bild stellt eine Bauersfamilie dar. Er stellte die Problematik sehr kompliziert dar. Mein Kollege stellte sich immer als großen Helden dar.

denken Er denkt oft an seine Eltern. Ich denke, das ist eine gute Idee. Das hätte ich nicht von dir gedacht. Was denkst du? Sie hätte sich denken können, dass er nicht kommt. Schön, dass du an mich gedacht hast. Er denkt nur an sich selbst. Was hast du dir dabei gedacht? Solange ich denken kann, gibt es hier schon eine Schule.

dürfen Hier darf man nicht rauchen! Darf ich heute ins Kino gehen? Wir dürfen keine Pause machen. Er durfte nicht mit seinen Freunden ausgehen. Darf ich dich kurz stören? Das dürfte kein Problem sein.

E

entsprechen Das Ergebnis deiner Prüfung entspricht nicht deinen Kenntnissen. Das entspricht nicht der Wahrheit. Sie haben seiner Bitte entsprochen.

entstehen Hier entsteht ein Kino. Wie entstand die Erde? Aufgrund seiner Aussage ist eine heftige Diskussion entstanden.

entwickeln In diesem Garten werden sich die Rosen gut entwickeln. Der Physiker entwickelte ein neues Verfahren. Früher hat man die Fotos entwickeln lassen. Ihre Freundschaft hat sich über Jahre entwickelt. Das Zentrum der Stadt hat sich sehr zum Positiven entwickelt.

ergeben Aufgrund unseres Vertrages ergibt sich eine Forderung von 500 Euro. Das ergibt keinen Sinn. Die Untersuchungen haben nichts ergeben. Durch seinen Lebenswandel ergaben sich viele Veränderungen. Es hat sich so ergeben, dass ich nach Brasilien geflogen bin. Der Feind hat sich ergeben und kam mit erhobenen Händen heraus. Er hat sich seiner Lustlosigkeit ergeben.

erhalten Gestern habe ich deinen Brief erhalten. Mein Kind hat einen Tadel erhalten. Um seine Gesundheit zu erhalten, sollte man regelmäßig Sport treiben. Die Kirche ist über Jahrhunderte erhalten.

erinnern Ich erinnere mich sehr gern an meine Kindheit. Er erinnerte sie daran, das Buch zurückzugeben. Ich erinnere mich nicht mehr, wo ich die CD hingelegt habe. Wenn ich mich recht erinnere, haben wir morgen einen freien Tag.

erkennen Letztendlich erkannte sie ihren Fehler. Ich konnte die Buchstaben nicht erkennen. Man erkennt sie an ihrem Lachen.

erklären Der Lehrer erklärt den Schülern die Aufgabe. Das erklärt auch, warum er zu spät gekommen ist. Der Sportler wurde zum Sieger erklärt. Er kann sich nicht erklären, was passiert ist. Er hat ihr seine Liebe erklärt.

erreichen Sie hat den Zug gerade noch erreicht. Ich konnte ihn den ganzen Tag telefonisch nicht erreichen. Der Bus erreicht die Endstation. Sie hat ihr Lebensziel erreicht. Ich habe alles versucht, aber leider nichts erreicht. Mit deinen Vorwürfen erreichst du bei mir nichts!

erscheinen Als das Licht anging, erschienen die Künstler auf der Bühne. Plötzlich erschien sie in der Tür. Das Buch ist bei einem bekannten Verlag erschienen.

erwarten Ich erwarte dich um zwölf Uhr vor dem Restaurant. Dass du heute kommst, hätte ich nie erwartet. Sie erwartet ein Kind. Er erwartete sich von der Arbeit, dass sie ihn erfülle.

erzählen Als ich klein war, erzählte mir meine Mutter immer Märchen. Er hat mir erzählt, wie er zu seinem Job kam. Dem werde ich was erzählen! Mir kannst du viel erzählen!

F

fahren Fährst du auch am Wochenende ans Meer? Als ich klein war, fuhren wir immer an die Ostsee. Er fährt einen Porsche. Hast du Lust, Schlitten zu fahren? Fahren wir mit dem Auto oder dem Zug? Das Motorrad fährt nicht sehr schnell. Sie ist sich mit den Fingern durch die Haare gefahren. Was ist denn in ihn gefahren?

fallen Das Kind ist vom Fahrrad gefallen. Ihr Blick fiel auf das Bild, was er gemalt hatte. Sie ist mir vor Freunde um den Hals gefallen. Wir können gehen, die Entscheidung ist gefallen. Der zweite Januar fällt dieses Jahr auf einen Samstag. Sie fiel in schwere Depressionen.

fehlen Während der Untersuchung stellte der Arzt fest, was dem Patienten fehlte. Im Regal fehlte ein Buch. Diese zwei Schüler fehlen regelmäßig im Physikunterricht. Es fehlte ihm an Geld, so dass er nicht verreisen konnte. Du fehlst mir so sehr! Das hat mir gerade noch gefehlt!

finden Ich habe meinen Schlüssel nicht gefunden. Zum Glück hat er die Lösung des Problems gefunden. Er findet sie hübsch. Wir fanden den Film langweilig. Findest du nicht, dass wir dieses Wochenende verreisen könnten?

folgen Die kleine Katze folgte mir bis zu meiner Wohnung. Ich folgte seinen Erzählungen mit großem Interesse. Ich kann deinem komplizierten Gedankengang einfach nicht folgen. Auf den Herbst folgt der Winter. Er ist ihrem Rat gefolgt. Die Tochter hat ihrem Vater nicht gefolgt.

fragen Sie fragte ihn nach seinem Namen. Der Mann hat mich nach dem Weg zur Oper gefragt. Hat sie nach mir gefragt? Ich frage meine Freundin immer um Rat. Ich frage mich, warum heute keiner kommt. Es fragt sich, ob das Geld ausreicht. Er gibt dir bestimmt das Geld zurück, fragt sich nur wann.

fühlen In dieser Umgebung fühle ich mich sehr wohl. Er fühlte sich nicht gut. Ich konnte den Schmerz in meinen Beinen fühlen. Sie fühlte in ihrer Tasche nach einem Taschentuch. Ich fühlte mich schlecht, weil ich ihr nicht geholfen hatte.

führen Er führte die Touristen durch die Stadt. Was führt dich nach Berlin? Sie führte das Unternehmen mit Kompetenz. Buch zu führen, ist für ihn sehr wichtig. Sie führten ein Gespräch miteinander. Es wird dazu führen, dass wir bald umziehen müssen. Das führt zu weit!

G

geben Ich gebe dir das Buch morgen Abend. Gibst du dem Kellner kein Trinkgeld? Er hat seine Katze ins Tierheim gegeben. Die Kuh gibt Milch. Sie hat mir immer noch keine Antwort gegeben. Ich habe dir mein Wort gegeben. Mit der Zeit wird es sich wieder geben. Was gibt es heute zum Abendbrot? Das gibt's nicht! Was es nicht alles gibt!

gehen Er geht jeden Tag in den Park. Ich gehe jetzt nach Hause. Mein Vater geht bald in Rente. Sie geht auf die 50 zu. Es geht immer alles nach ihrem Kopf. Der Ball ging ins Tor. Das geht zu weit! Meine Uhr geht falsch. Er ist von uns gegangen.

gehören Seine Freundin gehört schon zur Familie. Das Buch gehörte meiner Großmutter. Die Vase gehört in den Schrank. Das gehört sich wirklich nicht!

gelten Für dich gelten die gleichen Regeln wie für alle anderen. Der Gutschein gilt ein Jahr. Das Winken galt dir. Der Lehrer hat die Antwort nicht gelten lassen. Das gilt als Foul. Das gilt nicht!

gewinnen Johannes hat beim Tennis nur knapp gegen meinen Bruder gewonnen. Ich habe im Lotto zehn Euro gewonnen. Er konnte sie für die Hilfsorganisation gewinnen. Aus Trauben wird Saft gewonnen. Der Politiker gewinnt von Tag zu Tag an Macht.

glauben Ich glaube an den Erfolg dieses Projekts. Ich glaube, dass morgen schönes Wetter wird. Sie glaubte ihm kein Wort. Meine Großmutter glaubt an Gott. Das ist ja kaum zu glauben. Wer's glaubt, wird selig!

H

haben Seine Großmutter hat vier Enkel. Wir haben eine Reise gemacht. Er hat Bauchschmerzen. Sie hatten keine Zeit. Das hat keinen Sinn. Ich habe die Nase voll. Das Buch ist überall zu haben. Da haben wir's. Das hat etwas für sich. Er hat etwas mit seiner Nachbarin. Davon haben wir nichts. Das hat es in sich.

halten Kannst du bitte kurz meine Jacke halten? Sie hält sich am Geländer fest. Er hielt sich die Hand vor den Mund. Meine Mutter hält das Essen für mich warm. Er hat sein Versprechen gehalten. Sie hielten sich für Helden. Halt still! Davon halte ich nicht viel. Wenn Sie diese Musik hört, ist sie nicht mehr zu halten. Sie sieht toll für ihr Alter aus. Sie hat sich gut gehalten. Hier gibt es Regeln, an die man sich halten muss. Er musste an sich halten, um nicht laut loszulachen.

handeln Er handelt mit landwirtschaftlichen Produkten aus der Region. In Tunesien kann man auf den Märkten gut handeln. Er handelte sofort, als er das Problem erkannte. Das Buch handelt von einem verschwundenen Mädchen. Es handelt sich darum, dass wir ein Problem besprechen müssen.

heißen Wie heißt du eigentlich? Was heißt „Fluss" auf Französisch? Das heißt, dass er Recht hatte. Was soll das heißen? Sie hieß „Bauer" mit Mädchennamen.

helfen Können Sie mir bitte helfen, diesen Vertrag zu schreiben? Er half der alten Frau über die Straße. Dieses Medikament hilft bei Grippe. Das viele Streiten hilft nichts! Bei diesem Problem weiß ich mir nicht mehr zu helfen!

I

interessieren Ich interessiere mich sehr für moderne Kunst. Er hat ihn für den Bootsverkauf interessiert. Sie interessierte sich sehr für ihren Nachbarn.

K

kennen Sie kennt ihn schon seit ihrer Kindheit. Ich kenne mich. Wenn ich die Arbeit nicht sofort erledige, dann nie. Ich kenne ihn vom Sehen. Er kennt ein nettes Restaurant, in das wir gehen können. Der Mann kennt keine Gnade. Das kenne ich schon. Da kenne ich nichts!

kommen Wann kommst du heute nach Hause? Er kommt aus Australien. Das kam etwas überraschend. Ich habe so viel zu tun. Ich komme einfach zu nichts. Die Tasse kommt in den Schrank. Ihm kommen langsam Zweifel. Das kleine Kind kann nicht mehr laufen. Das kommt gar nicht in Frage. Wie hieß die Insel noch einmal? Ich komme nicht drauf. Der Politiker ist an die Macht gekommen. Er ist zur Erkenntnis gekommen, dass seine Arbeit sinnlos war. Das kommt davon!

können Ich kann heute nicht zu dir kommen. Es kann sein, dass es morgen schneit. Man kann nie wissen. Er konnte gut Gitarre spielen. Sie konnten nichts dafür. Ich kann nicht mehr. Wie konntest du nur?

L

lassen Sie hat ihn zwei Stunden warten lassen. Er lässt seine Katze immer im Bett schlafen. Das Kind hat das Glas fallen lassen. Die Zuschauer werden hereingelassen. Die Flasche lässt sich schwer öffnen. Ich habe mir einen Kaffee holen lassen. Er hat sich die Haare schneiden lassen. Lass mich in Ruhe!

laufen Ich laufe jede Woche zehn Kilometer durch den Park. Wollen wir zum Kino laufen oder mit dem Bus fahren? Peinlich! Sie hat nicht aufgepasst und ist gegen eine Scheibe gelaufen. Der Motor lief ohne Probleme. Was läuft gerade im Fernsehen? Das Gespräch ist sehr gut gelaufen. Hast du ein Taschentuch? Meine Nase läuft. Am Wochenende sind wir Ski gelaufen.

leben Elisabeth lebt mit ihrer Familie in einer alten Villa. Der Dichter lebte im 18. Jahrhundert. Das Kind lebt nun bei seinen Großeltern. Von seinem Einkommen lässt es sich gut leben. Sie lebten wie Gott in Frankreich. Er lebt von seinem Ersparten.

legen Der Junge legt das Papier auf den Tisch. Sie legte das Baby schlafen. Das Huhn hat viele Eier gelegt. Der Wind wird sich bald legen. Die Aufregung hat sich nur langsam gelegt.

lernen Von deinem Vater kann man viel lernen. Er lernte schnell, was richtig und falsch ist. Er hat Tischler gelernt. Das Mädchen hat schon früh schwimmen gelernt. Aus seinen Fehlern kann man lernen.

lesen Ich lese gern in meinem bequemen Sessel. Er kann Noten lesen. Sie las jeden Tag ihr Horoskop. Der Priester hat die Messe gelesen. Das neue Buch liest sich sehr gut. Wir haben heute Weintrauben gelesen. Erbsen zu lesen ist eine müßige Arbeit.

liegen Die Kinder liegen schon im Bett. Wisst ihr, wo Mühlhausen liegt? Schnee liegt auf dem Dach. Schreiben liegt ihm sehr gut. Es liegt nicht an dir! Ihm liegt sehr viel an seiner Großmutter.

M

machen Kannst du bitte ein Foto von mir machen? Er macht immer nur Dummheiten. Was machst du morgen früh? Wir machen gern Sport. Sie macht gerade ihr Abitur. Super, das hast du gut gemacht! Er machte ihr immer das Leben schwer. Das macht mich ganz verrückt. Du kannst mir einen Vorschlag machen. Das macht nichts! Mach dir nichts draus! Mach's gut!

meinen Was meinst du zu meinem Vorschlag? Er meint, er wäre im Recht. Was meinst du damit? Ich meinte nicht die Frau, sondern den Mann. Das will ich meinen! Man könnte meinen, dass er im Lotto gewonnen hat. Ich meine ja nur so. Wenn du meinst! Das war nicht böse gemeint!

mögen Ich mag guten Wein am Abend. Möchtest du mit uns in Kino kommen? Er mochte seine neue Kollegin. Ich möchte nach Hause. Es mag sein, dass seine Behauptung wahr ist. Warum mag er sich wohl gerade dort beworben haben?

müssen Ich muss jetzt leider gehen! Es muss etwas passiert sein. Sie musste einfach lachen. Man müsste reich sein. Musst du schon wieder zu spät kommen? Muss das sein? Mama, ich muss mal! Er müsste schon angekommen sein.

N

nehmen Die Mutter nahm ihre Tochter an die Hand. Sie nahm das Geschirr aus dem Schrank. Er hat die S-Bahn genommen. Sie werden die Wohnung nehmen. Ich nahm den weiten Weg auf mich. Sie hat den Hund mit in den Urlaub genommen. Nimm nicht immer alles so ernst. Er hat sie zur Frau genommen. Darf ich deine Hilfe in Anspruch nehmen? Die Arbeit nimmt einfach kein

Ende. Er nahm es mit der Sauberkeit nicht so genau. Wie man's nimmt!

nennen Sie nannten ihre Tochter Laura. Er hat seinen Hund Bessy genannt. Nenne mir drei Flüsse, die durch Deutschland fließen. Das nennt sich Winter? Dass ich nicht lache.

R

reden Sie redeten über ihre gemeinsame Zukunft. Er redet ständig von Technik. Über die neue Chefin wird viel geredet. Darüber lässt sich reden.

S

sagen Sie sagte ihm nichts von ihren Plänen. Er hat ihr seine Meinung gesagt. Sie sagen, dass sie gut schwimmen können. Sag schon, was los ist! Ihr Mann hat zu Hause nichts zu sagen. Man sagt, dass Sport gut für die Gesundheit ist. Sag bloß! Du sagst es! Das ist einfacher gesagt als getan. Das Ehepaar hat sich nichts mehr zu sagen. Meine Tochter lässt sich einfach nichts sagen. Ich hab's dir doch gleich gesagt!

schaffen Dieses Unternehmen schafft hundert neue Arbeitsplätze in der Region. Er hat sein Projekt ohne Hilfe geschafft. Ich habe die Bahn gerade noch geschafft. Schaffst du den Einkaufswagen weg? Unsere Fahrradtour hat mich völlig geschafft. Dass es meiner Mutter nicht gut geht, macht mir sehr zu schaffen. Er hat sich mit seinem Verhalten einige Feinde geschaffen.

scheinen Gestern schien die Sonne den ganzen Tag. Die Sonne scheint mir ins Gesicht. Er scheint heute keine gute Laune zu haben. Wie es scheint, müssen wir von vorn beginnen. Sie scheint eine gute Fotografin zu sein.

schließen Als der Vater ging, schloss er leise die Haustür. Er schließt seine Wertsachen in einen Tresor. Die Fabrik wurde geschlossen. Die beiden Geschäftsmänner haben einen Vertrag miteinander geschlossen. Er schloss seinen Jugendfreund in die Arme. Die Bar schließt in einer Stunde. Wir haben aus seinem Auftreten geschlossen, dass er sich hier nicht wohl fühlt.

schreiben Der Lehrer schreibt die Aufgabe an die Tafel. Mein Buch ist wirklich spannend geschrieben. Sie schrieb regelmäßig Tagebuch. In seinem Artikel hat er über Afrika geschrieben. Sein erstes Lied hat er mit 16 Jahren geschrieben. Der Arzt wird mich krankschreiben. Sie schreibt gerade an ihrer Dissertation.

sehen Ich sah ihn auf der Bank sitzen. Man muss unbedingt die Altstadt von Erfurt sehen. Wann hast du ihn zuletzt gesehen? Siehst du, ich habe Recht gehabt. So wie ich das sehe, gibt es keine Bananen mehr. Er sah Schlimmes kommen. Ich kann das nicht mehr sehen! Das kann sich sehen lassen. Siehst du!

sein Bist du glücklich? Heute ist Donnerstag. Er war am Strand. Sie ist 25 Jahre alt. Ich bin dafür. Sein oder nicht sein? Wie dem auch sei. Sie sind außer sich vor Wut.

setzen Das Kind setzte sich auf die oberste Stufe der Treppe. Er setzte den Vogel in den Käfig. Sie setzten ihre Namen auf die Liste. Die Maschine setzt sich in Bewegung. Mein Chef hat mir eine Frist von drei Wochen gesetzt. Ich habe mir zum Ziel gesetzt, das Zimmer bis Montag zu renovieren. Sie haben ihren pubertären Sohn vor die Tür gesetzt. Ich setzte viel Hoffnung auf ihn.

sitzen Die Kinder sitzen auf der Wiese im Garten. Gestern saß er die ganze Zeit vorm Fernseher. Mein neuer Rock sitzt perfekt. Man muss so lange üben, bis jeder Handgriff sitzt. Ihm sitzt der Schrecken noch tief in den Knochen.

sollen Der Arzt sagt, ich soll gesünder leben. Er sollte sich lieber etwas ausruhen. Du sollst deine Hausaufgaben machen. Soll ich die Tür schließen? Was soll ich alleine machen? Nächste Woche soll es regnen. Du hättest seine Reaktion sehen sollen! Woher soll ich das wissen? Was soll das?

spielen Die Kinder spielen im Garten Ball. Ich spiele jeden Dienstag Squash. Mein Bruder spielte früher Gitarre. Sie spielt in einer Theatergruppe. Er spielte mit ihren Gefühlen. Meine Kollegin ließ all ihre Beziehungen spielen. Sie spielen um viel Geld.

sprechen Warum sprichst du nicht mehr mit mir? Seine Großmutter sprach gern über ihre Jugend. Er spricht immer nur von seiner neuen Freundin. Der Politiker sprach zu den Wählern. Sein Verhalten spricht nicht für ihn. Sie ist auf ihre Nachbarn schlecht zu sprechen. Alles spricht dafür, dass er der Täter ist. Sie spricht fließend Englisch.

stehen Sie stand in der Küche und wartete. Vor dem Haus steht ein Baum. Auf dem Schild steht „Rauchen verboten". Das rote Kleid steht ihr sehr gut. Die Chancen stehen nicht schlecht. Sein Nachbar steht unter Verdacht. Im Spiel steht es 1:13. Wie steht's?

stellen Ich stelle die Tassen in den Schrank. Er stellte sein Fahrrad in den Keller. Stell den Sekt kalt. Kannst du bitte den Wecker stellen? Er bekommt von seiner Firma ein Geschäftsauto gestellt. Sie hat mich vor eine Entscheidung gestellt. Das Mädchen stellte immer viele Fragen. Der Kriminelle hat sich der Polizei gestellt. Stell dich nicht immer dumm!

studieren Seine Freundin studiert Geschichte an der Universität. Ich habe auf Lehramt studiert. Er hat das Verhalten von Schimpansen studiert. Sie studierte die Speisekarte genau, bevor sie sich etwas bestellte.

suchen Wir suchen den Weg zum Bahnhof. Er sucht einen neuen Angestellten. Sie suchte nach den richtigen Worten. Hier hast du nichts zu suchen! Was suchst du denn hier? Die zwei haben sich gesucht und gefunden.

T

tragen Meine Tante trägt gern lange Kleider. Der Stoff trägt sich sehr angenehm. Er trug seinen Sohn auf dem Arm. Sie trägt ihre Haare gern offen. Mein Großvater trug immer ein Taschenmesser bei sich. Sie hat das Urteil mit Würde getragen. Du musst die Verantwortung für dein Handeln tragen. Das Eis wird dich nicht tragen.

treffen Ich treffe mich am Sonntag mit meinem Bruder zum Essen. Er hat mich mit dem Ball getroffen. Dieses Geschenk trifft genau meinen Geschmack. Seine Aussage hat mich sehr getroffen. Ich muss bis morgen eine Entscheidung treffen. Bei meiner Arbeit bin ich auf viel Widerstand getroffen. Es trifft sich gut, dass du gerade da bist. Auf dem Foto ist sie sehr gut getroffen.

tun Sie hat sehr viel für Menschen in Not getan. Er wollte ihr einen Ring kaufen, tat es dann aber doch nicht. Man muss doch etwas dagegen tun. Was tut sie da? Tu die Sachen in den Schrank! Dieser Hund ist nicht gefährlich, er tut dir nichts. Er hat so getan, als würde er sie nicht kennen. Joga tut mir sehr gut.

V

verbinden Verbinden Sie mich bitte mit dem Leiter der Einrichtung! Ihre Wunde wurde im Krankenhaus verbunden. Für dieses Spiel haben sie sich die Augen verbunden. Verbindet diese zwei Punkte mit einer Geraden. Wir können das Konzert mit einer Besichtigung des Doms

verbinden. Durch unsere Leidenschaft für Sprachen fühlen wir uns sehr verbunden. Uns verbindet das Interesse für Geschichte.

vergehen Wenn der Sommer vergangen ist, beginnt der Herbst. Die Zeit verging wie im Fluge. Wenn ich das sehe, vergeht mir die Freude am Projekt. Ich vergehe fast vor Hunger. Sie hat sich an fremdem Eigentum vergangen.

verlieren Leider hat unsere Mannschaft das Spiel am Samstag verloren. Ich werde die Wette wohl verlieren. Ich habe meinen Schlüssel verloren. Er hat seinen Vater verloren, als er noch klein war. Im Herbst verlieren die Bäume ihre Blätter. Man darf die Hoffnung nicht verlieren. Der kleine Junge war völlig in Gedanken verloren.

verstehen Ich verstehe dich und deine Zweifel sehr gut. Er hat verstanden, was ich gemeint habe. Kannst du das noch einmal wiederholen? Ich habe dich wegen des Lärms nicht verstanden. Sie versteht viel von Politik. Die beiden Mädchen verstehen sich gut miteinander. Der Mann versteht sich gut aufs Diskutieren. Ich habe ihm zu verstehen gegeben, dass ich das nicht mag. Das versteht sich von selbst!

versuchen Ich habe schon mehrmals versucht, ihn im Büro zu erreichen. Versuch ihn doch, auf dem Handy zu erreichen. Jeden Tag werde ich in Versuchung geführt. Das Paar hatte sich getrennt, nun wollen sie es noch einmal miteinander versuchen. Ich habe brasilianisches Essen versucht und finde es wirklich lecker. Neuerdings versucht sie sich im Kochen.

vorstellen Ich kann mir gut vorstellen, dass er nichts davon wusste. Darf ich Ihnen meinen Kollegen vorstellen? Er stellte uns sein neues Projekt vor. Wie stellst du dir deine Sommerferien vor? Morgen müssen die Uhren eine Stunde vorgestellt werden. Er hat sich in der Firma vorgestellt. Stell dir vor, gestern habe ich einen Star gesehen!

W

warten Ich warte vor dem Kino auf dich. Er hat lange auf sie gewartet. Die Arbeit wartet, ich muss los! Da kann er lange warten! Die Maschine wurde gewartet.

werden Sein Vater ist sehr alt geworden. Ich werde 30 Jahre alt. Es wurde Nacht. Sie ist blass geworden. Aus Freundschaft wurde Liebe.

wissen Nur ein Schüler wusste die richtige Antwort. Ich weiß nichts von deinen Problemen. Ich lass es dich wissen. Er wusste um den Ernst der Lage. Sie will von ihm nichts mehr wissen. Was weiß ich!

wohnen Meine Schwester wohnt in Berlin. Ich habe schon immer zur Miete gewohnt.

wollen Er will ein Jahr ins Ausland gehen. Mein Kind will ein Haustier haben. Wollen wir nicht einen Kaffee trinken? Ich wollte dich fragen, ob du mitkommst? Wollen Sie bitte Platz nehmen? Die Maschine will einfach nicht funktionieren. Er wollte nicht zugeben, dass er im Unrecht war. Komme was wolle.

Z

zeigen Er zeigte mir das Haus, in dem er wohnt. Sie hat ihm den Weg zum Bahnhof gezeigt. Er zeigte seine Wut deutlich. Heute wird die politische Debatte im Fernsehen gezeigt. Er zeigte mit dem Finger Richtung Osten. Ich zeige dir, wie das geht. Zeig mal, was du kannst. Es wird sich zeigen, ob wir Recht hatten.

ziehen Sie zieht das Foto aus ihrer Tasche. Das Mädchen zog den Schlitten hinter sich her. Du musst die nächste Karte ziehen. Er hat mir die ganze Zeit am Ärmel gezogen. Ihm wurde ein Zahn gezogen. Mit ihren langen Haaren zog sie alle Blicke auf sich. Sie zog einen Pullover über das T-Shirt. Mein Vater ist in ein anderes Land gezogen. Die Rede hat sich ziemlich gezogen. Es zieht! Kannst du das Fenster schließen?

4 Verblexikon

Einleitung

Im nachfolgenden Index finden Sie ca. 5000 deutsche Verben. Trennbare Verben werden mit einem Punkt (•) ausgewiesen.

Hinter den Verben ist angegeben, mit welchem Kasus (Genitiv (G), Dativ (D) oder Akkusativ (A)) und welchen Präpositionen die entsprechenden Verben verwendet werden. Wenn nicht anders angegeben, werden die Verben mit *haben* verbunden.

Alle starken Verben sind **grün** markiert.

A

aalen (sich)
ab·bauen + A
ab·beißen + A, von + D
ab·bestellen + A
ab·bezahlen + A
ab·bilden + A
ab·blasen + A
ab·blenden + A
ab·blitzen (ist)
ab·blocken + A
ab·brechen +A
ab·bremsen + A
ab·brennen (hat) + A / (ist)
ab·bringen + A, von + D
ab·buchen + A, von + D
ab·checken + A
ab·dampfen (hat) + A / (ist)
ab·danken
ab·decken + A
ab·drängen + A
ab·drehen + A
ab·drucken + A
ab·erkennen + D + A
ab·fahren (ist)
ab·fallen (ist), von + D
ab·fälschen + A
ab·fangen + A
ab·fassen + A
ab·fertigen + A
ab·finden (sich), mit + D
ab·flauen (ist)
ab·fliegen (ist)
ab·fragen + A

ab·führen + A
ab·füllen + A
ab·geben + D + A
ab·gewinnen + D + A
ab·gewöhnen + D (sich) + A
ab·greifen + A
ab·grenzen + A, von + D
ab·gucken (+ D) + A
ab·haben + A, von + D
ab·haken + A
ab·halten + A, von + D
ab·handeln + A
abhanden·kommen (ist) (+ D) + A
ab·hängen, von + D
ab·hängen + A
ab·härten (sich)
ab·hauen, (hat) + A / (ist)
ab·heben + A, von + D / (sich)
ab·heften + A
ab·holen + A
ab·holzen + A
ab·hören + A
ab·kapseln + A / (sich)
ab·kassieren+ A
ab·kauen + A
ab·kaufen + D + A
ab·klären + A
ab·klingen (ist)
ab·knallen + A
ab·knöpfen + D + A
ab·knutschen + A
ab·kommen (ist), von + D
ab·können + A
ab·kühlen + A / (sich)
ab·kürzen + A
ab·laden + A, von + D

ab·lassen + A, von + D
ab·laufen + A, (ist)
ab·lecken + A
ab·legen + A
ab·lehnen + A
ab·leiten + A, aus + D
ab·lenken + A, von + D
ab·lesen + A, von/aus + D
ab·lichten + A
ab·liefern (+D) + A
ab·lösen + A
ab·machen + A
ab·malen + A
ab·melden + A / (sich)
ab·montieren + A
ab·mühen (sich), mit + D
ab·nabeln + A / (sich), von + D
ab·nehmen (+ D) + A
ab·nicken + A
ab·nutzen + A
abonnieren + A
ab·pfeifen + A
ab·platzen (ist)
ab·prallen (ist)
ab·quälen (sich)
ab·rackern (sich), mit + D
ab·rasieren + A, mit + D
ab·raten + D, von
ab·räumen + A
ab·reagieren (sich)
ab·rechnen + A
ab·regen (sich)
ab·reisen (ist)
ab·reißen + A, von + D
ab·riegeln + A
ab·rufen + A

ab·runden + A
ab·rüsten + A
ab·sacken (ist)
ab·sagen + A
ab·sägen + A
ab·sahnen + A
ab·schaffen + A
ab·schalten + A
ab·schätzen + A
ab·schauen + A
ab·schicken + A
ab·schieben + A
ab·schießen + A
ab·schirmen + A
ab·schlagen + A
ab·schleppen + A
ab·schließen + A
ab·schmettern + A
ab·schminken (sich) + A
ab·schnallen + A
ab·schneiden + A, von + D
ab·schrauben + A
ab·schrecken + A
ab·schreiben + A
ab·schütteln + A
ab·schwächen + A / (sich)
ab·schwatzen + A
ab·schweifen (ist), von + D
ab·schwellen (ist)
ab·segnen + A
ab·sehen + A
ab·senden + A
ab·servieren + A
ab·setzen + A
ab·sichern + A / (sich)
ab·sitzen + A

absolvieren + A
ab·sondern + A / (sich) von + D
ab·spalten + A / (sich) von + D
ab·speichern + A
ab·sperren + A
ab·spielen + A / (sich)
ab·sprechen + D + A
ab·springen (ist), von + D
ab·stammen, von + D
ab·statten + A
ab·stauben + A
ab·stecken + A
ab·stehen, von + D
ab·steigen (ist), von + D
ab·stellen + A
ab·stempeln + A
ab·sterben (ist)
ab·stimmen, über + A
ab·stoßen + A
ab·stottern + A
ab·strampeln (sich)
ab·streiten + A
ab·stumpfen + A
ab·stürzen (ist)
ab·suchen + A
ab·tanzen
ab·tasten + A
ab·tauchen (ist)
ab·teilen + A
ab·tippen + A
ab·tragen + A
ab·transportieren + A
ab·treiben + A
ab·trennen + A, von + D
ab·treten (hat) + A / (ist)
ab·trocknen + A

ab·tun + A
ab·verlangen + D + A
ab·wägen + A
ab·wählen + A
ab·wälzen + A, auf + A
ab·wandeln + A
ab·warten (+ A)
abwärts·gehen (ist)
ab·waschen + A
ab·wechseln (sich)
ab·wehren + A
ab·weichen (ist), von + D
ab·weisen + A
ab·wenden + A, (sich), von + D
ab·werfen + A
ab·werten + A
ab·wickeln + A
ab·wiegen + A
ab·wimmeln + A
ab·winken (+ A)
ab·würgen + A
ab·zahlen + A
ab·zählen + A
ab·zeichnen + A, (sich)
ab·ziehen (hat) + A / (ist)
ab·zielen, auf + A
ab·zirkeln + A
ab·zocken + A
ab·zwacken + A, von + D
ab·zweigen (hat) + A / (ist)
achten, auf + A
acht·geben, auf + A
ächzen
ackern (+ A)
addieren + A
adeln + A
adoptieren + A
adressieren + A, an + A
ähneln + D / (sich)
ahnen + A
ähnlich·sehen (sich)
aktivieren + A
aktualisieren + A
akzeptieren + A
alarmieren + A
allein·lassen + A
altern (ist)
amputieren (+ D) + A
amtieren
amüsieren (sich), über + A
analysieren + A
an·baggern + A
an·bahnen (hat) + A / (sich)
an·bauen + A
an·behalten + A
an·beißen + A
an·bellen + A
an·beten + A
an·biedern (sich)
an·bieten (+ D) + A
an·binden + A
an·blicken + A
an·braten + A
an·brechen (hat) + A / (ist)
an·brennen (hat) + A / (ist)
an·bringen + A
an·brüllen + A
an·dauern
ändern + A / (sich)
an·deuten + A
an·drehen + A
an·drohen + D + A

an·ecken (ist)
an·eignen (sich) + A
aneinander·geraten (ist)
aneinander·grenzen
aneinander·kuscheln (sich)
aneinander·reihen
an·ekeln + A
an·erkennen + A
an·fahren (ist) / (hat) + A
an·fallen + A
an·fangen + A, mit + D
an·fassen + A
an·fauchen + A
an·fechten + A
an·fertigen + A
an·feuern + A
an·flehen + A, um + A
an·fliegen (ist) / (hat) + A
an·fordern + A
an·fragen + A
an·freunden (sich), mit + D
an·fühlen (sich)
an·führen + A
an·geben + A / mit + D
an·gehen (hat) + A / (ist)
an·gehören + D
angeln (+ A)
an·gewöhnen (sich) + A
an·gleichen (+ D) + A
an·glotzen + A
an·graben + A
an·grabschen + A
an·greifen + A
an·grenzen, an + A
an·grinsen + A
ängstigen + A / (sich)

an·gucken + A
an·gurten (sich)
an·haben + A / + D
an·halten + A
an·hängen + D
an·hängen + A
an·hauchen + A
an·hauen + A
an·häufen + A / (sich) (+ D) + A
an·heben + A
an·heizen + A
an·heuern (+ A)
an·himmeln + A
an·hören (sich) (+ D) + A
an·kämpfen, gegen + A
an·kaufen + A
ankern
an·klagen + A (+ G)
an·kleben + A
an·klicken + A
an·klopfen, an + A
an·knüpfen, an + A
an·kommen (ist)
an·kotzen + A
an·kreuzen + A
an·kucken + A
an·kündigen + A / (sich)
an·kurbeln + A
an·lächeln + A
an·lassen + A
an·laufen (ist)
an·läuten + A
an·legen + A
an·lehnen (sich), an + A
an·leiern + A
an·leinen + A

an·liegen
an·locken + A
an·lügen + A
an·machen + A
an·malen + A
an·melden + A / (sich)
an·merken (+ D) + A
an·nähen, an + A
an·nähern (sich) + D
an·nehmen + A
annoncieren + A
annullieren + A
an·ordnen + A
an·packen + A
an·passen + A / (sich) (+ D)
an·peilen + A
an·pfeifen + A
an·pflanzen + A
an·picken + A
an·pöbeln + A
an·probieren + A
an·pumpen + A
an·quatschen+ A
an·rechnen + D + A
an·reden + A
an·regen + A
an·reisen (ist)
an·rempeln + A
an·richten + A
an·rufen + A
an·rühren + A
an·sagen + A
an·sammeln (sich) + A
an·schaffen (sich) + A
an·schauen (sich) + A
an·schieben + A

an·schlagen + A
an·schleimen
an·schleppen + A
an·schließen + A / (sich) + D
an·schmiegen (sich), an + A
an·schnallen + A, (sich)
an·schnauzen + A
an·schneiden + A
an·schrauben + A
an·schreiben + A
an·schreien + A
an·schwärzen + A
an·schwellen (ist)
an·sehen + A / (sich)
an·setzen + A
an·siedeln + A / (sich)
an·spannen + A
an·spielen + A / auf + A
an·spornen + A
an·sprechen + A
an·springen + A
an·spucken + A
an·starren + A
an·stecken + A / (sich), mit + D
an·stehen (+ D)
an·steigen (ist)
an·stellen + A / (sich)
an·steuern + A
an·stiften + A
an·stimmen + A
an·stinken + A
an·stoßen + A / (ist), an + A
an·strahlen + A
an·streichen + A
an·strengen (sich)
an·törnen + A

an·treffen + A
an·treiben + A
an·treten (hat) + A / (ist)
an·trinken + A
an·tun + D + A
antworten + D / auf + A
an·vertrauen + D + A / (sich)
an·wachsen (ist)
an·weisen (+ D) + A
an·wenden + A
an·werben + A
an·widern + A
an·winkeln + A
an·zahlen + A
an·zapfen + A
an·zeigen + A
an·zetteln + A
an·ziehen + A / (sich)
an·zünden + A
an·zweifeln + A
appellieren, an + A
applaudieren + D
arrangieren (sich), mit + D
arbeiten
archivieren + A
ärgern + A / (sich), über + A
argumentieren
arrangieren + A / (sich)
artikulieren
atmen
auf·atmen
auf·bahren + A
auf·bauen + A
auf·bäumen (sich), gegen + A
auf·bauschen + A
auf·behalten + A

auf·bekommen + A
auf·bessern + A
auf·bewahren + A
auf·blasen + A
auf·bleiben (ist)
auf·blenden (+ A)
auf·brausen (ist)
auf·brechen (hat) + A / (ist)
auf·brezeln (sich)
auf·brummen + D + A
auf·decken + A
auf·drängen + D + A
auf·drehen + A
aufeinander·prallen (ist)
auferstehen (ist)
auf·essen + A
auf·fahren (ist)
auf·fallen (ist)
auf·fangen + A
auf·fassen + A
auf·fordern + A, zu + D
auf·frischen + A
auf·führen + A
auf·gabeln + A
auf·geben + A
auf·gehen (ist)
auf·geilen (sich)
auf·greifen + A
auf·haben + A
aufhalten + A / (sich)
auf·hängen + A / (sich)
auf·heben + A
auf·heitern + A / (sich)
auf·heizen + A
auf·hetzen + A
auf·holen + A

auf·hören
auf·klappen + A
auf·klären + A, über + A / (sich)
auf·kleben + A
auf·knöpfen + A
auf·kommen (ist)
auf·kreuzen (ist)
auf·laden + A
auf·lassen + A
auf·lauern + D
auf·laufen (ist), (auf + A)
auf·legen + A
auf·lehnen (sich), gegen + A
auf·lesen + A
auf·leuchten (ist)
auf·listen + A
auf·lockern + A
auf·lösen + A / (sich)
auf·machen + A
auf·möbeln + A
auf·motzen + A / (sich)
auf·muntern + A
auf·nehmen + A
auf·passen, auf + A
auf·peppen + A
auf·polieren + A
auf·prallen (ist), auf + A
auf·putschen + A
auf·raffen + A / (sich) zu + D
auf·rappeln (sich)
auf·räumen + A
aufrecht·erhalten + A
auf·regen + A / (sich) über + A
auf·reißen + A
auf·richten + A / (sich)
auf·rufen + A

auf·runden + A
auf·sagen + A
auf·sammeln + A
auf·scheuchen + A
auf·schieben + A
auf·schlagen (ist) / (hat) + A
auf·schließen + A
auf·schlitzen + A
auf·schnappen + A
auf·schneiden + A
auf·schrauben + A
auf·schrecken + A
auf·schreiben + A
auf·schürfen + A
auf·schwatzen + A
auf·setzen + A
auf·spielen (sich)
auf·spießen + A
auf·springen (ist)
auf·spüren + A
auf·stechen + A
auf·stehen (ist)
auf·steigen (ist)
auf·stellen + A
auf·stoßen + A
auf·stylen + A
auf·suchen + A
auf·tanken + A
auf·tauchen (ist)
auf·tauen (hat + A) / (ist)
auf·teilen + A
auf·tragen + A
auf·treiben + A
auf·treten (ist)
auf·trumpfen
auf·wachen (ist)

auf·wachsen (ist)
auf·wärmen + A / (sich)
auf·weisen + A
auf·wenden + A
auf·werfen + A
auf·werten + A
auf·wickeln + A
auf·wiegeln + A
auf·wiegen + A
auf·wirbeln + A
auf·wischen + A
auf·zählen + A
auf·zeichnen + A
auf·ziehen (hat) + A / (ist)
auf·zwingen + D + A
aus·atmen + A
aus·baden + A
aus·bauen + A
aus·bessern + A
aus·beulen + A
aus·beuten + A
aus·bilden + A
aus·blasen + A
aus·brechen (hat) + A / (ist)
aus·breiten + A
aus·checken (hat) + A / (ist)
aus·dehnen + A / (sich)
aus·denken (sich) + A
aus·drucken + A
aus·drücken + A / (sich)
auseinander·brechen (ist)
auseinander·gehen (ist)
auseinander·halten + A
auseinander·nehmen + A
auseinander·setzen + A / (sich),
  mit + D

aus·fallen (ist)
aus·flippen (ist)
aus·fragen + A
aus·fressen + A
aus·führen + A
aus·füllen + A
aus·geben + A
aus·gehen (ist)
aus·gießen + A
aus·gleichen + A
aus·graben + A
aus·halten + A
aus·handeln + A
aus·händigen + D + A
aus·hängen
aus·heben + A
aus·hecken + A
aus·helfen + D
aus·höhlen + A
aus·holen
aus·horchen + A
aus·kennen (sich)
aus·klammern + A
aus·klingen (ist)
aus·klinken (hat) + A / (ist)
aus·kommen (ist), mit + D
aus·kosten + A
aus·kugeln + A
aus·lachen + A
aus·laden + A
aus·lassen + A
aus·laufen (ist)
aus·legen + A
aus·leihen (+ D) + A
aus·lernen
aus·lesen + A

aus·liefern (+ D) + A
aus·loggen + A
aus·löschen + A
aus·losen + A
aus·lösen + A
aus·machen + A
aus·malen + A, (sich) + A
aus·merzen + A
aus·messen + A
aus·nehmen + A
aus·nutzen + A
aus·packen + A
aus·pfeifen + A
aus·plündern + A
aus·probieren + A
aus·quartieren + A
aus·quetschen + A
aus·radieren + A
aus·rangieren + A
aus·rasten (ist), (aus + D)
aus·rauben + A
aus·räumen + A
aus·rechnen + A
aus·reden
aus·reichen
aus·reisen (ist)
aus·reißen + A
aus·renken + A / (sich) + A
aus·richten + A, auf + A
aus·rotten + A
aus·rufen + A
aus·ruhen (sich)
aus·rüsten + A, mit + D
aus·rutschen (ist)
aus·sagen + A
aus·schalten + A

aus·schauen, nach + D
aus·scheiden (ist)
aus·schenken + A
aus·schimpfen + A
aus·schlafen (sich)
aus·schlagen + A
aus·schließen + A
aus·schneiden + A
aus·schreiben + A
aus·schütten + A
aus·sehen
äußern + A / (sich), über + A
aus·setzen + A
aus·söhnen (sich), mit + D
aus·sondern + A
aus·sortieren + A
aus·spannen + A
aus·sperren + A
aus·spielen + A / (sich), gegen + A
aus·spionieren + A
aus·sprechen + A / (sich), über + A
aus·spucken + A
aus·spülen + A
aus·statten + A, mit + D
aus·stechen + A
aus·stehen + A
aus·steigen (ist), aus + D
aus·stellen + A
aus·sterben (ist)
aus·stoßen + A, aus + D
aus·strahlen + A
aus·strecken + A / (sich)
aus·strömen + A
aus·suchen + A

aus·tauschen + A
aus·teilen + A
aus·toben (sich)
aus·tragen + A
aus·treiben + A
aus·treten + A / (ist), aus + D
aus·tricksen + A
aus·trinken + A
aus·trocknen (hat) + A / (ist)
aus·wählen + A
aus·wandern (ist)
aus·wechseln + A, gegen + A
aus·weichen (ist) + D
aus·weisen + A
aus·weiten + A / (sich)
aus·werten + A
aus·wirken (sich), auf + A
aus·wringen + A
aus·zahlen + A
aus·zählen + A
aus·zeichnen + A, mit + D
aus·ziehen (sich) / (hat + A) / (ist)
automatisieren + A

B

backen + A
baden (sich)
balancieren + A
balgen (sich)
ballen + A / (sich)
ballern (+ A)
balzen
bandagieren + A
bändigen + A
bankrott·gehen (ist)
bannen + A

basieren, auf + D
basteln + A
bauen + A
baumeln
beabsichtigen + A
beachten + A
beanspruchen + A
beanstanden + A
beantragen + A
beantworten + A
bearbeiten + A
beatmen + A
beaufsichtigen + A
beauftragen + A, mit + D
beben, (vor) + D
bedanken (sich), für + A
bedauern + A
bedecken + A, mit + D
bedenken + A / (sich)
bedeuten + A
bedienen + A / (sich)
bedingen + A
bedrängen + A
bedrohen + A, mit + D
bedürfen + G
beeilen (sich)
beeindrucken + A
beeinflussen + A
beeinträchtigen + A
beenden + A
beerdigen + A
befassen (sich), mit + D
befehlen + D + A
befestigen + A
befinden (sich)
beflügeln + A

befolgen + A
befördern + A
befragen + A
befreien + A / (sich), von + D
befriedigen + A
befruchten + A
befürchten + A
befürworten + A
begeben (sich)
begegnen (ist) + D
begehen + A
begeistern + A / (sich), für + A
beginnen + A, mit + D
begleiten + A
beglücken + A
beglückwünschen + A, zu + D
begnadigen + A
begnügen (sich), mit + D
begraben + A
begradigen + A
begreifen + A
begrenzen + A
begründen + A
begrüßen + A / (sich)
begünstigen + A
begutachten + A
behalten + A
behandeln + A
beharren, auf + D
behaupten + A
beheben + A
behelfen (sich), mit + D
beherbergen + A
beherrschen + A / (sich)
beherzigen + A
behindern + A

bei·behalten + A
bei·bringen + D + A
beichten (+ D) + A
beieinander·haben + A
bei·legen (+ D) + A
bei·liegen (+ D)
beinhalten + A
beirren
beiseite·lassen + A
beiseite·legen + A
beiseite·schaffen + A
beiseite·schieben + A
beiseite·wischen + A
beisetzen + A
beißen + A
bei·stehen + D
bei·tragen, zu + D
bei·treten (ist) + D
bei·willigen + D
bekämpfen + A
bekehren + A / (sich), zu + D
bekennen + A / (sich), für + A
beklagen + A / (sich), über + A
bekleckern + A / (sich)
bekommen + A
bekräftigen + A
bekriegen + A
beladen + A, mit + D
belagern + A
belassen + A
belasten + A, mit + D
belästigen + A, mit + D
belaufen (sich), auf + A
belauschen + A
beleben + A
belegen + A, mit + D

belehren + A
beleidigen + A
beleuchten + A
bellen
belohnen + A, für + A / (sich)
belügen + A
bemalen + A
bemerken + A
bemessen + A
bemitleiden + A
bemühen (sich), (um + A)
bemuttern + A
benachrichtigen + A
benachteiligen + A
benehmen (sich)
beneiden + A, um + A
benennen + A
benoten + A
benötigen + A
benutzen + A
beobachten + A
bepflanzen + A, mit + D
bequatschen + A
beraten + A / (sich), über + A
beratschlagen, über + A
berauben + A, + G
berechnen + A
berechtigen + A, zu + D
bereden + A
bereichern + A / (sich)
bereifen + A
bereinigen + A
bereiten (+ D) + A
bereit·erklären (sich), zu + D
bereit·halten + A
bereit·legen + A

bereit·liegen
bereit·machen + A
bereit·stehen
bereit·stellen + A
bereuen + A
bergen + A
berichten (+ D), von + D
berichtigen + A
berieseln + A
bersten (ist)
berücksichtigen + A
berufen + A / (sich), auf + A
beruhen, auf + D
beruhigen + A / (sich)
berühren + A
besagen + A
besänftigen + A
besaufen (sich)
beschädigen + A
beschaffen + D + A / (sich) + A
beschäftigen (sich), mit + D
beschämen + A
beschatten + A
beschauen + A
bescheinigen + A
bescheißen + A
bescheren + D + A
beschießen + A, mit + D
beschimpfen + A
beschirmen + A
beschlagen + A
beschlagnahmen + A
beschleunigen + A / (sich)
beschließen + A
beschmieren + A, mit + D
beschmutzen + A

beschönigen + A
beschränken + A / (sich), auf + A
beschreiben + A
beschriften + A
beschuldigen + A + G
beschützen + A, vor + D
beschwatzen + A
beschweren + A / (sich), über + A
beschwichtigen + A
beschwindeln + A
beschwören + A
beseitigen + A
besetzen + A
besichtigen + A
besiedeln + A, mit + D
besiegeln + A
besiegen + A
besinnen (sich)
besitzen + A
besorgen (+ D) + A
bespitzeln + A
besprechen + A
besser·gehen
bessern (sich)
bestärken + A
bestätigen + A / (sich)
bestatten + A
bestechen + A
bestehen + A / auf + A / aus + D
bestehlen + A
besteigen + A
bestellen + A
bestimmen + A
bestrafen + A
bestrahlen + A, mit + D
bestreiken + A

bestreiten + A
bestürmen + A
besuchen + A
betätigen + A / (sich)
betatschen + A
betäuben + A
beteiligen + A / (sich), an + D
beten
beteuern + A
betonen + A
betonieren + A
betrachten + A
betragen / (sich)
betreffen + A
betreiben + A
betreten + A
betreuen + A
betrinken (sich)
betrügen + A
betteln
beugen + A / (sich)
beunruhigen + A / (sich)
beurlauben + A
beurteilen + A
bevölkern + A
bevollmächtigen + A, zu + D
bevormunden + A
bevor·stehen
bevorzugen + A
bewachen + A
bewahren + A, vor + D
bewähren (sich)
bewahrheiten (sich)
bewältigen + A
bewässern + A
bewegen + A / (sich) / zu + D

beweisen + A
bewerben (sich), um + A
bewerfen + A, mit + D
bewerkstelligen + A
bewerten + A
bewilligen (+ D) + A
bewirken + A
bewirten + A
bewohnen + A
bewundern + A
bewusst·machen + D + A / (sich)
bewusst·werden (sich)
bezahlen + A
bezeichnen + A
beziehen + A / (sich), auf + A
bezirzen + A
bezwecken + A
bezweifeln + A
bezwingen + A
biegen + A / (sich)
bieten + D + A
bilden + A / (sich)
billigen + A
bimmeln
binden + A
bitten + A, um + A
blähen + A / (sich)
blamieren + A / (sich)
blanchieren + A
blasen + A
blättern, in + D
blau·machen + A
blechen
bleiben (ist)
bleiben·lassen + A
bleichen + A

blenden + A
blicken
blinken
blinzeln
blitzen
blocken + A
blockieren + A
blödeln
bloggen + A
blöken
bloß·legen + A
bloß·stellen + A / (sich)
blubbern
bluffen
blühen
bluten
bohren + A
bolzen
bombardieren + A
booten + A
borgen + D + A / (sich)
boxen + A
boykottieren + A
brabbeln
braten + A
brauchen + A
brauen + A
brausen
brechen (hat) + A / (ist)
breit·machen (sich)
breit·schlagen + A
breit·treten + A
bremsen
brennen + A
brettern
bringen + D + A

bröckeln (ist) / (hat) + A
brodeln
brüllen
brummeln
brummen
brunzen
brüsten (sich), mit + D
brüten
brutzeln
buchen + A
buchstabieren + A
bücken (sich)
buddeln
büffeln
bügeln + A
bummeln
bündeln + A
bürgen, für + A
bürsten + A
büßen + A / für + A

C

campen
charakterisieren + A
chatten
checken + A
chiffrieren + A
chloren + A
coachen + A
codieren + A

D

da·behalten + A
dabei·bleiben (ist)
dabei·haben + A
dabei·sitzen
dabei·stehen
da·bleiben
dafür·können
dafür·sprechen
dafür·stehen
dagegen·sprechen
da·haben + A
dahin·sagen + A
dahinter·klemmen (sich)
dahinter·kommen (ist)
dahinter·stecken + A
da·lassen + A
da·liegen
dämmern
dampfen
dämpfen + A
daneben·benehmen
daneben·gehen (ist)
danken + D, für + A
daran·setzen + A / (sich)
dar·stellen + A
darüber·stehen
darunter·fallen (ist)
da·sitzen
da·stehen
datieren + A
dauern
davon·kommen, mit + D
davon·laufen (ist) (+ D)
dazu·gehören
dazu·kommen (ist)
dazu·lernen + A
dazu·setzen + A / (sich)
dazu·verdienen + A
dazwischen·kommen (ist)
dazwischen·reden

dealen
decken + A
definieren + A
dehnen + A / (sich)
deinstallieren + A
deklinieren + A
dekorieren + A, mit + D
delegieren + A
dementieren + A
demolieren + A
demonstrieren, gegen + A
demotivieren + A
demütigen + A
denken, an + A
denunzieren + A
deprimieren + A
desinfizieren + A
destillieren + A
deuten + A
dichten + A
dicht·halten
dicht·machen + A
dienen + D, zu + D
differenzieren + A / (sich)
diktieren (+ D) + A
dirigieren + A
diskriminieren + A
diskutieren, über + A
disqualifizieren + A / (sich)
dissen + A
distanzieren (sich), von + D
dividieren + A
dolmetschen
dominieren + A
donnern
dopen + A / (sich)

dort·bleiben
dösen
dosieren + A
doubeln + A
down·loaden + A
dran·bleiben (ist)
drängeln + A / (sich)
drängen + A / (sich)
dran·kommen (ist)
dran·nehmen + A
drauf·gehen (ist)
drauf·haben + A
drauflos·fahren (ist)
drauflos·reden
drauf·machen
drauf·zahlen + A
draußen·bleiben (ist)
drehen + A / (sich)
drein·reden
drein·schauen
dreschen + A
dressieren + A
dribbeln
driften (ist), nach + D
drillen
dringen (ist) in + A / (hat) auf + A
dritteln + A
drohen + D, mit + D
dröhnen
drucken + A
drücken + A / auf + A
ducken (sich)
dudeln
duften, nach + D
dulden + A
düngen + A

dünn·machen (sich)
dünsten + A
durch·atmen
durch·beißen + A / (sich)
durch·blättern + A
durch·blicken
durch·bohren + A, (durch + A)
durchbohren + A
durch·brechen (ist)
durchbrechen + A
durch·brennen (ist)
durch·bringen + A
durch·drehen (hat) + A / (ist)
durch·dringen (ist)
durch·drücken + A
durcheinander·bringen + A
durcheinander·geraten (ist)
durcheinander·laufen (ist)
durcheinander·reden
durcheinander·trinken + A
durch·fahren + A
durchfahren + A
durch·fallen (ist), bei, in + D
durch·führen + A
durch·gehen (ist)
durch·greifen
durch·halten + A
durch·kämmen + A
durchkämmen + A
durch·kauen + A
durch·kommen (ist)
durch·kreuzen + A
durchkreuzen + A
durch·lassen + A
durch·lesen + A
durch·machen + A

durch·mogeln + A, durch + A
durch·nehmen + A
durch·probieren + A
durchqueren + A
durch·reißen (hat) + A / (ist)
durch·ringen (sich), zu + D
durch·sagen + A
durch·schauen
durchschauen + A
durch·schlafen
durchschlafen + A
durch·schneiden + A
durchschneiden + A
durch·sehen + A / durch + A
durch·setzen + A / (sich)
durchsetzen + A, mit + D
durch·sickern (ist)
durch·stehen + A
durch·streichen + A
durchstreichen + A
durch·suchen + A
durchsuchen + A
durch·trennen + A
durch·wühlen + A / (sich)
durch·ziehen + A (sich) (hat) / (ist)
durchziehen + A
dürfen
duschen (sich)
duzen + A

E

ehren + A
eiern
eignen (sich), für + A / zu + D
eilen (ist)

ein·arbeiten + A / (sich)
ein·atmen + A
ein·bauen + A, in + A
ein·berufen + A, zu + D
ein·beziehen + A, in + A
ein·biegen (hat) + A / (ist)
ein·bilden (sich)
ein·binden + A
ein·blenden + A, in + A
ein·brechen (ist), in + A
ein·bringen + A
ein·brocken (+ D) + A
ein·buchten + A
ein·buddeln + A / (sich)
ein·bürgern + A / (sich), in + A
ein·büßen + A
ein·checken + A
ein·cremen + A / (sich)
ein·dämmen + A
ein·decken + A / (sich), mit + D
ein·dringen (ist), in + A
ein·engen + A
ein·fädeln + A
ein·fahren (ist) / (hat) + A / (sich)
ein·fallen (ist) + D / (in + A)
ein·fangen + A
ein·fetten + A, mit + D
ein·finden (sich)
ein·flößen + D + A
ein·frieren (ist) / + A
ein·fügen + A / (sich), in + A
ein·führen + A, in + A
ein·geben + A, in + A
ein·gehen (ist)
ein·gemeinden + A, in + A

ein·gestehen (+ D) + A
ein·gewöhnen (sich)
ein·gießen + D + A
ein·gliedern + A / (sich)
ein·greifen, in + A
ein·grenzen + A
ein·haken + A
ein·halten + A
ein·hämmern + A / in + A
ein·handeln (sich) + A
ein·hängen + A
ein·holen + A
einigen + A / (sich)
ein·kalkulieren + A
ein·kaufen + A
ein·klammern + A
ein·klemmen + A
ein·kriegen (sich)
ein·laden + A, in + A, zu + D
ein·lassen + A / (sich) auf + A
ein·laufen (ist)
ein·leben (sich)
ein·legen + A
ein·leiten + A
ein·lenken + A, in + A
ein·lesen + A / (sich) in + A
ein·leuchten + D
ein·liefern + A, in + A
ein·loggen (sich) + A
ein·lösen + A
ein·machen + A
ein·marschieren (ist), in + A
ein·mischen (sich), in + A
ein·münden (ist)
ein·nehmen + A
ein·ordnen + A / (sich) in + A

ein·packen + A, in + A
ein·parken, in + A
ein·pendeln (sich), auf + A
ein·pflanzen + A / in + A / + D
ein·planen + A
ein·prägen + D + A / (sich) + A
ein·programmieren + A
ein·rahmen + A
ein·räumen + A, in + A / + D + A
ein·reden + D + A / auf + A
ein·reiben + A
ein·reichen + A
ein·reisen (ist), in + A
einreißen (hat) + A / (ist)
ein·renken + A
ein·richten + A / (sich), auf + A
ein·rücken (ist) / (hat) + A
ein·sammeln + A
ein·scannen + A
ein·schalten + A / (sich)
ein·schärfen + D + A
ein·schätzen + A
ein·schenken (+ D) + A
ein·schicken + A
ein·schlafen (ist)
ein·schläfern + A
ein·schlagen + A, in + A
ein·schleichen (sich), in + A
ein·schleusen + A / (sich), in + A
ein·schließen + A, in + A
ein·schmeicheln (sich)
ein·schmuggeln + A, in + A
ein·schnappen (ist)
ein·schneiden + A, in + A
ein·schränken + A / (sich)
einschreiben + A / (sich)

ein·schüchtern + A
ein·schulen + A
ein·sehen + A
ein·seifen + A
ein·senden + A
ein·setzen + A / (sich), für + A
ein·sperren + A, in + A
ein·springen (ist), für + A
ein·stecken + A
ein·stehen, für + A
einsteigen (ist), in + A
ein·stellen + A / (sich), auf + A
ein·stürzen (ist)
ein·teilen + A, in + A
ein·tragen + A, in + A
ein·treffen (ist)
ein·treten (ist), in + A / für + A
ein·trocknen (ist)
ein·wandern (ist), in + A
ein·wechseln + A
ein·weichen + A
ein·weihen + A, in + A
ein·weisen + A, in + A
ein·wenden + A, gegen + A
ein·werfen + A
ein·wickeln + A, in + A
ein·willigen, in + A
ein·wirken, auf + A
ein·zahlen + A, auf + A
ein·zäunen + A, mit + D
ein·ziehen (hat) + A / (ist) in + A
eislaufen (ist)
eitern
ekeln (sich), vor + D
elektrifizieren + A
emigrieren (ist)

empfangen + A
empfehlen + D + A
empfinden + A
empor·arbeiten (sich)
empor·ragen
enden, (mit + D)
engagieren (sich), für + A / + A
entbehren + A
entbinden + A, von + D
entdecken + A
enteignen + A
enteisen + A
enterben + A
entfachen + A
entfalten + A / (sich)
entfernen + A / (sich), von + D
entführen + A
entgegen·gehen (ist) + D
entgegen·kommen (ist) + D
entgegen·sehen + D
entgegen·wirken + D
entgegnen + D
entgehen (ist) + D
entgiften + A
entgleisen (ist)
enthalten + A / (sich) + G
enthüllen + A
entjungfern + A
ent·kernen + A
entkommen (ist) + D
entkräften + A
entladen + A / (sich)
entlang·fahren (ist)
entlarven + A
entlassen + A, aus + D
entlasten + A

entlaufen (ist) + D
entleihen + A, von + D
entlocken + D + A
entmachten + A
entmündigen + A
entmutigen + A
entnehmen + D + A
entpuppen (sich)
entreißen + D + A
entrollen + A / (sich)
entrosten + A
entrümpeln + A
entschädigen + A, (für + A)
entschärfen + A
entscheiden + A / (sich), für + A
entschlafen (ist)
entschließen (sich), zu + D
entschlüsseln + A
entschuldigen (sich) / + A
entsichern + A
entsorgen + A
entspannen (sich) / + A
entsprechen + D
entspringen (ist) + D
entstehen (ist), aus + D
entstellen + A
entstören + A
enttäuschen + A
entwaffnen + A
entwässern + A
entweichen (ist), aus + D
entwerfen + A
entwerten + A
entwickeln (sich) / + A
entwirren + A
entwischen (ist) + D

entziehen + D + A, (sich)
entziffern + A
entzünden + A / (sich)
erarbeiten (sich) + A
erbarmen (sich) + G
erbauen + A
erben + A, (von + D)
erbeuten + A
erbleichen
erblicken + A
erden + A
erdrosseln + A
erdrücken + A
erdulden + A
ereifern (sich)
ereignen (sich)
erfahren + A
erfassen + A
erfinden + A
erfolgen (ist)
erfordern + A
erforschen + A
erfrieren (ist)
erfrischen + A / (sich)
erfüllen + A, mit + D / (sich)
ergänzen + A
ergattern + A
ergaunern + A
ergeben + A / (sich) (+ D) / aus + D
ergehen (ist) + D
ergreifen + A
erhalten + A
erhängen + A / (sich)
erheben + A / (sich)
erheitern + A

erhellen + A / (sich)
erhitzen + A / (sich)
erhoffen (sich) + A
erhöhen + A
erholen (sich), von + D
erinnern + A / (sich), an + A
erkalten (ist)
erkälten (sich)
erkennen + A
erklären + D + A
erkranken (ist), an + D
erkunden + A
erkundigen (sich), nach + D
erlahmen (ist)
erlassen + A
erlauben + D + A
erläutern + D + A
erleben + A
erledigen + A
erlegen + A
erleichtern + A
erleiden + A
erlernen + A
erlöschen + A
erlösen + A
ermahnen + A, (zu + D)
ermitteln + A
ermöglichen + A
ermorden + A
ermuntern + A, zu + D
ermutigen + A, zu + D
ernähren + A / (sich), von + D
ernennen + A, zu + D
erneuern + A
erniedrigen + A
ernten + A

ernüchtern + A
erobern + A
eröffnen + A
erörtern + A
erpressen + A
erproben + A
erraten + A
errechnen + A
erregen + A
erreichen + A
errichten + A
erringen + A
erschaffen + A
erscheinen (ist)
erschießen + A
erschlaffen (ist)
erschlagen + A
erschleichen (sich) + A
erschließen + A / (sich)
erschrecken + A / (sich)
erschüttern + A
erschweren (+ D) + A
erschwindeln, (sich) + A
ersetzen + A
ersparen + D + A
erstarren (ist)
erstatten + D + A
erstechen + A, mit + D
erstehen (ist) / (hat) + A
erstellen + A
ersticken (ist) / (hat) + A
erstrecken (sich), über / auf + A
ertappen + A
erteilen + D + A
ertragen + A
ertränken + A, (sich)

ertrinken (ist)
erwägen + A
erwähnen + A
erwärmen + A / (sich)
erwarten + A
erwecken + A
erweichen + A
erweisen (+ D) + A / (sich)
erweitern + A / (sich)
erwerben + A
erwischen + A
erwürgen + A
erzählen + D + A
erzeugen + A
erziehen + A
erzielen + A
erzwingen + A
essen + A
evakuieren + A
exekutieren + A
existieren
experimentieren
explodieren (ist)
exportieren + A, (nach + D)

F

fabrizieren + A
fächeln + A
fachsimpeln
fahnden, nach + D
fahren (ist) / (hat) + A
faken + A
fallen (ist)
fällen + A
fälschen + A
falsch•spielen + A

falten + A
fangen + A
fantasieren
färben + A / (sich)
faseln (+ A)
fassen + A / (sich)
fasten
faszinieren + A
fauchen
faulen (ist)
faulenzen
faxen + A
fechten, mit + D
federn (+ A)
fegen + A
fehlen + D
fehl·schlagen (ist)
feiern + A
feilen + A
feilschen, um + A
fern·bleiben (ist)
fern·halten + A, von + D
fern·liegen + D
fern·sehen
fertig·bringen + A
fertig·machen + A / (sich)
fertig·stellen + A
fesseln + A
fest·binden + A, an + D
fest·bleiben (ist)
fest·halten + A / (sich), an + D
festigen + A / (sich)
fest·klammern + A, (sich), an + D
fest·kleben (hat) + A / (ist)
fest·legen + A / (sich)
fest·nageln + A

fest·nehmen + A
fest·schrauben + A
fest·setzen + A / (sich)
fest·stecken + A
fest·stehen
fest·stellen + A
feuern + A
ficken, mit + D
fiedeln (+ A)
filmen + A
filtern + A
filzen + A
finanzieren + A
finden + A
fischen (+ A)
fixieren + A
flach·fallen + A
flach·legen + A
flackern
flechten + A
flehen, um + A
flennen
fletschen + A
flicken + A
fliegen (ist), nach + D / (hat) + A
fliehen (ist), vor + D
fliesen + A
fließen (ist)
flimmern
flippern
flirten
flitzen (ist)
flöten + A
flott·machen + A
fluchen
flüchten (ist) / (sich), vor + D (hat)

flüssig·machen + A
flüstern + A
fluten (ist)
flutschen
föhnen + A
folgen (ist) + D
folgern, aus + D
foltern + A
forcieren + A
fordern + A, von + D
fördern + A
formatieren + A
formen + A
formieren + A
formulieren + A
forschen, nach + D
fort·bestehen
fort·bewegen (sich)
fort·dauern
fort·fahren (ist) / (hat) + A
fort·führen + A
fort·gehen (ist)
fort·kommen (ist)
fort·pflanzen (sich)
fort·setzen + A
fort·tragen + A
fort·ziehen + A
fotografieren + A
fotokopieren + A
foulen
fragen + A, nach + D
frankieren + A
fräsen + A
frei·bekommen + A
frei·geben + A
frei·haben

frei·halten + A
frei·lassen + A
frei·legen + A
frei·machen + A / (sich)
frei·nehmen + A / (sich)
frei·sprechen + A, (von + D)
frei·stehen (+ D)
fremd·gehen (ist)
frequentieren + A
fressen + A
freuen (sich), über / auf + A
frieren (hat) / (ist)
frisch·machen (sich)
frisieren + A
fristen + A
frittieren + A
froh·locken
frönen + D
frösteln
frottieren + A
fruchten
frühstücken
frustrieren + A
fuchsen + A / (sich)
fügen + A / (sich), in + A / (sich) + D
fühlen + A /(sich)
führen + A
füllen + A, mit + D
fummeln
funkeln
funken (es) / (+ A)
funktionieren
furchen + A
fürchten + A / (sich), vor + D
fusionieren + A

fusseln
fußen, auf + D
futtern + A
füttern + A, mit + D

G

gabeln (sich)
gackern
gaffen
gähnen
galoppieren (ist)
gammeln
gängeln + A
garantieren + A
gären (hat)/(ist)
garnieren + A, mit + D
gebärden (sich)
gebären + A
geben + D + A
gebrauchen + A
gedeihen (ist)
gedenken + G
gedulden (sich)
gefährden + A
gefallen + D
gefrieren (ist)
gegenüber·stehen + D
gehen (ist)
gehorchen + D
gehören + D / zu + D
geigen (+ A)
gelen + A
gelingen (ist) (es) + D
gelten (hat) + D
genehmigen + A
generieren + A

genesen
genieren (sich)
genießen + A
genügen + D
gerade·stehen
geraten (ist) in + A
gerinnen (ist)
gern·haben + A
geschehen (ist) (+ D)
gestalten + A
gestatten + D + A
gestehen (+ D) + A
gestikulieren
gewähren + D + A
gewährleisten + A
gewichten + A
gewinnen + A
gewöhnen (sich), an + A
gießen + A
gipfeln
gipsen + A
glänzen
glätten + A / (sich)
glatt·gehen (ist)
glauben + D, an + A
gleichen + D
gleich·schalten + A
gleich·setzen + A + D
gleiten (ist), über + A
gliedern + A / (sich), in + A
glimmen
glitzern
glotzen
glücken (ist) + D
gluckern (hat) / (ist)
glühen (+ A)

gönnen + D + A
googeln + A
graben + A, in + A
grapschen + A
grasen
grätschen + A (ist)
gratulieren + D, (zu + D)
grauen, (es) + vor, + D
grausen, (es) + D, vor + D
gravieren + A
greifen (+ A), zu, nach + D
grenzen, an + A
grillen + A
grinsen
grölen (hat) / + A
grollen
groß·schreiben + A
groß·ziehen + A
gründen + A
grunzen
gruppieren + A / (sich)
gruseln (es) + D, vor + D
grüßen + A
gucken
gurgeln
gurren
gut·haben + A
gut·heißen + A
gut·machen + A
gut·schreiben (+ D) + A
gut·tun + D

H

haaren (sich)
haben + A
hacken + A

haften, an + D / für + A
hageln (es)
häkeln + A
halbieren + A
hallen
halluzinieren (+ A)
halten + A / (sich), an + A
halt·machen
hämmern + A
hamstern (+ A)
handeln, mit + D
hand·haben + A
hängen + A, an + A / an + D
hängen·bleiben (ist)
hängen·lassen + A
hänseln + A
hantieren
hapern (es), an + D
harken + A
harmonieren, mit + D
harmonisieren, mit + D
harren + G
härten + A
hassen + A
hasten (ist)
hätscheln + A
hauchen (+ A)
hauen + A (auf + A)
häufen + A
hausen, in + A
hausieren, mit + D
häuten + A / (sich)
heben + A / (sich)
hecheln + A
hechten (nach + D)
heften + A / (sich), auf + A

hegen + A
heilen (hat) + A, von + D / (ist)
heilig·sprechen + A
heim·bringen + A
heim·fahren (ist) / (hat) + A
heim·gehen (ist)
heim·kehren (ist), aus/von + D
heim·kommen (ist), aus/von + D
heim·leuchten + D
heimlich·tun
heim·reisen (ist)
heim·suchen + A
heimwärts·gehen (ist)
heim·zahlen + D + A
heiraten + A
heißen (+ A)
heiß·laufen (ist)
heiß·machen + A
heizen + A
helfen + D
hell·machen + A
hell·sehen
hemmen + A
henken + A
herab·lassen (sich), zu + D
herab·sehen, auf + A
herab·setzen + A
heran·eilen (ist)
heran·kommen (ist), an + A
heran·lassen + A, an + A
heran·machen, (sich), an + A
heran·wachsen (ist), zu + D
herauf·holen + A
herauf·kommen (ist)
herauf·setzen + A
herauf·ziehen (hat) + A / (ist)

heraus·bekommen + A
heraus·bringen + A
heraus·finden + A / (sich)
heraus·fordern + A, zu + D
heraus·geben + A
heraus·gehen (ist), aus + D
heraus·haben + A
heraus·halten + A / (sich), aus + D
heraus·kommen (ist), aus + D
heraus·kriegen + A
heraus·nehmen + A, aus + D
heraus·reden (sich)
heraus·stellen + A / (sich)
heraus·strecken + A
herbei·eilen (ist)
herbei·führen + A
herbei·holen + A
herbei·kommen (ist)
herbei·reden + A
herbei·ziehen + A
herein·brechen (ist)
herein·fallen (ist), auf + A
herein·kommen (ist)
herein·lassen + A
herein·legen + A
her·fahren (ist) / (hat) + A
her·fallen (ist), über + A
her·geben + A
her·gehen (ist) / (es)
her·halten (für) + A
her·kommen (ist)
her·kriegen + A
her·machen (sich), über + A
her·richten + A / (sich)
herrschen, über + A

her·sehen
her·stammen, von + D
her·stellen + A
herüber·sehen
herum·doktern, an + D
herum·führen + A, um + A
herum·fummeln, an + D
herum·gehen (ist), um + A
herum·hängen
herum·kommandieren + A
herum·kommen (ist), um + A
herum·kriegen + A
herum·laufen (ist)
herum·schlagen + A / (sich)
herum·schubsen + A
herum·sprechen (sich)
herum·treiben + A / (sich)
herunter·fahren (ist) / (hat) + A
herunter·kommen (ist)
herunter·laden + A
herunter·lassen + A
herunter·spielen + A
herunter·wirtschaften + A
hervor·gehen (ist), aus + D
hervor·heben + A
hervor·rufen + A
hervor·tun (sich)
herzen + A
her·ziehen (hat) + A / (hat) (ist)
  über + A
hetzen + A, über + A
heucheln (+ A)
heulen
hexen (+ A)
hier·behalten + A
hier·bleiben (ist)

hierher·kommen (ist)
hier·lassen + A
hieven + A
hinaus·finden, aus + D
hinaus·gehen (ist)
hinaus·laufen (ist), auf + A
hinaus·schieben + A / (sich)
hinaus·stellen + A / (sich)
hinaus·wachsen (ist), über + A
hinaus·wagen (sich)
hinaus·werfen + A
hinaus·wollen
hinaus·zögern + A / (sich)
hin·blicken
hin·bringen + A
hindern + A, an + D
hin·dürfen
hinein·gehen (ist), in + A
hinein·knien (sich), in + A
hinein·passen, in + A
hinein·reden, in + A
hinein·steigern (sich), in + A
hinein·ziehen + A, in + A
hin·fahren (ist) / (hat) + A
hin·fallen (ist)
hin·finden, zu + D
hin·fliegen (ist)
hin·geben + A / (sich) + D
hin·gehen (ist)
hin·gehören
hin·gucken
hin·halten + D + A
hin·hauen + A
hin·hören
hinken
hin·knien (sich)

hin·kommen (ist)
hin·kriegen + A
hin·legen + A / (sich)
hin·müssen
hin·nehmen + A
hin·passen
hin·richten + A
hin·schmeißen + A
hin·sehen
hin·setzen (sich) / + A
hin·stellen (hat) + A / (sich)
hintenüber·fallen (ist)
hintenüber·kippen (ist)
hintereinander·legen + A
hintergehen + A
hinter·lassen + D + A
hinter·legen + D + A
hinterziehen + A
hin·tun + A
hinunter·spülen + A
hinweg·kommen (ist), über + A
hinweg·setzen (sich), über + A
hin·weisen, auf + A
hin·werfen + A / (sich)
hin·wollen
hin·ziehen (hat) + A, (sich) / (ist)
hinzu·fügen + A
hinzu·kommen (ist)
hinzu·ziehen + A
hissen + A
hobeln + A
hoch·arbeiten (sich)
hoch·bringen + A
hoch·fahren (ist) / (hat) + A
hoch·gehen (ist)
hoch·heben + A

hoch·kriegen + A
hoch·laden + A
hoch·spielen + A
hoch·treiben + A
hoch·ziehen (hat) + A, (sich) / (ist)
hocken / (sich)
hoffen, auf + A
holen + A, (sich) + A
holpern (ist) / (hat)
holzen
homogenisieren + A
honorieren + A
hoppeln (ist)
hopsen (ist)
hops·gehen (ist)
horchen
hören + A
horten + A
huldigen + D
hüllen + A / (sich), in + A
humanisieren + A
humpeln (hat) / (ist)
hungern
hupen
hüpfen (ist)
huschen (ist)
husten
hüten + A
hypnotisieren + A

I

idealisieren + A
identifizieren + A / (sich), mit + D
ideologisieren + A
ignorieren + A
illuminieren + A

illustrieren + A
imitieren + A
immatrikulieren + A / (sich),
    an + D
immigrieren (ist)
immunisieren + A / (sich)
impfen + A, gegen + A
imponieren + D
importieren + A
imprägnieren + A
improvisieren (+ A)
industrialisieren
ineinander·fügen + A / (sich)
ineinander·greifen
ineinander·legen + A
ineinander·schieben + A / (sich)
infiltrieren (+ A)
infizieren + A, mit + D
informieren + A, über + A
inhaftieren + A
inhalieren + A
initiieren + A
injizieren + A
inlineskaten (ist)
inne·haben + A
inne·halten
inserieren (+ A)
inspirieren + A, zu + D
installieren + A
instruieren + A
instrumentieren + A
inszenieren + A
integrieren + A / (sich)
intensivieren + A
interessieren + A / (sich), für + A
interpretieren + A

intervenieren, in + A
interviewen + A
intrigieren
investieren + A, in + A
ironisieren + A
irre·machen + A
irren (sich), in + D (hat) / (ist)
irritieren + A
isolieren + A

J

jagen + A
jähren (sich)
jammern, über + A
japsen
jäten + A
jauchzen
jaulen
jetten (ist)
jobben
jodeln
joggen (ist) / (hat)
johlen
jonglieren + A / mit + D
jubeln, über + A
jubilieren
jucken + A / (sich) / (es)
justieren + A
juxen

K

kacken
kalben
kalken + A
kalkulieren + A
kalt·lassen + A

kalt·machen + A
kalt·stellen + A
kämmen + A / (sich)
kämpfen
kampieren
kanalisieren + A
kandidieren, für + A
kandieren + A
kapern + A
kapieren (+ A)
kapitulieren
kappen + A
kaputt·gehen (ist)
kaputt·lachen (sich), über + A
kaputt·machen + A
kaputt·schlagen + A
karamellisieren + A
karikieren + A
kartonieren + A
kaschieren + A
kassieren + A
kasteien (sich)
kastrieren + A
katalogisieren+ A
katapultieren + A
kauen + A
kauern (sich)
kaufen + A
kegeln
kehren + A / (sich)
kehrt·machen
keifen
keilen + A
keimen
keltern + A
kennen + A

kennen·lernen + A
kennzeichnen + A, durch + A
kentern (ist)
keuchen
kichern
kicken (+ A)
kidnappen + A
kiffen
killen + A
kippen (ist) / (hat) + A
kitten + A
kitzeln + A
klaffen
kläffen
klagen, über / um + A
klammern (sich), an + A
klappen + A / (es)
klappern
klären + A / (sich)
klar·gehen (ist)
klar·kommen (ist), mit + D
klar·machen + D + A
klar·stellen + A
klar·werden (sich), über + A
klatschen
klauen + A
kleben + A
kleben·bleiben (ist)
kleckern (hat) + A / (ist), auf + A
klecksen + A, auf + A
kleiden + A / (sich)
klein·hacken + A
klein·kriegen + A
klein·machen + A
klein·schneiden + A
klein·schreiben + A

klemmen + A
klettern (ist)
klicken + A
klimmen (ist), auf
klimpern
klingeln
klingen
klirren
klonen + A
klopfen + A, an + A
knabbern + A
knacken (hat) + A / (ist)
knallen (hat) + A / (ist) an / gegen + A
knapp·halten + A
knarren
knattern (hat) / (ist)
knautschen + A
knebeln + A
knechten + A
kneifen + A
kneten + A
knicken + A
knicksen
knien / (sich)
knipsen + A
knirschen
knistern
knittern (+ A)
knobeln
knöpfen + A
knoten + A
knüllen + A
knüpfen + A
knurren
knutschen, mit + D

kochen + A
kodieren + A
koksen (+ A)
kollaborieren mit + D
kollidieren (ist), mit + D
kombinieren + A, mit + D
kommandieren + A
kommen (ist)
kommentieren + A
kommunizieren, mit + D
kompensieren + A
komplettieren + A
komplimentieren + A
komplizieren + A
komponieren + A
kompostieren + A
komprimieren + A
kompromittieren + A
kondensieren + A
konferieren + A / mit + D
konfirmieren + A
konfiszieren + A
konfrontieren + A, mit + D
konjugieren + A
konkretisieren + A
konkurrieren, mit + D
können
konservieren + A
konstatieren + A
konstituieren + A
konstruieren + A
konsultieren + A
konsumieren + A
kontern + A
kontrastieren, mit + D
kontrollieren + A

konvergieren + A
konvertieren + A
konzentrieren + A / (sich),
   auf + A
konzipieren + A
kooperieren, mit + D
koordinieren + A
köpfen + A
kopf·stehen
kopieren + A
koppeln + A, an + A
korrespondieren, mit + D
korrigieren + A
kosen + A
kosten + A
kostümieren (sich)
kotzen
krabbeln (ist)
krachen (hat) / (ist)
krächzen
kräftigen + A / (sich)
krähen
krallen (sich), an + A
kramen, in + D / + A
kränkeln
kranken, an + D
kränken + A
krank·feiern
krank·lachen (sich)
krank·machen
krank·melden (sich) / + A
krank·schreiben + A
kratzen + A / (sich)
kraulen (ist) / (hat)
kräuseln + A / (sich)
kraxeln (ist)

kreieren + A
kreischen
kreisen (hat) / (ist), um + A
krepieren (ist)
kreuzen + A / (sich)
kreuzigen + A
kribbeln (hat) / (es)
kriechen (ist)
kriegen + A
kringeln + A, (sich)
kriseln (es)
kristallisieren, (sich)
kritisieren + A
kritzeln + A
krönen + A
krümmen + A / (sich)
krumm·machen (sich)
krumm·nehmen (+ D) + A
kühlen + A
kullern (ist) / (hat) + A, (sich)
   vor + A
kultivieren + A
kümmern (sich), um + A
kündigen (+ D) + A
kuppeln + A
kurbeln + A
küren + A
kurieren + A, von + D
kurven (ist)
kurz·arbeiten
kürzen + A
kürzer·treten (ist)
kurz·fassen (sich)
kurz·halten + A
kurz·schließen + A / (sich)
kurz·treten

kuscheln, mit + D
kuschen
küssen + A
kutschieren (hat) + A / (ist)
kuvertieren + A

L

labern
lächeln
lachen, über + A
lackieren + A
laden + A, auf + A
lagern + A / (sich)
lähmen + A
lahm·legen + A
laichen
lallen
landen (ist), auf / in + D
langen
lang·gehen (ist)
lang·legen (sich)
langweilen (sich) / + A
läppern (sich)
lasern + A
lassen + A
lasten, auf + D
lästern, über + A
latschen (ist)
lauern, auf + A
laufen (ist)
lauschen + D
läuten + A
leasen + A
leben
lecken + A
leeren + A / (sich)

legen + A / (sich)
lehnen + A / (sich)
lehren + D + A
leicht·fallen (ist) + D
leicht·nehmen + A
leiden, unter + D
leid·tun (es) + D
leiern (+ A)
leihen + D + A
leimen + A
leisten + A / (sich) + A
leiten + A
lenken + A, auf + A
lernen + A
lesen + A
leuchten
leugnen + A
lichten (sich)
lieben + A
liefern + D + A
liegen, in, auf, ... + D
liften + A
lindern + A
linken + A
lispeln
loben + A
lochen + A
löchern + A
locken + A
locker·lassen
locker·machen + A
lockern + A / (sich)
lohnen (sich)
löhnen + A, für + A
los·binden + A
löschen + A

losen
lösen + A / (sich), von + D
los·fahren (ist)
los·fliegen (ist)
los·gehen (ist)
los·heulen
los·kommen (ist)
los·kriegen + A
los·lassen + A
los·legen, mit + D
los·machen + A / (sich), von + D
los·reißen + A / (sich), von + D
los·schießen (hat) / (ist) auf + A
los·schlagen, auf + A / + A
los·schnallen + A
los·werden (ist) + A
los·ziehen (ist), gegen + A
löten + A
lotsen + A
lüften + A
lügen
lümmeln (sich)
lumpen
lutschen + A
lynchen + A

M

machen + A
madig machen + D + A
magnetisieren + A
mähen + A
mahlen + A
mahnen + A, zu + D
mailen + A
malen + A
malern + A

mal·nehmen + A
malochen
mampfen
managen + A
mangeln (es) + an + D
maniküren (+ A)
manipulieren + A
manövrieren (+ A)
manschen + A
marinieren + A
markieren + A
marmorieren + A
marschieren (ist)
maskieren + A / (sich)
massakrieren + A
maß·halten
massieren + A
mäßigen + A / (sich)
mästen + A
masturbieren
mauern (+ A)
maulen
mauscheln
mausern (sich)
meckern
meditieren
mehren + A / (sich)
meiden + A
meinen, (zu + D)
melden + A / (sich)
melken + A
memorieren + A
merken + A / (sich) + A
messen + A, mit + D
meutern, gegen + A
miauen

miefen / (es)
mies·machen + A
mieten + A
mikroskopieren + A
mildern + A / (sich)
mimen + A
mindern + A / (sich)
minimieren + A
mischen + A / (sich), in + A
missachten + A
missbrauchen + A
missen + A
missfallen + D
misshandeln +A
missionieren + A
misslingen (ist) / (es + D)
misstrauen + D
missverstehen + A
misten + A
mit·arbeiten
mit·bekommen + A
mit·bestimmen
mit·bringen + D + A
mit·denken
mit·dürfen
mit·erleben + A
mit·fahren (ist)
mit·fühlen + A
mit·geben + D + A
mit·gehen (ist)
mit·haben + A
mit·halten, bei + D
mit·helfen
mit·hören (+ A)
mit·kommen (ist)
mit·kriegen + A

mit·machen + A
mit·mischen + A
mit·nehmen + A
mit·reden
mit·reisen (ist)
mit·reißen + A
mit·schleppen + A
mit·schneiden
mit·schreiben (+ A)
mit·singen + A
mit·spielen, in + D
mit·teilen + D + A
mit·wollen
mit·zählen + A
mixen + A
mobben + A
mobilisieren + A
möblieren + A
modellieren + A
moderieren + A
modernisieren + A
mogeln
mögen + A
montieren + A
morden
morsen
mosern, über + A
mosten + A
motivieren + A
motorisieren + A
motzen
mucksen
muffeln
muhen
mühen (sich)
multiplizieren + A, mit + D

mumifizieren + A
münden, in + A
munkeln, von + D
munter·machen
münzen + A
murksen
murmeln
murren, über + A
musizieren
müssen
mustern + A
mutieren
mutmaßen

N

nach·äffen + A
nach·ahmen + A
nach·bauen + A
nach·bestellen + A
nach·beten + A
nach·bilden + A
nach·blicken + A
nach·denken, über + A
nach·eifern + A
nach·empfinden + A
nach·fahren (ist), + D
nach·folgen (ist), + D
nach·forschen (+ D)
nach·fragen
nach·fühlen + A
nach·füllen + A
nach·geben + D
nach·gehen (ist) + D
nach·gießen + A
nach·hallen
nach·hängen + D

nach·helfen + D
nach·holen + A
nach·jagen (ist) + D
nach·klingen (ist)
nach·kommen (ist) + D
nach·lassen
nach·laufen (ist) + D
nach·lesen + A
nach·lösen
nach·machen
nach·prüfen + A
nach·rechnen + A
nach·reichen + A
nach·rufen + D + A
nach·rüsten + A
nach·sagen + D + A
nach·schauen + D
nach·schenken + D + A
nach·schicken + D + A
nach·schlagen + A / in + D
nach·schreiben + A
nach·sehen + D / + A, in + D
nach·senden + A
nach·sitzen
nach·spielen + A
nach·spionieren + D
nach·sprechen + A
nach·spülen (+ A)
nächtigen
nach·tragen (+ D) + A
nach·trauern + D
nach·vollziehen + A
nach·wachsen (ist)
nach·weisen + D + A
nach·wirken
nach·zahlen + A

nach·zählen + A
nageln + A
nagen, an + D / + A
nahe·gehen (ist) + D
nähen + A, mit + D
näher·kommen (ist) + D
nähern (sich) + D
nahe·treten (ist) + D
nähren + A / (sich), von + D
narkotisieren + A
naschen + A
näseln
nässen
navigieren, in + A
nebeneinander·legen + A
nebeneinander·liegen
nebeneinander·sitzen
nebeneinander·stellen + A
nebenher·fahren (ist)
nebenher·gehen (ist)
nebenher·laufen (ist)
necken + A
negieren + A
nehmen + A
neiden + D + A
neigen + A / (sich), zu + D
nennen + A
nerven + A
netzen + A
neutralisieren + A
nicken
nieder·gehen (ist)
nieder·knien (sich)
nieder·kommen (ist)
nieder·lassen (sich)
nieder·legen + A / (sich)

nieder·machen + A
nieder·metzeln + A
nieder·schlagen + A
nieder·stürzen (ist)
nieder·trampeln + A
nieder·walzen + A
niedrig·hängen + A
nieseln (es)
niesen
nieten + A
nippen, an + D
nisten
nominieren + A
nörgeln, an + D
normalisieren + A / (sich)
notieren + A / (sich) + A
nötigen + A, zu + D
not·landen (ist)
nuancieren + A
nuckeln, an + D
nummerieren + A
nuscheln
nutzen + A

O

obduzieren + A
objektivieren + A
obliegen + D, (es) + D
observieren + A
offenbaren + A / (sich)
offen·bleiben (ist)
offen·halten + A
offen·lassen + A
offen·stehen
offerieren + A
öffnen + A

ohrfeigen + A
ölen + A
onanieren
operieren + A
opfern (+ D) + A / (sich)
opponieren, gegen + A
optimieren + A
ordnen + A
organisieren + A / (sich)
orientieren (sich), (+ an) / + A
ornamentieren + A
orten + A
outen (sich)
outsourcen + A
oxidieren (hat) / (ist)

P

paaren (sich) / + A
pachten + A
packen + A, in + A
paddeln (ist)
paffen (+ A)
paktieren, mit + D
panieren + A
panschen + A
paradieren
paralysieren + A
parfümieren + A
parieren + A / + D
parken (+ A)
parodieren + A
passen + D, zu + D
passieren (ist) + D / (hat) + A (+ D)
pasteurisieren + A
patentieren + A
patrouillieren (hat) / (ist)

patschen (ist) / (hat)
patzen
pauken
pauschalieren + A
pausieren
pediküren + A
peilen (+ A)
peinigen + A
peitschen (+ A)
pellen + A
pendeln (hat) / (ist)
pennen
pensionieren + A
perfektionieren + A
perforieren + A
perlen (hat) / (ist)
personifizieren + A
petzen
pfählen + A
pfänden + A
pfeffern + A
pfeifen + A
pferchen + A, in + A
pflanzen + A
pflastern + A, mit + D
pflegen + A
pflücken + A
pflügen + A
pfropfen + A
pfuschen
philosophieren, über + A
phosphoreszieren + A
picken + A
picknicken
piepen
piepsen

piercen + A / (sich)
piesacken + A
pieseln
pigmentieren + A
piken/piksen + A
pikieren
pilgern (ist)
pinkeln
pinnen + A
pirschen
pissen
pixeln
placken
plädieren, für + A
plagen + A / (sich)
plagiieren + A
plakatieren + A
planen + A
planieren + A
planschen
plappern
plärren
plätschern
plätten + A
platt·machen
platzen (ist)
platzieren + A
plaudern, mit + D
plauschen, mit + D
pleite·gehen (ist)
plombieren + A
plumpsen (es) / (ist)
plündern + A
pöbeln
pochen
pokern

polarisieren + A
polemisieren, gegen + A
polieren + A
politisieren / (sich)
poltern
popeln
poppen
porträtieren + A
posaunen + A
posieren
posten + A
postieren + A / (sich)
prädestinieren + A
prägen + A
prahlen, mit + D
praktizieren + A
prallen (ist), auf + A, gegen + A
prangen
präparieren + A
präsentieren + A
präsidieren + D
prasseln (hat/ist), auf + A
präzisieren + A
predigen (+ D) + A
preisen + A
preis·geben + A / (sich) + D
prellen + A
preschen
pressen + A
prickeln (es)
privilegieren + A
proben + A
probieren + A
problematisieren
produzieren + A
profilieren + A / (sich)

profitieren, von + D
prognostizieren + A
programmieren + A
projektieren + A, auf + A
projizieren + A, auf + A
proklamieren + A
prolongieren + A
promenieren
promoten + A
promovieren
propagieren + A
prophezeien + A
protegieren + A
protestieren, gegen + A
protokollieren + A
protzen, mit + D
provozieren + A
prüfen + A
prügeln + A / (sich), mit + D
prunken
prusten
pubertieren
publizieren + A
pudern + A
pulsieren
pulverisieren + A
pumpen + A, in + A
punkten
punktieren + A
pürieren + A
purzeln (ist)
puschen / pushen + A
pusten
putschen
putzen + A
puzzeln (+ A)

Q

quaken
quäken
quälen + A / (sich), mit + D
qualifizieren (sich), für + A
qualmen (hat) / (es)
quasseln (+ A)
quatschen (+ A)
quellen (ist), aus + D
quengeln
quer·legen (sich)
quer·stellen (sich)
quetschen + A / (sich)
quieken
quietschen
quirlen + A
quittieren + A

R

rabattieren + A
rächen + A / (sich)
radeln
radieren + A
raffen + A
raffinieren + A
rahmen + A
rammen + A, in + A
randalieren
ran·gehen (ist)
rangieren
ran·halten (sich)
ranken (sich), an / um + A
ran·klotzen
ran·lassen + A
ran·nehmen + A
rappeln

rappen
rar·machen (sich)
rasen (ist)
rasieren + A / (sich)
raspeln + A
rasseln (hat) / (ist)
rasten
raten + D (zu + D) / + A
rationalisieren + A
rationieren + A
ratschen (+ A)
rattern
rauben + D + A
rauchen + A
räuchern + A
raufen + A / (sich), mit + D
räumen + A
raunen
rauschen
raus·fliegen (ist)
raus·halten (sich), aus + D
raus·kommen (ist)
raus·kriegen + A
räuspern (sich)
raus·schmeißen + A
reagieren, auf + A
realisieren + A
rebellieren, gegen + A
recherchieren + A, nach + D
rechnen (+ A), mit + D
rechtfertigen + A / (sich)
recken + A / (sich)
recyceln + A
reden, von + D / mit + D
redigieren + A
reduzieren + A

referieren, über + A
reflektieren + A
reformieren + A
regeln + A / (sich)
regen + A / (sich)
regenerieren + A / (sich)
regieren + A
registrieren + A
reglementieren + A
regnen (es)
regulieren + A
rehabilitieren + A
reiben + A, (sich) + A
reichen + D + A / für + A
reifen (ist)
reihen + A / (sich)
reimen + A / (sich), auf + A
rein·fallen (ist)
rein·hängen (sich)
rein·hauen
reinigen + A
rein·legen + A
rein·würgen + A
rein·ziehen + A / (sich) + A
reisen (ist)
reißen (hat) + A, (von + D) / (ist)
reiten (ist) / (hat) + A
reizen + A
rekapitulieren + A
rekeln (sich)
reklamieren (+ A)
rempeln + A
rennen (ist)
renommieren + A
renovieren + A
rentieren (sich)

reparieren + A
repräsentieren + A
reproduzieren + A
requirieren + A
reservieren + A
resignieren
respektieren + A
restaurieren + A
retten + A, aus / vor + D
revanchieren (sich), für + A
richten + A, auf, an + A / über + A
richtig·liegen
richtig·stellen + A
riechen + A
riegeln + A
rieseln (hat) / (ist)
ringeln + A / (sich), um + A
ringen, mit + D
riskieren + A
ritzen + A, in + A / (sich)
rivalisieren, mit + D
robben (ist)
roboten
röcheln
rocken
rodeln (hat) / (ist)
roden + A
rollen (ist) / (hat) + A, (sich)
röntgen + A
rosten + A
rösten + A
röten + A / (sich)
rotieren
rot·sehen
rotzen
rubbeln + A

rüber·bringen + A
rüber·kommen (ist)
rüber·wachsen + A
ruckeln
rücken (hat) + A / (ist)
rückwärts·fahren (ist)
rückwärts·gehen (ist)
rudern (hat) / (ist) / + A
rufen + A, (zu + D)
ruhen
ruhig·stellen + A
rühren + A / (sich)
ruinieren + A
rülpsen
rum·albern
rum·machen + A / an + D
rumoren, in + D
rümpfen + A
rum·sitzen
rum·stehen (ist)
rund·gehen (ist)
runter·fallen (ist)
runter·hauen + A
runter·holen + A / (sich) + A
runter·machen + A
runter·putzen + A
rupfen + A
rutschen (ist)
rütteln + A / an + D

S

sabbeln
sabbern
säen + A
sagen (+ D) + A
sägen + A

salzen + A
sammeln + A
sanieren + A
satt·bekommen + A
satteln + A
satt·haben + A
satt·sehen (sich), an + A
säubern + A, von + D / (sich)
saufen + A
saugen + A, aus + D
säugen + A
säuseln
sausen (hat) / (ist)
scannen + A
schaben + A
schaden + D / (sich)
schaffen + A
schäkern, mit + D
schälen + A / (sich)
schalten + A
schämen (sich), für + A
schärfen + A
scharf·machen + A
scharren (+ A)
schätzen + A
schauen
schaufeln + A
schaukeln (hat) / (ist) / + A
schäumen
scheckig·lachen (sich)
scheffeln + A
scheiden (hat) + A / (sich) von + D / (ist), von + D
scheinen / (es)
scheißen
scheitern (ist)

schellen
schelten, auf, über + A
schenken + D + A
scheppern
scheren + A
scheuchen + A
scheuen + A / (sich), vor + D
scheuern + A
schicken + D + A
schieben + A, in, auf + A
schief·gehen (ist)
schief·lachen (sich)
schielen
schienen + A
schießen (hat) + A / (ist)
schikanieren + A
schildern + A
schillern
schimmeln (hat) / (ist)
schimpfen, auf + A
schinden + A / (sich)
schippen + A
schlabbern (+ A)
schlachten + A
schlafen
schlafwandeln (ist)
schlagen + A
schlängeln (sich)
schlapp·machen
schlecht·machen + A
schlecken + A
schleichen (ist)
schleifen + A / (ist)
schleimen
schlenkern (+ A), mit + D
schleppen + A / (sich), zu + D

schleudern (hat) + A / (ist)
schlichten + A
schließen + A
schlingen + A / (sich), um + A
schlingern
schlittern (hat) / (ist)
schlottern, vor + D
schluchzen
schlucken + A
schlüpfen (ist)
schlürfen + A
schmatzen
schmecken, nach + D, (es)
schmeicheln + D
schmeißen + A, (aus + D)
schmelzen (ist) / (hat) + A
schmerzen + A
schmieden + A
schmiegen, (sich), in / an + A
schmieren + A
schminken + A
schmökern, in + D
schmollen
schmoren + A
schmücken + A, mit + D
schmuggeln + A
schmusen, mit + D
schnallen + A
schnalzen, mit + D
schnappen + A / nach + D
schnarchen
schnattern
schnauben, vor + D / (sich)
schnaufen
schnäuzen (sich)
schneiden + A / (sich)

schneien (es)
schniefen
schnippen + A, mit + D
schnitzen + A
schnorcheln
schnorren + A
schnuppern, an + D / + A
schnurren
schocken + A
schockieren + A
schonen + A / (sich)
schön·tun
schöpfen + A, aus + D
schrauben + A, auf / in + A
schrecken + A
schreiben + A, + D / an + A
schreien
schreiten (ist)
schrubben + A
schrumpfen (ist)
schubsen + A
schuften
schulen + A
schummeln
schuppen + A / (sich)
schüren + A
schürfen, (sich) + A / nach + D
schütteln + A
schütten + A
schützen + A / (sich), vor + D
schwächen + A
schwach·machen
schwafeln
schwanken
schwänzen + A
schwärmen, für + A

schwarz·ärgern (sich)
schwarz·fahren (ist)
schwarz·malen + A
schwarz·sehen
schwatzen
schwärzen + A
schwätzen
schweben, (in + D)
schweigen
schweißen + A
schwelen
schwenken (hat) + A / (ist)
schwer·fallen (ist), (es) + D
schwer·machen + D + A
schwer·nehmen + A
schwer·tun (sich), mit + D
schwimmen (ist) / (hat)
schwindeln
schwinden (ist)
schwingen + A / (sich)
schwirren (hat) / (ist)
schwitzen
schwören, auf + A / (+ D) + A
segeln (ist) / (hat)
segnen + A
sehen + A
sehen·lassen + A / (sich)
sehnen (sich), nach + D
sein (ist)
senden + D + A
senken + A, in + A / (sich)
servieren (+ D) + A
setzen + A / (sich)
seufzen
shoppen (+ A)
sicher·gehen (ist)

sichern + A / (sich)
sicher·stellen + A
sieben + A
sieden + A
siegen (hat) / über + A
siezen + A
simsen + D
singen + A
sinken (ist)
sinnen, auf + A
sitzen, in, auf, ... + D
sitzen·bleiben (ist)
sitzen·lassen + A
skaten
skizzieren + A
sollen
sonnen (sich)
sorgen (sich), um / für + A
sortieren + A
spachteln + A
spähen
spalten + A / (sich), in + A
spannen + A / (sich)
sparen + A, für + A
spaßen, mit + D, über + A
spazieren (ist)
speichern + A
speien + A
speisen + A
spekulieren, auf + A
spenden + A, für + A
spendieren (+ D) + A
sperren + A
spezialisieren (sich), (auf + A)
spicken / + A, mit + D
spiegeln, in + D / (sich), in + D

spielen + A
spinnen + A
spionieren
spitzen + A
spitz·kriegen + A
sponsern + A
spotten, über + A
sprayen (+ A)
sprechen + A / von + D, über + A
spreizen + A / (sich)
sprengen + A
sprießen (ist), aus + D
springen (ist)
spritzen (hat) + A / (ist)
sprudeln (ist), aus + D / (hat)
sprühen + A
spucken (+ A)
spuken (es)
spülen + A
spuren
spüren + A
stabilisieren + A
staffeln + A
stammen, aus + D
stampfen (hat) + A / (ist)
standardisieren + A
stänkern, mit + D
stanzen + A
stapeln + A / (sich)
stapfen
stärken + A / (sich)
stark·machen + A / (sich), für + A
stark·reden
starren, auf + A
starten (ist) / (hat) + A

statt·finden
staub·saugen + A
stauen + A / (sich)
staunen / über + A
stechen + A
stecken, in + D
stehen, in, auf, ... + D
stehen·bleiben (ist)
stehen·lassen + A
stehlen + D + A
steigen (ist)
steigern + A / (sich)
stellen + A / (sich)
stemmen + A / (sich)
stempeln + A
sterben (ist), an / vor + D
sterilisieren + A
steuern (hat) + A / (ist)
sticheln
sticken + A
stieben (ist)
stiften + A
stillen + A
still·halten
still·legen + A
still·stehen
stimmen
stinken / (es), nach + D
stöbern, in + D
stochern, in + D
stöhnen, vor + D
stolpern (ist), über + A
stopfen + A, in + A
stoppen + A
stören + A
stornieren + A

stoßen (hat) + A / (sich) +
　　an + D / (ist) + auf + A
stottern
strafen + A
straffen + A / (sich)
strahlen
strampeln (hat) / (ist)
stranden (ist)
strapazieren + A
sträuben + A / (sich), gegen + A
streben, nach + D
strecken + A / (sich)
streicheln + A
streichen (hat) + A / (ist)
streifen (hat) + A / (ist)
streiken
streiten (sich), mit, über + A
stressen + A
streuen + A, auf + A
streunen (ist)
stricken (+ A)
strömen (ist)
strotzen, von / vor + D
strukturieren + A
studieren + A
stupsen + A
stürmen (ist) / (hat) + A
stürzen (ist) / (sich), auf + A
　　(hat)
stutzen + A
stützen + A / (sich), auf + A
stylen + A
subtrahieren + A, von + D
subventionieren + A
suchen + A, nach + D
sudeln

summen + A
surfen
surren (es)
suspendieren + A, von + D
süßen + A, mit + D
symbolisieren + A
synchronisieren, mit + D

T

tabuisieren + A
tadeln + A, wegen + G
tagen
taillieren + A
taktieren
tamponieren + A
tanken (+ A)
tänzeln (hat) / (ist)
tanzen (+ A)
tapezieren + A
tappen (ist) / (hat)
tarieren + A
tarnen + A
tasten, nach + D / + A
tätowieren + A
tätscheln + A
tauchen (ist) / (hat) + A, in + A
tauen (es) / (ist) / (hat) + A
taufen + A
taugen / für + A, zu + D
taumeln (ist)
tauschen + A, gegen + A
täuschen + A / (sich), in + D
taxieren + A, auf + A
technisieren + A
teeren + A
teilen + A, in + A / mit + D

teil·haben, an + D
teil·nehmen, an + D
telefaxen
telefonieren, mit + D
telegrafieren (+ D) + A
temperieren + A
tendieren, nach + D
terminieren + A
terrorisieren + A
testen + A, auf + A
texten + A
thematisieren + A
therapieren + A
thronen
ticken
tief·kühlen + A
tilgen + A
timen + A
tippen (ist)
toasten + A
toben (hat) / (ist) durch + A
tolerieren + A
tollen
tönen + A
töpfern (+ A)
torkeln (ist)
torpedieren + A
tosen (hat) / (ist)
tot·arbeiten (sich)
tot·ärgern (sich)
töten + A
tot·fahren + A
tot·kriegen + A
tot·lachen (sich)
tot·schießen + A
tot·schlagen + A

tot·schweigen + A
toupieren + A
traben (ist)
trachten, nach + D
tragen + A
trainieren + A
traktieren + A, mit + D
trampeln (hat) / (ist)
trampen (ist)
tranchieren + A
tränen
tränken + A
transchieren + A
transkribieren + A
transplantieren + D + A
transportieren + A
tratschen, über + A
trauen + D / (sich)
trauern, um + A
träumen, von + D
treffen + A / (sich), mit + D
treiben (hat) + A / (ist)
trennen + A / (sich), von + D
treten (ist) in + A / (hat) auf + A / + A
tricksen (+ A)
triefen, von / vor + D, aus + D
triezen + A
trimmen + A / (sich)
trinken + A
triumphieren, über + A
trocken·legen + A
trocken·reiben + A
trocknen (ist) / (hat) / + A
trödeln (hat) / (ist)
trollen (sich)

trommeln + A / auf + A
trompeten (+ A)
tröpfeln (ist) von + D /(hat) + A, in + A
tropfen (ist), von + D / (hat)
trösten + A, mit + D / (sich)
trotten (ist)
trotzen + D
trüben + A / (sich)
trügen + A
trumpfen
tschilpen
tuckern (hat) / (ist)
tüfteln, an + D
tummeln, (sich), in + D
tun + A
tünchen + A
tunken + A, in + A
tupfen + A, mit + D
türken + A
türmen (hat) + A / (sich) / (ist)
turnen
tuscheln, mit + D
tuschen + A
tuten / (es)
twisten
tyrannisieren + A

U

übel·nehmen + D + A
üben + A / (sich), in + D
überanstrengen + A / (sich)
überantworten + A + D
überarbeiten + A / (sich)
überbacken + A, mit + D
über·beanspruchen + A

über·bewerten + A
überbieten + A, um + A / (sich)
überblicken + A
über·braten + A
überbringen + D + A
überbrücken + A
überdachen + A
überdauern + A
überdenken + A
übereignen + A
übereinander·schlagen + A
übereinander·stapeln + A
überein·kommen (ist), mit + D
überein·stimmen, mit, in + D
überessen (sich)
überfahren (ist)
überfallen + A
überfliegen + A
über·fließen (ist)
überfluten + A
überfordern + A
überfressen (sich)
über·führen + A, in + A
überführen + A (+ G)
übergeben + D + A / (sich)
über·gehen (ist), in + A, zu + D
übergehen + A
übergießen + A, mit + D
über·greifen, auf + A
über·haben + A
überhand·nehmen
überhäufen + A, mit + D
überholen + A
überhören + A
über·kochen (ist)
überkreuzen + A

überlassen + D + A
über·laufen + A
überlaufen
überleben + A
überlegen + A / (sich) + A
über·leiten + A, zu + D
überlisten + A
übernachten, in + D
übernehmen + A
überprüfen + A
überqueren + A
über·ragen
überragen + A
überraschen + A, mit + D
über·reagieren
überreden + A, zu + D
überreichen + D + A
überrumpeln + A, mit + D
überrunden + A
überschatten + A
überschätzen + A
über·schlagen (hat) + A / (ist)
über·schnappen (ist)
überschneiden (sich)
überschreiben + A, auf + A
überschreiten + A
über·schütten (+ D) + A
überschütten + A, mit + D
überschwemmen + A
übersehen + A
über·setzen + A / auf + A
übersetzen + A, in + A
überspielen + A
über·springen (ist), auf + A
überspringen + A
über·stehen

überstehen + A
über·steigen, auf + A
übersteigen + A
überstimmen + A
über·strapazieren + A
überstürzen + A / (sich)
übertönen + A
übertragen + A, in / auf + A
übertreffen + A, an + D
übertreiben (+ A)
über·treten (ist), in + A
übertreten + A
übertrumpfen + A
überwachen + A
überwältigen + A
überweisen + D + A / auf + A
überwiegen
überwinden + A
überwintern
überzeugen + A / (sich), von + D
über·ziehen (+ D) + A
überziehen + A, mit + D
übrig·haben + A
ulken, mit + D
umarmen + A
um·bauen (+ A)
umbauen + A, mit + D
um·benennen + A
um·binden + D + A
umbinden + A, mit + D
um·blättern + A
um·brechen (hat) + A / (ist)
umbrechen + A
um·bringen + A
um·buchen + A
um·denken

um·drehen (hat) + A / (sich) / (ist)
um·fahren (hat) + A / (ist)
umfahren + A
um·fallen (ist)
umfassen + A
um·fliegen (ist)
um·formen + A (zu + D)
um·formulieren + A
um·funktionieren + A
umgarnen + A
um·gehen (ist), mit + D
umgehen + A
um·graben + A
um·gucken (sich)
um·haben + A
um·hängen (+ D) + A / (sich) + A
umhängen + A, mit + D
um·hauen + A
umher·fahren (ist)
umhin·können, nicht
um·hören (sich)
um·kehren (ist) / (hat) + A, (sich)
um·kippen (ist) / (hat) + A
um·klappen + A
um·kleiden + A / (sich)
umkleiden + A, mit + D
um·knicken (hat) + A / (ist)
um·kommen (ist)
umkreisen + A
um·krempeln + A
um·laufen (ist)
umlaufen + A
um·legen + A
um·leiten + A
um·melden + A / (sich)
um·modeln + A

um·nieten + A
um·quartieren + A
umrahmen + A
umranden + A, mit + D
um·räumen + A
um·rechnen + A, in + A
um·reißen + A
umreißen + A
um·rennen + A
um·rühren + A
um·säbeln + A
um·satteln
um·schalten + A, auf + A
um·schauen (sich)
um·schichten + A
um·schlagen (hat) + A / (ist)
um·schmeißen + A
um·schnallen + A
um·schreiben + A, auf + A
umschreiben + A
um·schulen + A, auf + A
um·schütten + A
umschwärmen + A
umsegeln + A
um·sehen (sich), nach + D
um·setzen + A, in + A
um·siedeln (hat) + A / (ist)
umspielen + A
um·springen (ist)
um·steigen (ist), in / auf + A
um·stellen + A / (sich), auf + A
umstellen + A
um·stimmen + A
um·stoßen + A
um·strukturieren + A
um·stülpen + A

um·stürzen (ist) / (hat) + A
um·tauschen + A
um·treiben + A
um·tun (sich), nach + D
um·wälzen + A
um·wandeln + A, in + A / (sich)
um·werfen + A
um·ziehen (ist) in + A / (sich)
 (hat)
umziehen + A, (sich)
umzingeln + A
uniformieren + A
unterbieten + A
unterbinden + A
unterbleiben (ist)
unterbrechen + A
unter·bringen + A, in + D
unter·buttern + A
unterdrücken + A
untereinander·schreiben + A
unterfordern + A
unter·gehen (ist)
unter·graben + A
untergraben + A
unter·halten + A
unterhalten + A / (sich), über + A
unterjochen + A
unter·jubeln + A
unter·kommen (ist)
unter·kriegen + A
unterlassen + A
unterliegen (ist) + D
untermalen + A
untermauern + A
unternehmen + A
unter·ordnen + A / (sich) + D

unterrichten + A / (sich), über + A
untersagen + D + A
unterschätzen + A
unterscheiden + A, (sich), von + D
unter·schieben + D + A
unterschieben + D + A
unter·schlagen + A
unterschlagen + A
unterschreiben + A
unterschreiten + A
unter·stellen + A / (sich)
unterstellen + D + A
unterstreichen + A
unterstützen + A, mit + D
untersuchen + A
unter·tauchen (ist)
unterteilen + A, in + A
untertreiben + A
unterwandern + A
unterweisen + A, in + D
unterwerfen + A, (sich) + D
unterzeichnen + A
urbarnisieren + A
urteilen, über + A

V

vagabundieren (ist)
variieren + A
vegetieren (ist)
verabreden, (sich), mit + D
verabscheuen + A
verabschieden, (sich), von + D
verachten + A
verallgemeinern + A
verändern + A / (sich)
veranlagen + A

veranlassen + A, zu + D
veranschaulichen + A
veranschlagen + A
veranstalten + A
verantworten + A / (sich)
verarbeiten + A
verärgern + A
verarschen + A
verarzten + A
verausgaben + A / (sich)
verballhornen + A
verbannen + A, aus + D
verbarrikadieren + A, mit + D
verbauen (+ D) + A
verbeißen (sich) / + A
verbergen + A, (sich), vor + D
verbessern (sich) / + A
verbeugen (sich)
verbieten + D + A
verbinden + A, mit + D
verbitten (sich) + A
verblassen (ist)
verbleiben (ist)
verbleichen (ist)
verblöden (ist) / (hat) + A
verblühen (ist)
verbluten (ist)
verbocken + A
verbraten + A
verbrauchen + A
verbrechen + A
verbreiten + A / (sich)
verbreitern + A / (sich)
verbrennen (ist) / (hat) + A
verbringen + A
verbünden (sich), mit + D

verbürgen (sich), für + A
verbüßen + A
verdächtigen + A + G
verdammen + A
verdampfen (ist) / (hat) + A
verdanken + D + A
verdauen + A
verdecken + A
verdenken + D + A
verderben (ist) / (hat) + D + A
verdeutlichen (+ D) + A
verdienen + A
verdingen (sich)
verdonnern + A
verdoppeln + A
verdorren (ist)
verdrängen + A, aus + D
verdrehen + A
verdreifachen + A
verdreschen + A
verdrießen + A
verdrücken + A / (sich)
verduften + A / (sich)
verdummen (hat) + A / (ist)
verdunkeln + A / (sich)
verdünnen + A, mit + D / (sich)
verdunsten (ist)
verdursten (ist)
verdüstern + A / (sich)
verebben (ist)
verehren + A
vereidigen + A, auf + A
vereinbaren + A, mit + D
vereinen + A, (sich), zu + D
vereinfachen + A
vereinheitlichen + A

vereinigen + A, (sich), mit + D
vereinsamen (ist)
vereisen (ist)
verenden (ist)
verengen + A / (sich)
vererben + D + A
verewigen + A / (sich)
verfahren (ist), mit + D / (sich) (hat)
verfallen (ist) in + A
verfälschen + A
verfangen (sich), in + A
verfassen + A
verfaulen (ist)
verfechten + A
verfehlen + A
verfilmen + A
verfinstern + A / (sich)
verfliegen (sich) (hat) / (ist)
verfluchen + A
verflüchtigen + A / (sich)
verfolgen + A
verformen + A
verfügen + A / über + A
verführen + A, zu + D
vergasen + A
vergeben + D + A / + A
vergegenwärtigen (sich) + A
vergehen (ist) / (sich), gegen + A (hat)
vergelten + A, mit + D
vergessen + A
vergeuden + A
vergewaltigen + A
vergewissern (sich)
vergießen + A

vergiften + A
vergilben (ist)
vergleichen + A, mit + D
vergöttern + A
vergraben + A, (sich), in + A / D
vergrämen + A
vergraulen + A
vergreifen (sich), in / an + D
vergrößern + A
vergüten + D + A
verhaften + A
verhalten (sich)
verhandeln, mit + D, über + A
verhängen + A, mit + D / über + A
verharmlosen + A
verharren
verhaspeln (sich)
verhätscheln + A
verhauen + A
verheddern (sich)
verhehlen + A
verheilen + A
verheimlichen + D + A
verheizen + A
verhelfen + D, zu + D
verherrlichen + A
verhexen + A
verhindern + A
verhöhnen + A
verhökern + A
verhören + A / (sich)
verhüllen + A
verhungern (ist)
verhunzen + A
verhüten (+ A), mit + D
verhütten + A

verifizieren + A
verirren (sich)
verjagen + A
verjähren (ist)
verjubeln + A
verjüngen + A / (sich)
verkabeln + A
verkalken (ist)
verkalkulieren (sich)
verkaufen + D + A
verkehren, mit + D / in + A
verkeilen + A / (sich)
verkennen + A
verklagen + A
verklappen + A
verklären + A / (sich)
verkleckern + A
verkleiden + A / (sich)
verkleinern + A / (sich)
verklickern + D + A
verkloppen + A
verknacken + A
verknallen + A / (sich)
verknappen + A
verkneifen (sich) + A
verknoten + A
verknüpfen + A, mit + D
verkochen + A
verkohlen + A
verkommen (ist)
verkomplizieren + A
verkorksen + A
verkrachen (sich), mit + D (hat) / (ist)
verkraften + A
verkrampfen (sich), + A

verkriechen (sich), in + A / D
verkrümeln + A / (sich)
verkühlen + A / (sich)
verkünden + A
verkündigen + A
verkuppeln + A
verkürzen + A
verladen + A
verlagern + A, auf + A / (sich)
verlangen + A, von + D
verlängern + A / (sich)
verlassen + A / (sich), auf + A
verlaufen (ist) / (sich) (hat)
verlautbaren + A
verlauten + A
verlegen + A, (sich), auf + A
verleiden + D + A
verleihen + D + A
verleiten + A, zu + D
verlernen + A
verlesen + A / (sich)
verletzen + A / (sich)
verleugnen + A
verleumden + A
verlieben (sich), in + A
verlieren + A
verlinken + A
verloben (sich), mit + D
verlocken + A, zu + D
verlosen + A
verlottern (ist) / (hat) + A
vermachen + D + A
vermählen (sich), mit + D
vermarkten + A
vermasseln + A
vermehren + A / (sich)

vermeiden + A
vermerken + A
vermessen + A / (sich)
vermiesen + A / (sich) + A
vermieten + A + D / an + A
vermindern + A / (sich)
vermischen + A, mit + D
vermissen + A
vermitteln + D + A
vermöbeln + A
vermodern (ist)
vermüllen + A
vermurksen + A
vermuten + A
vernachlässigen + A
vernaschen + A
vernehmen + A
verneigen (sich)
verneinen + A
vernetzen + A
vernichten + A
verniedlichen + A
veröden (ist) / (hat) + A
veröffentlichen + A
verordnen + D + A
verpachten + A + D / an + A
verpacken + A
verpassen + A
verpatzen + A
verpeilen + A
verpennen
verpesten + A
verpetzen + A
verpfeifen + A
verpflanzen + A
verpflegen + A

verpflichten + A, (sich), zu + D
verpfuschen + A
verpissen (sich)
verplappern (sich)
verplempern + A / (sich)
verpönen + A
verprassen + A
verprügeln + A
verpuffen + A
verpulvern + A
verpuppen (sich)
verputzen + A
verqualmen + A
verquasseln (sich)
verquatschen (sich)
verraffen + A
verrammeln + A
verraten + D + A
verrechnen + A, mit + D / (sich)
verrecken (ist)
verreisen (ist)
verreißen + A
verrenken + D + A / (sich)
verrennen (sich)
verrichten + A
verriegeln + A
verringern + A
verrinnen (ist)
verrosten (ist)
verrotten (ist)
verrückt·spielen
verrutschen (ist)
versacken (ist)
versagen + D + A / (sich)
versalzen (+ D) + A
versammeln + A / (sich)

versauen + A
versaufen + A
versäumen + A
verschachern + A
verschaffen + D + A
verschalen + A
verschandeln + A
verschanzen + A / (sich), hinter + D
verschärfen + A / (sich)
verschätzen (sich)
verschaukeln + A
verscheißern + A
verschenken + A, an + A
verscherbeln + A
verscherzen (sich), mit + D
verscheuchen + A
verscheuern + A
verschicken + A
verschieben + A, auf + A / (sich)
verschimmeln (ist)
verschlafen (+ A)
verschlagen + A, mit + D
verschlampen + A
verschlechtern + A / (sich)
verschleiern + A / (sich)
verschleißen (hat) + A / (ist)
verschleppen + A
verschleudern + A
verschließen + A / (sich) + D
verschlimmern + A / (sich)
verschlingen + A
verschlucken + A / (sich)
verschlüsseln + A
verschmähen + A
verschmerzen + A

verschmieren + A
verschmoren + A
verschmutzen (hat) + A / (ist)
verschnaufen
verschonen + A, mit + D
verschönern + A, mit + D
verschränken + A
verschrauben + A
verschreiben + D + A
verschrotten + A
verschulden + A / (sich)
verschütten + A
verschweigen + A
verschwenden + A
verschwimmen (ist)
verschwinden (ist)
verschwitzen + A
verschwören (sich), gegen + A
versehen + A, mit + D
verselbständigen (sich)
versemmeln + A
versenden + A
versengen + A
versenken + A, in + A
versetzen + A, in + A / (sich) in + A
verseuchen + A
versichern + D + A / (sich), gegen + A
versickern (ist)
versieben + A
versiegeln + A
versiegen (ist)
versinken (ist), in + D / (hat) + A
versinnbildlichen + A
versöhnen (sich) / + A, mit + D

versorgen + A, mit + D
verspäten (sich)
versperren + D + A
verspielen + A
verspotten + A
versprechen + D + A / (sich)
verstaatlichen + A
verständigen + A, über + A / (sich), mit + D
verstärken + A, (sich)
verstauchen (sich) + A
verstauen + A
verstecken + A / (sich)
verstehen + A, von + D
versteifen + A / (sich), auf + A
versteigern + A
verstellen + A / (sich)
versterben (ist)
versteuern + A
verstimmen + A
verstopfen + A
verstoßen, gegen + A
verstreichen (hat) + A / (ist)
verstreuen + A
verstümmeln + A
verstummen (ist)
versuchen + A
versumpfen (ist)
versündigen (sich)
versüßen + A / (sich) + A
vertagen + A, auf + A
vertauschen + A, mit + D
verteidigen + A / (sich), gegen + A
verteilen + A, an + A
vertelefonieren + A

verteuern + A / (sich)
verteufeln + A
vertiefen + A / (sich), in + A
vertilgen + A
vertippen + A / (sich)
vertonen + A
vertragen + A / (sich), mit + D
vertrauen + D, auf + A
vertreiben + A, aus + D
vertreten + A
vertrinken + A
vertrocknen (ist)
vertrödeln + A
vertrösten + A
vertun + A / (sich)
vertuschen + A
verübeln + D + A
verüben + A
verulken + A
verunglimpfen + A
verunglücken (ist)
verunreinigen + A
verunsichern + A
verunstalten + A
veruntreuen + A
verursachen + A
verurteilen + A, zu + D
vervielfachen + A / (sich)
vervielfältigen + A
vervollkommnen + A / (sich)
vervollständigen + A
verwachsen (ist)
verwählen (sich)
verwahren + A / (sich), gegen + A
verwahrlosen (ist)
verwaisen (ist)

verwalten + A
verwandeln + A / (sich), in + A
verwarnen + A
verwechseln + A, mit + D
verwehen + A
verwehren (+ D) + A
verweigern + D + A
verweilen
verweisen + A, auf + A / an + A
verwelken (ist)
verwenden + A, für / auf + A
verwerfen + A
verwerten + A
verwesen (ist)
verwickeln + A / (sich), in + A
verwirklichen + A / (sich)
verwirren + A
verwischen + A
verwöhnen + A / (sich)
verwunden + A
verwundern + A
verwünschen + A
verwüsten + A
verzagen (ist)
verzählen (sich)
verzapfen + A
verzaubern + A, in + A
verzehren + A
verzeichnen + A
verzeihen + D + A
verzerren + A
verzetteln + A / (sich), an + A
verzichten, auf + A
verzieren + A, mit + D
verzinsen + A, mit + D
verzögern + A, (sich)

verzollen + A
verzweifeln (ist), an + D
vibrieren
vierteilen + A
vierteln + A
visieren + A
vögeln
vollbringen + A
vollenden + A
voll·essen (sich)
voll·fressen (sich)
voll·füllen + A
voll·hauen (sich)
voll·kotzen + A / (sich)
voll·kriegen + A
voll·labern + A
voll·laden + A
voll·laufen (sich)
voll·machen + A
voll·packen + A
voll·pumpen + A
voll·qualmen + A
voll·quatschen + A
voll·saufen (sich)
voll·scheißen + A / (sich)
voll·schlagen (sich) / + A
voll·schmieren (sich)
voll·schreiben + A
voll·spritzen + A / (sich)
voll·stopfen + A / (sich)
vollstrecken + A
voll·tanken + A
vollziehen + A
volontieren, bei + D
vonstatten·gehen (ist)
voran·eilen (ist)

voran·gehen (ist)
voran·kommen (ist)
vor·arbeiten + A / (sich)
voraus·sagen + A
voraus·sehen + A
voraus·setzen + A
vor·bauen + A
vorbei·eilen (ist)
vorbei·fahren (ist), an + D
vorbei·gehen (ist), an + D
vorbei·kommen (ist), an + D
vorbei·lassen + A
vorbei·müssen
vorbei·reden, an + D
vorbei·schauen, an + D
vor·bereiten + A / (sich),
    auf + A
vor·bestellen + A
vor·beugen + D / (sich)
vor·bringen + A
vor·datieren + A
vor·drängeln (sich)
vor·dringen (ist)
vor·enthalten + D + A
vor·fahren (ist) / (hat) + A
vor·fallen (ist)
vor·führen + D + A
vor·geben (+ D) + A
vor·gehen (ist), gegen + A
vor·glühen
vor·greifen + D / auf + A
vor·haben + A
vor·halten + D + A
vorher·gehen (ist) + D
vor·herrschen
vorher·sagen + A

vorher·sehen + A
vor·heulen + D + A
vor·jammern + D + A
vor·kauen (+ D) + A
vor·knöpfen (sich) + A
vor·kommen (ist) + D
vor·laden + A
vor·lassen + A
vor·legen + D + A
vor·lesen + D + A
vorlieb·nehmen, mit + D
vor·lügen + D + A
vor·machen + D + A
vor·nehmen + A / (sich) + A
vornüber·fallen (ist)
vornüber·kippen (ist)
vor·programmieren + A
vor·rücken (hat) + A / (ist)
vor·sagen + D + A
vor·schicken + A
vor·schieben + A
vor·schießen (ist) / + D + A (hat)
vor·schlagen + D + A
vor·schreiben + D + A
vor·schützen + A
vor·schwärmen + D + A
vor·schweben + D
vor·sehen + A / (sich), vor + D
vor·setzen (+ D) + A
vor·sorgen, für + A
vor·spielen (+ D) + A
vor·sprechen + A / bei + D
vor·stehen
vor·stellen + D + A / (sich) + D
vor·stoßen (ist)
vor·strecken (+ D) + A

vor·tanzen + D + A
vor·tasten (sich)
vor·täuschen + A
vor·tragen (+ D) + A
vor·treten (ist)
vor·turnen
vorüber·gehen (ist), an + D
vor·verlegen + A
vorwärts·bringen + A
vorwärts·gehen (ist), mit + D
vorwärts·kommen (ist)
vor·waschen + A
vorweg·nehmen + A
vor·werfen + D + A
vor·zeichnen + D + A
vor·zeigen + A
vor·ziehen + A / + A + D
vulkanisieren + A

W

wachen, über + A
wach·halten + A / (sich)
wachsen (ist)
wackeln
wagen + A
wägen + A
wählen + A
wähnen (sich)
wahren + A
währen (es)
wahr·haben + A
wahr·nehmen + A
wallen (hat) / (ist)
wallfahren (ist)
walten
walzen + A

wälzen + A / (sich)
wandeln (sich)
wandern (ist), durch + A
wanken (hat) / (ist)
wappnen (sich), gegen + A
wärmen + A / (sich)
warnen + A, vor + D
warten, auf + A
waschen + A / (sich)
waten (ist), in + D
wattieren + A
weben (+ A)
wechseln + A, mit + D
wecken + A
wedeln
weg·blicken, von + D
weg·bringen + A
weg·denken (sich) + A
weg·drängen + A
weg·essen + A
weg·fahren (ist)
weg·fallen (ist)
weg·gehen (ist)
weg·kommen (ist)
weg·können
weg·lassen + A
weg·laufen (ist), von / + D
weg·nehmen + D + A
weg·schauen
weg·stecken + A
weg·werfen + A
wehen
wehren (sich), gegen + A
weh·tun + D
weichen (ist) + D
weiden (sich), an + D

weigern (sich)
weihen + A + D
weilen
weinen, um, über + A
weisen + D + A / + A, aus + D
weis·machen + D + A
weis·sagen (+ D) + A
weißen + A
weiter·bilden + A / (sich)
weiter·bringen + A
weiter·fahren (ist)
weiter·geben + A
weiter·gehen (ist)
weiter·kommen (ist)
weiter·machen
weiter·sagen (+ D) + A
weiter·sehen
weiter·wissen
welken (ist)
wellen + A / (sich)
wenden + A / (sich), an + A
werben, für / um + A / + A
werden (ist), (zu + D)
werfen + A
werken
werten + A
wetten, um + A
wett·machen + A
wetzen + A
wichsen (+ A)
wichtig·machen
wickeln + A, in + A, um + A
widerfahren (ist) + D
widerlegen + A
widerrufen + A
widersetzen (sich) + D

wider·spiegeln + A / (sich), in + D
widersprechen + D / (sich)
widerstehen + D
widmen + D + A / (sich) + D
wieder·auftauchen (ist)
wieder·bekommen + A
wieder·beleben + A
wieder·bringen + A
wieder·erkennen + A
wieder·finden + A
wieder·geben (+ D) + A
wiedergut·machen + A
wiederher·stellen + A / (sich)
wieder·holen + A
wiederholen + A
wieder·käuen + A
wieder·kehren (ist), aus + D
wieder·kommen (ist)
wieder·sehen + A
wiegen + A
wiehern
wimmeln / (es), von + D
wimmern
winden + A, um / (sich), vor + D
windsurfen
winken, mit + D / + D
winseln, um + A
wippen, mit + D
wirbeln (ist), durch + A
wirken, auf + A
wirtschaften, mit + D
wischen + A / (sich) + A
wissen + A, über + A
wittern + A
wohl·fühlen (sich)

wohl·tun + D
wohnen, in + D
wölben + A / (sich)
wollen
wringen + A
wuchern (ist) / (hat)
wühlen, in + D
wundern + A / (sich), über + A
wünschen + D + A / (sich)
würdigen + A (+ G)
würfeln + A
würgen + A / an + D
würzen + A, mit + D
wüten, gegen + A

Z

zahlen + D + A, für + A
zählen + A
zähmen + A
zahnen
zanken (sich), mit + D
zapfen + A
zappeln
zappen
zaubern (+ A), aus + D
zäumen + A
zausen + A
zechen
zehren, von, an + D
zeichnen + A
zeigen + D + A, auf + A
zelebrieren + A
zelten
zementieren + A
zensieren + A
zerbrechen (ist) / (hat) + A

zerbröckeln (ist) / (hat) + A
zerdrücken + A
zerfahren (ist)
zerfallen (ist)
zerfetzen + A
zerfließen (ist)
zerfurchen + A
zerkleinern + A
zerknittern + A
zerknüllen + A
zerkochen + A
zerkratzen + A
zerkrümeln + A
zerlassen + A
zerlegen + A
zermalmen + A
zermürben + A
zerpflücken + A
zerplatzen (ist)
zerquetschen + A
zerreißen + A
zerren + A / an + D
zerrinnen + A
zerschellen (ist), an + D
zerschlagen + A / (sich)
zerschneiden + A
zersetzen + A
zersplittern (ist) / (hat) + A
zerstören + A
zerstreuen + A / (sich)
zertrampeln + A
zertreten + A
zertrümmern + A
zeugen, für, gegen + A / von + D
zicken
ziehen (ist), nach / (hat) + A

zielen, auf + A
ziemen (es), (sich)
ziepen (es)
zieren + A, mit + D / (sich)
zirpen
zischen
zitieren + A
zittern, vor + D
zocken
zoffen (sich)
zögern, mit + D
zoomen
zu·beißen
zu·bereiten + A
zu·binden + A
zu·bleiben (ist)
zu·bringen + A
züchten + A
zuckeln
zucken
zücken + A
zu·decken + A
zu·drehen + A
zu·dröhnen (sich), mit + D
zu·drücken + A
zueinander·halten
zueinander·passen
zueinander·stehen
zu·fahren (ist) + D / auf + A
zu·fallen (ist) + D
zu·fliegen (ist), + D / auf + A
zu·flüstern + D + A
zufrieden·geben (sich), mit + D
zufrieden·lassen + A
zu·frieren (ist)
zu·geben + A

zu·gehen (ist) + D / auf + A
zügeln + A / (sich)
zu·greifen
zugute·kommen (ist) + D
zu·haben
zu·halten + A
zu·hauen
zu·hören + D
zu·jubeln + D
zu·klappen (hat) + A / (ist)
zu·kleben + A
zu·knallen + A
zu·knöpfen + A
zu·kommen (ist) + D / auf + A
zu·kriegen + A
zu·langen
zu·lassen + A
zu·laufen (ist) + D / auf + A
zu·legen (sich) + A
zu·machen + A
zu·müllen + A
zu·muten + D + A
zu·nähen + A
zünden + A
zu·nehmen
züngeln
zu·nicken + D
zu·ordnen + A + D
zu·packen
zu·parken + A
zupfen, an + D (+ A)
zu·prosten + D
zu·rasen, auf + A
zu·raten + D
zurecht·finden (sich), in + D
zurecht·kommen (ist), mit + D

zurecht·legen (sich) + A
zurecht·machen + A / (sich)
zu·reden + D
zu·richten + A
zurück·behalten + A
zurück·bekommen + A
zurück·bleiben (ist)
zurück·blicken, auf + A
zurück·bringen + D + A
zurück·denken, an + A
zurück·drängen + A
zurück·drehen + A
zurück·fahren (ist)
zurück·fallen (ist)
zurück·finden (+ A), zu + D
zurück·fliegen (ist)
zurück·führen + A, auf + A
zurück·geben + D + A
zurück·gehen (ist), auf + A
zurück·gewinnen + A
zurück·haben + A
zurück·halten + A
zurück·holen + A
zurück·kehren (ist), von + D
zurück·kommen (ist), auf + A
zurück·können
zurück·kriegen + A
zurück·lassen + A
zurück·legen + A / (sich)
zurück·lehnen + A / (sich)
zurück·liegen
zurück·melden + A / (sich)
zurück·müssen
zurück·nehmen + A
zurück·rufen + A
zurück·schauen, auf + A

zurück·scheuen, vor + D
zurück·schicken + A
zurück·schießen
zurück·schlagen + A
zurück·schrecken, vor + D
zurück·setzen + A / (sich)
zurück·spielen + A
zurück·stehen
zurück·stellen + A
zurück·stoßen + A
zurück·treten (ist)
zurück·versetzen + A / (sich),
  in + A
zurück·weisen + A
zurück·werfen + A
zurück·wollen
zurück·zahlen + D + A
zurück·ziehen + A / (sich), in + A
zu·rufen + D + A
zu·sagen + D + A
zusammen·arbeiten
zusammen·bauen + A
zusammen·beißen + A
zusammen·brechen (ist)
zusammen·bringen + A
zusammen·fahren (ist)
zusammen·fallen (ist)
zusammen·falten + A
zusammen·fassen + A
zusammen·flicken + A
zusammen·gehören
zusammen·haben
zusammen·halten + A
zusammen·hängen, mit + D
zusammen·klappen + A
zusammen·kleben + A

zusammen·kneifen + A
zusammen·kommen (ist)
zusammen·kratzen + A
zusammen·leben
zusammen·legen + A
zusammen·nehmen + A / (sich)
zusammen·packen + A
zusammen·passen
zusammen·prallen (ist)
zusammen·pressen + A
zusammen·raufen (sich)
zusammen·rechnen + A
zusammen·reimen (sich) + A
zusammen·reißen (sich)
zusammen·rollen + A / (sich)
zusammen·rücken (hat) + A / (ist)
zusammen·rufen + A, (zu + D)
zusammen·scheißen + A
zusammen·schlagen + A
zusammen·schreiben + A
zusammen·schrumpfen (ist)
zusammen·schustern + A
zusammen·schweißen + A
zusammen·setzen + A / (sich), aus + D
zusammen·sitzen
zusammen·sparen + A
zusammen·spielen
zusammen·stauchen + A
zusammen·stellen + A
zusammen·stoßen (ist), mit + D
zusammen·stürzen (ist)
zusammen·tragen + A
zusammen·treiben + A
zusammen·treten (ist)

zusammen·trommeln + A
zusammen·tun + A / (sich)
zusammen·wachsen (ist)
zusammen·zählen + A
zusammen·ziehen + A / (sich)
zusammen·zucken (ist)
zu·schauen + D
zu·schicken + D + A
zu·schieben + D + A
zu·schießen (+ D) + A
zu·schlagen + A
zu·schließen + A
zu·schnappen + A
zu·schrauben + A
zu·schustern + A
zu·schütten (+ D) + A
zu·sehen + D
zu·senden + D + A
zu·setzen + D + A
zu·sichern + D + A
zu·sperren + A
zu·spielen + D + A
zu·spitzen (sich)
zu·sprechen + D + A
zu·stechen
zu·stecken + D + A
zu·stehen + D
zu·steigen (ist)
zu·stellen + D + A
zu·steuern (ist), auf + A
zu·stimmen + D
zu·stoßen (hat) + A / (ist) + D
zu·teilen + D + A
zu·trauen + D + A
zutreffen (+ auf)
zu·trinken + D

zu·tun + A
zuvor·kommen (ist) + D
zu·wachsen (ist)
zu·weisen + D + A
zu·werfen + D + A
zu·winken + D
zu·zahlen + A
zu·ziehen + A / (sich) + A
zwängen + A / (sich)
zweifeln, an + D
zwicken + A
zwingen + A, zu + D
zwinkern
zwitschern

Bildquellen

S. 5 © Picture-Alliance/dpa, Führer; S. 9 © Picture-Alliance/dpa, Kumm (links), Brakemeier (oben); S. 11 © Cornelsen, Lücking (RF); S. 14 oben: © images.de, Thielker; S. 31 oben: © Das Fotoarchiv, Stark – unten: © argus, Frischmuth

Textquellen

S. 6 © Cornelsen & Oxford University Press, Berlin, aus: „Das Oxford Schulwörterbuch, English-German, Deutsch-Englisch"; S. 33 © Langenscheidt, München, aus: „Langenscheidts Großwörterbuch Deutsch als Fremdsprache"; S. 41 © Langenscheidt, München, aus: „Langenscheidts Großwörterbuch Deutsch als Fremdsprache"; S. 43 © Langenscheidt, München, aus: „Langenscheidts Eurowörterbuch Portugiesisch"